ROM VERSTEHEN

DAS RÖMISCHE REICH IN INFOGRAFIKEN

John Scheid ist Emeritus am Collège de France in Paris, wo er von 2001 bis 2016 den Lehrstuhl für Religion, Institutionen und Gesellschaft des antiken Roms innehatte. Er ist u.a. Mitglied der Académie des Inscriptions et Belles-Lettres sowie der Academia Europaea. Scheid beschäftigt sich schwerpunktmäßig mit der römischen Religions- und Sozialgeschichte.

Milan Melloco, Doktorand für Alte Geschichte an der Universität Sorbonne in Paris, unterstützte John Scheid bei diesem Projekt.

Nicolas Guillerat ist Grafikdesigner und einer der Pioniere auf dem Gebiet der Visualisierung von Daten. Er erstellte auch die Infografiken für den Band *Den Zweiten Weltkrieg verstehen: 1939–1945 in Infografiken,* 2019 bei dtv erschienen.

NICOLAS GUILLERAT

JOHN SCHEID
mit Milan Melocco

ROM VERSTEHEN

DAS RÖMISCHE REICH IN INFOGRAFIKEN

Aus dem Französischen von Martin Bayer

dtv

4. Auflage 2024

Redaktion: Dr. Thomas Tilcher
Covergestaltung: © Nicolas Guillerat
Satz: Dr. Alex Klubertanz, unter Verwendung der Originalgestaltung von Nicolas Guillerat
Druck und Bindung: Grafisches Centrum Cuno, Calbe
Printed in Germany
ISBN 978-3-423-29007-4

INHALT

VORWORT

Das Römische Reich hat eine sehr lange Geschichte. Von seinem angenommenen Gründungsdatum 753 v. Chr. bis zur Eroberung Konstantinopels 1453 vergingen über 2000 Jahre. Die römische Welt umfasste ein gewaltiges Gebiet von Schottland bis in die Sahara, von Gibraltar bis zum Schwarzen Meer. Diese Ausmaße erklären, warum das vorliegende Werk sich auf die Zeit bis zum Ende des Weströmischen Reichs 476 n. Chr. beschränken muss. Selbst das ist noch eine immense Zeitspanne, auch wenn wir mangels Quellen über die ersten Jahrhunderte kaum etwas wissen und das letzte dieser Jahrhunderte ein derartig verworrenes und von einer Abfolge von Invasionen beherrschtes Bild bietet, dass es für dieses Buch zu komplex ist. Dazu kommt, dass das Römische Reich kein zentralisierter Territorialstaat war, sondern ein Mosaik sehr unterschiedlicher institutioneller und kultureller Elemente, in dem die einzelnen Städte, Gemeinden und Stämme jeweils nach eigenen Grundsätzen funktionierten. Es ist unmöglich, alle diese parallelen Geschichtsabläufe nachzuerzählen. Es erschien uns daher zweckmäßig, uns im Wesentlichen auf die Stadtgemeinde Rom zu konzentrieren – die *res publica* des römischen Volkes, wie sie die Römer selbst verstanden, die den politischen Mittelpunkt und die Herrschaftsinstanz dieses ausgedehnten Konglomerats darstellte – und einen kurzen Abschnitt über die Provinzen, Städte und Stämme anzuhängen.

Innerhalb eines Zeitabschnitts zwischen dem 5. Jh. v. Chr. und dem 4. Jh. n. Chr. stößt dieses Unternehmen auf eine zweite Schwierigkeit: die Anzahl und Art der uns vorliegenden Quellen und die Grenzen, die sie einer Darstellung wie der unseren setzen, insbesondere im Bereich der Statistik. Je weiter wir in Richtung auf die Gründung der Stadt zurückgehen, desto seltener und unergiebiger werden diese Quellen. Die archäologischen Befunde für diese ersten Jahrhunderte werden inzwischen zwar immer zahlreicher, aber sie bleiben stumm, so dass man sie ohne eine tiefgreifende Kritik der ausnahmslos jüngeren geschichtlichen und mythologischen Quellen, die sich auf sie beziehen, nicht auswerten kann. Wer waren die Könige des frühen Rom? Kennen wir ihre Namen, oder ist die überlieferte Liste nur die Frucht späterer Legendenbildung? War Servius ein ehemaliger Sklave, wie es der Name sagt, oder wurde seine Herkunft nach ebendiesem Namen hinzufantasiert? Wie sahen die Institutionen Roms in der Königszeit aus, wie verlief seine Geschichte? Viele solcher Fragen müssen unbeantwortet bleiben. Zwar sind uns einige Inschriften aus der Frühzeit überliefert, aber auch sie helfen uns im Grunde nicht. Eine davon, auf dem Forum unter einem traditionell heiligen Ort namens *Lapis Niger* (Schwarzer Stein) ausgegraben, sagt uns, dass es damals einen *rex* (König) gab, dem ein *calator* (Herold, Ausrufer) untergeordnet war, und dass ein Vergehen mit der *sacratio* bestraft wurde, dem Ausschluss des Täters aus der Gemeinschaft der Bürger und seiner »Rückgabe an die Götter«, zusammen mit der Beschlagnahme seines Zugviehs. Diese stark verstümmelte Inschrift ist von zahlreichen Forschern unterschiedlich gelesen und ausgelegt worden, aber selbst wenn man eine andere Erklärung bevorzugt, bringt einen das im Verständnis der Verhältnisse nicht viel weiter. Angesichts ihres geringen Informationsgehalts hat sie nur chronologische Bedeutung. Unsere Behandlung der römischen Geschichte fällt daher für die ersten Jahrhunderte summarisch und kurz aus und kann erst mit dem Vorliegen historischer Dokumente – Texte, Inschriften und verwertbare Stadtpläne – ausführlich und gründlich werden, grob gesagt: etwa ab dem 4. Jh. v. Chr.

Für die Ereignisse nach dieser Zeit können wir im Ganzen den antiken Geschichtsschreibern vertrauen, insbesondere für die drei letzten Jahrhunderte der Republik und die ersten drei der Kaiserzeit. Danach, ab dem 4. Jh. n. Chr., fehlt es an verlässlichen Historikern, und der heutige Geschichtsschreiber muss sich wieder mühsam ein Bild der Ereignisse machen, obwohl nun zahlreiche Quellen vorliegen und man sich, vor allem ab dem 1. Jh. unserer Zeitrechnung, auf die reiche Inschriftenüberlieferung stützen kann. Auch wenn wir durch Auswertung dieser Dokumente die Institutionen und das gesellschaftliche, politische, militärische und wirtschaftliche Leben und natürlich die Geschichte Roms rekonstruieren können, mangelt es uns doch oft an glaubwürdigen und verwertbaren Zahlenangaben. Die handschriftliche Überlieferung von einem Abschreiber zum nächsten hat die ursprünglichen Zahlenangaben in den antiken Texten oft verfälscht, außerdem haben meist schon die antiken Autoren solche Zahlen ganz weggelassen oder nur sporadisch angegeben. Es kann daher nicht die Rede davon sein, statistische Daten für das Römische Reich mit derselben Zuverlässigkeit wie in Darstellungen der Neuzeit oder der Zeitgeschichte zusammenzustellen, sondern wir greifen auf Schätzwerte und mitunter waghalsige Rekonstruktionen zurück. Meistens ist die Quelle, die der Altertumsforscher auswertet, nämlich die einzige zum jeweiligen Thema. Er hat nie die Wahl zwischen mehreren, und das unterscheidet sein Fachgebiet grundsätzlich von dem seiner Kollegen, die sich mit der Geschichte der Neuzeit oder der Zeitgeschichte befassen.

Trotz aller angeführten Vorbehalte ermöglichen die uns vorliegenden Daten jedoch, eine Infografie des Weströmischen Reichs aufzustellen. Sie gliedert sich in drei Teile. Der erste Teil, »Gebiet und Bevölkerung des Römischen Reichs« legt den geografischen und historischen Rahmen fest, indem er das Wachstum der römischen Macht und der römischen Welt ausgehend von ihrem Zentrum am Tiber darstellt. Anschließend werden die Umrisse und allgemeinen Eigenschaften des römischen Volkes aufgezeigt, seine Entwicklung und seine gesellschaftliche Struktur. Einige Seiten befassen sich mit dem, was allmählich zur Lebensumwelt der meisten römischen Bürger und anderen Einwohner des Reichs werden sollte: der Welt der Städte Italiens und der Provinzen, mit ihren gleichartigen, aber im Einzelfall stets unterschiedlichen Institutionen. Diesem Punkt hätten wir auch ein eigenes Buch widmen können, denn die Städte, einschließlich der römischen Kolonien, hatten keine einheitliche Verfassung, und die nichtrömischen unter ihnen (*peregrini,* also »fremden«) organisierten ihr politisches, juristisches und Verwaltungssystem auf tausenderlei verschiedene Arten. Die Beschreibungen, die wir geben, sollen dem Leser die beeindruckende Diversität der römischen Welt vor Augen führen, auch wenn sie zum Verständnis ihrer Struktur nichts weiter beitragen.

Der zweite Teil, »Verwaltung, Verehrung, Versorgung« befasst sich mit dem Funktionsablauf dieses riesigen Konglomerats. Er beginnt mit den Institutionen Roms in der Republik und der Kaiserzeit, mit besonderem Blick auf die herausragende Gestalt des Kaisers. Wir meinen zwar, dass die hellenistisch-römische Kultur wiederum einen eigenen Band erfordern würde, konnten hier aber nur einen ihrer kennzeichnendsten Aspekte aufnehmen, nämlich das römische Rechtsdenken, das noch heute in der westlichen Welt fortwirkt. Den Besonderheiten und der Entwicklung der römischen Religion gilt ebenfalls ein eigener Abschnitt, der sich mit dem privaten und dem öffentlichen Kultus befasst und auch die Revolution behandelt, die das Aufkommen des Christentums einleitete. Einen weiteren Abschnitt haben wir dem Bereich der Wirtschaft gewidmet. Hier kommt es vielfach zu Debatten zwischen »Modernisten« und »Primitivisten« unter den Historikern, die oft wegen der Knappheit und Voreingenommenheit der Quellen Theorien aufstellen müssen, um eine Synthese zu erreichen.

Der dritte Teil schließlich untersucht »die römische Militärmacht«. Er beschreibt die Streitkräfte des römischen Staates und die Gründe ihrer Schlagkraft: das fast unerschöpfliche Reservoir an Soldaten, die es Rom ermöglichten, fast alle seine Gegner zu besiegen. Die Geschichte des Weströmischen Reichs endet, als die Letzten in der Reihe dieser Feinde, die germanischen Stämme der Völkerwanderungszeit, von den kriegsmüden Römern als Verbündete angeworben wurden; damit nahmen sie den Platz ihrer ehemaligen Gegner ein und konnten von innen heraus auch die politische Macht im Reich erobern.

Wie bereits ausgeführt, konnten wir aufgrund der Besonderheiten unseres Ansatzes und der Vielzahl der Quellen eine Reihe von Sachgebieten nicht darstellen. So haben wir uns etwa entschlossen, die Kultur der römischen Welt auszuschließen. Dazu hätten wir die griechischen und lateinischen Schriftsteller, Dichter, Philosophen, Lexikografen, Historiker und Wissenschaftler aus sechs Jahrhunderten behandeln müssen, ohne dabei zu vergessen, dass die römischen Autoren ein besonderes Interesse für das Gedankengut der griechischen Klassik des 5. Jh. v. Chr. zeigten, an dessen Bewahrung für die Nachwelt sie einen so großen Anteil hatten. Außerdem haben die Römer auch die klassische und hellenistische Architektur der Griechen übernommen, selbständig weiterentwickelt und sie mit ihrer eigenen Baukunst verschmolzen, die wiederum ihren eigenen Stil hatte. Auch die heutigen Architekten bedienen sich mitunter noch der dabei geprägten Formensprache. Auch dieses Thema mussten wir weitgehend überspringen, auch wenn die Darstellung manchmal auf Tempel, Basiliken, Triumphbögen und luxuriöse Villen Bezug nimmt und die großen Bauten für Massenveranstaltungen erwähnt – die Odeen, Theater, Wagenrennbahnen und Amphitheater. Die Zirkusbauten kommen übrigens in ihrem geläufigsten Zusammenhang, als Schauplatz des Abschlusses und der Begleitspiele eines großen Opfers, durchaus vor. Auch die Amphitheater sind zwar beeindruckende Bauwerke, aber man darf aus ihrer Größe nicht den Schluss ziehen, die Römer hätten ihre Zeit nur als Publikum von Schaujagden und Spektakeln verbracht, die im Übrigen eher dem Stierkampf und dem Catchen glichen als den Gladiatorenmassakern, wie sie uns Hollywood bietet. In diesem Fall haben wir ein wichtiges Element der weströmischen Gesellschaftsstruktur zu beschreiben versucht, wie bei allen Daten an der jeweils passenden Stelle.

TEIL I

GEBIET UND BEVÖLKERUNG DES RÖMISCHEN REICHS

VON DER STADT ZUM WELTREICH

Rom

um 350 v. Chr.

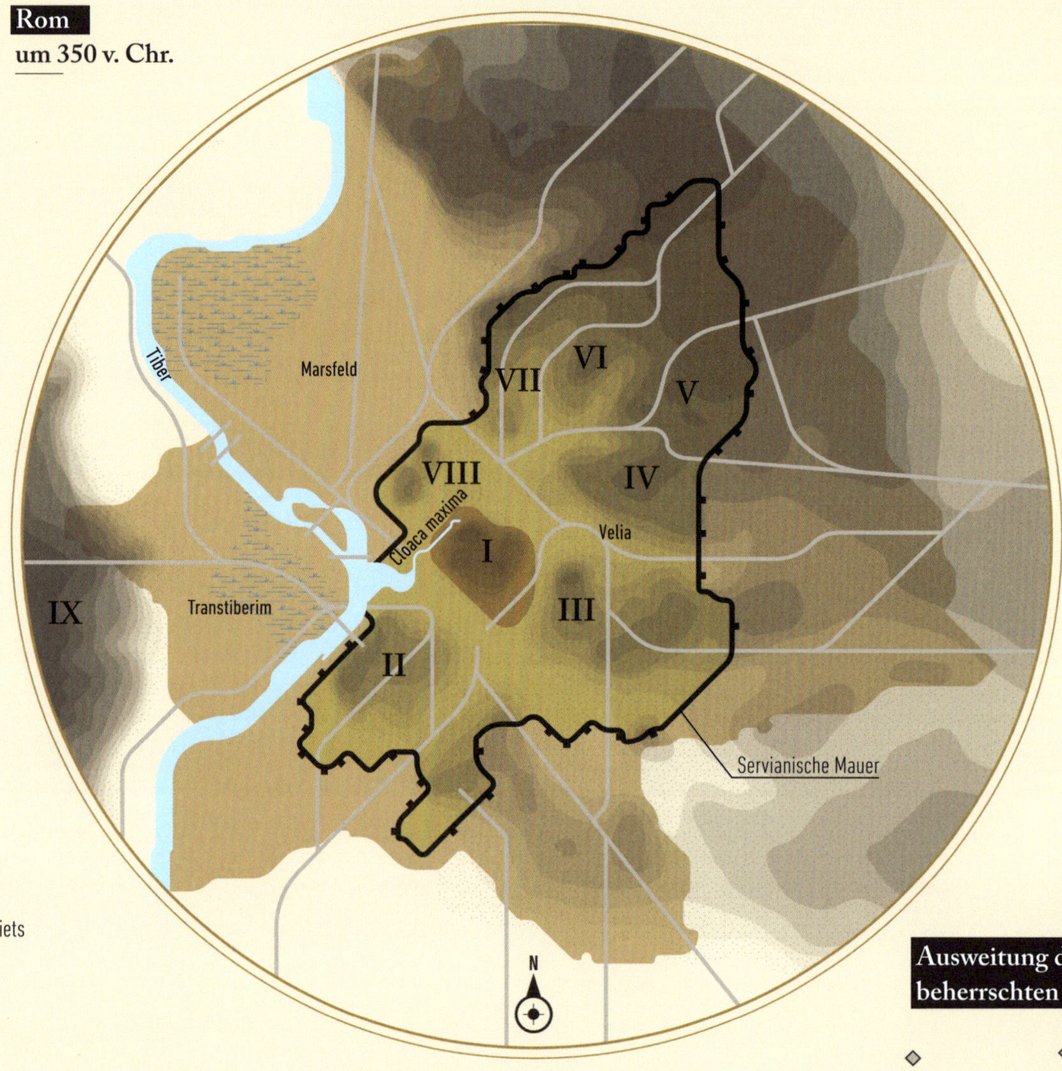

I Palatin (51 mü. d. M.)
II Aventin (46 m)
III Caelius (48 m)
IV Esquilin (58 m)
V Cispius
VI Viminal (54 m)
VII Quirinal (69 m)
VIII Capitol (49 m)
IX Janiculus (85 m)

Erweiterung des Stadtgebiets

- 750 v. Chr.
- 378 v. Chr.
- 7 v. Chr.

Ausweitung des römisch beherrschten Gebiets

983 km²	3098 km²	6039 km²
Ende des 6. Jh. v. Chr.	um 340 v. Chr.	328 v. Chr.

Die lange Periode der römischen Geschichte umfasst, wenn man das Byzantinische Reich mit einbegreift, mehr als zwei Jahrtausende. Nach der klassischen Überlieferung wurde Rom 753 v. Chr. gegründet, aber der Siedlungsplatz war bereits mindestens seit Anfang des ersten Jahrtausends v. Chr. bebaut. Der Westteil des Römischen Reichs hörte nominell 476 n. Chr. auf zu bestehen, während in den griechischsprachigen Gebieten des Ostens das von Konstantinopel aus regierte Oströmische Reich erst mit dem Fall der Hauptstadt 1453 endete.

Einige Jahrhunderte nach der Gründung Roms unterwarf der Bund aus Rom und einigen benachbarten Städten ganz Mittelitalien. Danach geriet die Eroberungsmaschine zunächst ins Stocken. Als Rom sich auch Süditalien, das von den wehrhaften Samnitenvölkern der Abruzzen lange verteidigt wurde, und die griechischen Kolonien an den Küsten einverleibte, stieß es zum ersten Mal auf eine andere imperialistische Macht, die punische Handelsmetropole Karthago, deren Gebiet sich vom heutigen Tunesien bis auf die Iberische Halbinsel erstreckte und auch Sizilien und Sardinien umfasste, an denen Rom gleichfalls Interesse hatte. Drei langwierige Kriege zwischen den beiden Großmächten zwischen 260 und 146 v. Chr. endeten mit der Niederwerfung und Zerstörung Karthagos. Im Verlauf der sogenannten Punischen Kriege war die Existenz Roms mehrmals bedroht, besonders nach dem Einmarsch des karthagischen Feldherrn Hannibal in Italien 218 v. Chr. Trotz seiner Feldherrnkunst und seiner kampfstarken Armee wurde Hannibal aber letztlich durch die zahlenmäßige Überlegenheit der Römer und ihrer Verbündeten geschlagen und musste Italien räumen. Danach galt Rom als unschlagbar, weil es dank seiner Bündnispartner, deren Zahl ab dem 5. Jh. v. Chr. stark angewachsen war, immer neue Truppen mobilisieren konnte, um verlorene zu ersetzen. Eine

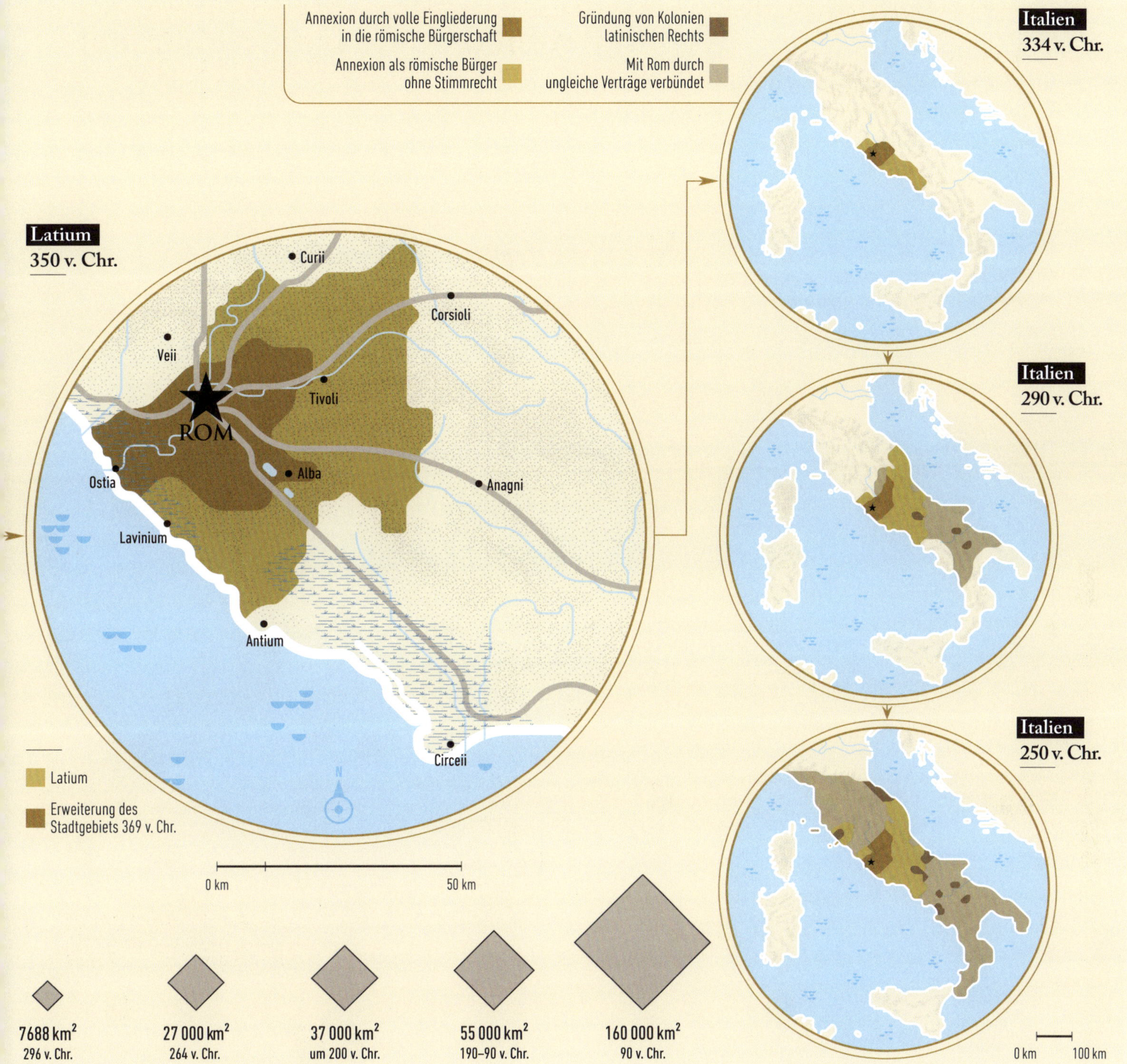

beeindruckende Militärmaschinerie hatte sich etabliert. Rom nutzte diesen Vorteil sofort aus. Rasch besetzte es die zuvor punischen Gebiete Hispaniens, danach Sizilien und Sardinien, schließlich das Gebiet von Karthago selbst. Es mischte sich in die Angelegenheit der Städte Großgriechenlands, zerstörte die Reste des Reichs der Makedonen in Griechenland und an der Küste Kleinasiens und setzte sich in diesen Gebieten dauerhaft fest. Im Lauf des 1. Jh. fielen die Staaten im Inneren Kleinasiens und Ägypten ebenfalls an Rom. Zu Beginn unserer Zeit war der bekannte Erdkreis damit praktisch politisch geeint. Das Reich der Römer umfasste alle Gebiete zwischen Gibraltar und dem Schwarzen Meer, zwischen dem Ärmelkanal im Norden, der Sahara im Süden und dem Euphrat im Südosten. Im 1. Jh. n. Chr. unterwarfen die Römer auch die westlichen und südlichen Teile Germaniens bis an den Rhein und die Donau, das Innere des Karpatenbogens sowie Britannien bis an die heutige schottische Grenze, schließlich auch das damalige Arabien östlich und südlich Palästinas.

Gegen 120 n. Chr. hatte das Imperium seine größte Ausdehnung erreicht und stieß an die natürlichen Grenzen seiner Macht. Im Norden hatten die Römer sich nicht dauerhaft jenseits des Rheins und der Donau etablieren können, ebenso wie jenseits der Antoninischen Mauer in Britannien. Im Südosten blieb der Euphrat eine unüberwindliche Grenze, auch wenn sich manche Staaten an seinem Ostufer als Vasallen Rom unterwarfen. Innerhalb dieser Grenzen allerdings gelang Rom eine erste Globalisierung der Welt, und zwar über nahezu vier Jahrhunderte hinweg, die einen umfangreichen kulturellen und wirtschaftlichen Austausch zwischen allen Gebieten des Westens ermöglichte. Dieses ausgedehnte Konglomerat zerfiel erst, als die germanischen Stämme der Völkerwanderungszeit in das Reichsgebiet einfielen.

Gesamtbevölkerung der römisch beherrschten Gebiete

Die Fläche des Römischen Reichs von der Republik bis in die Kaiserzeit

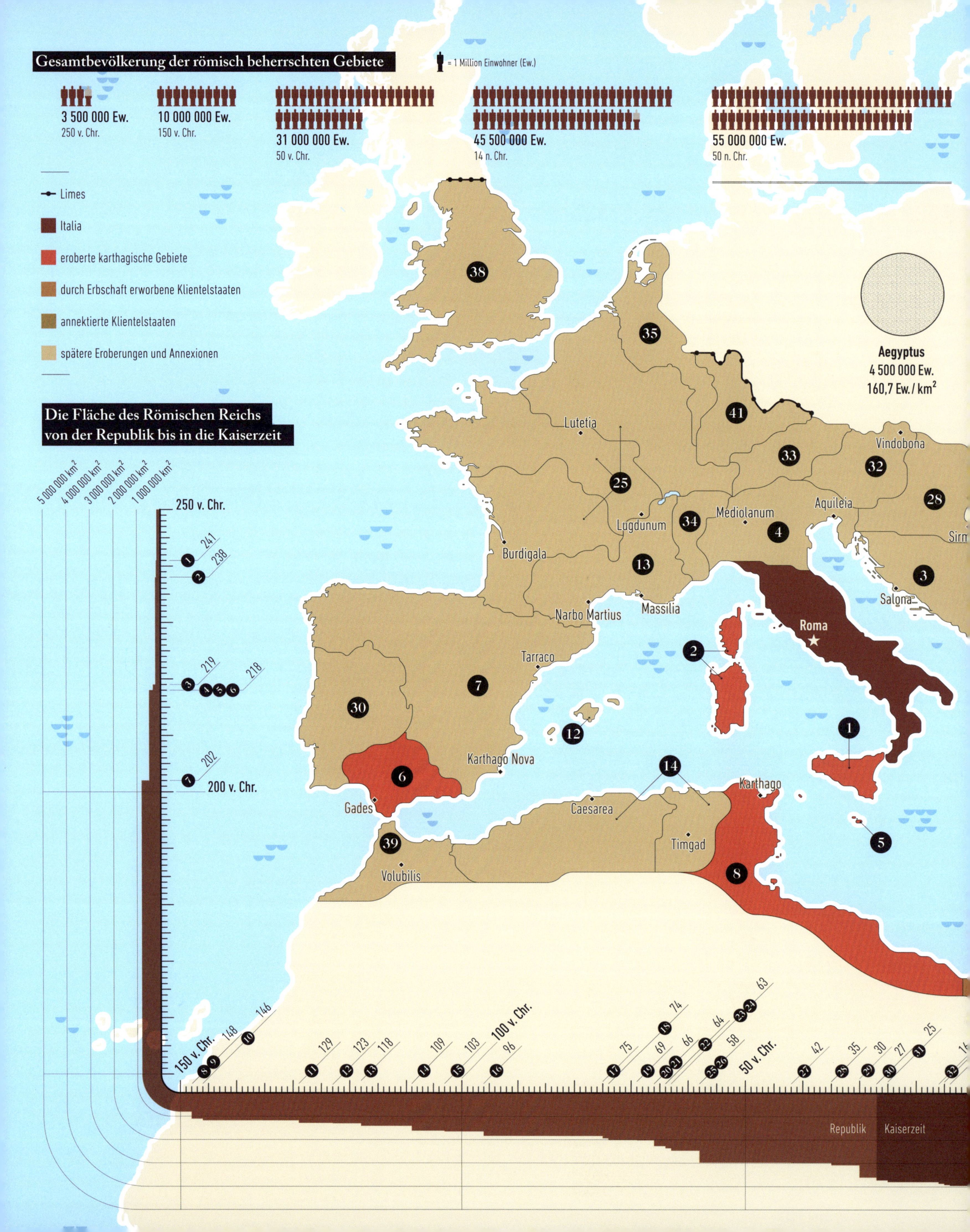

70 000 000 Ew.
165 n. Chr.

46 000 000 Ew.
200 n. Chr.

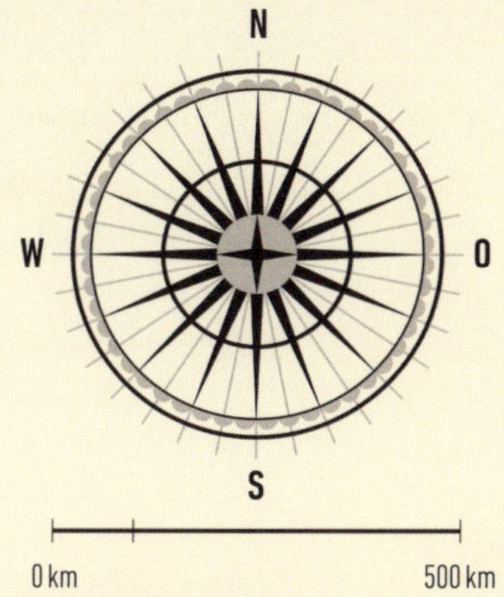

Verteilung und Dichte der Bevölkerung in der frühen Kaiserzeit 14 n. Chr.

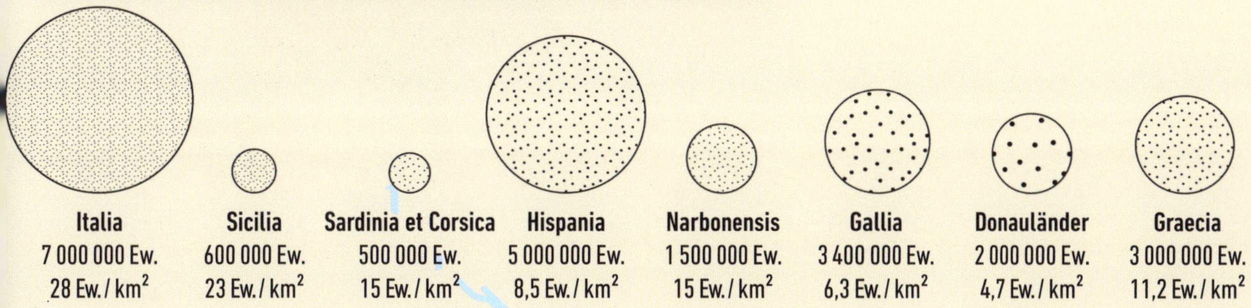

1 Sicilia
2 Sardinia et Corsica
3 Illyria et Dalmatia
4 Gallia cisalpina
5 Malta
6 Baetica
7 Hispania
8 Africa proconsularis
9 Peloponnesus
10 Thracia
11 Asia
12 Baleares
13 Gallia Narbonensis
14 Numidia
15 Cilicia
16 Kyrenaica
17 Moesia
18 Bithynia
19 Kreta
20 Armenia
21 Kolchis
22 Syria et Phoenicia
23 Judaea
24 Bosporanisches Reich
25 Gallia transalpina
26 Zypern
27 Rhodos
28 Pannonia
29 Aegyptus
30 Lusitania
31 Galatia
32 Noricum
33 Rhaetia
34 Alpes maritimae
35 Germania inferior
36 Cappadocia
37 Lycia
38 Britannia
39 Mauritania
40 Tyras et Olbia
41 Germania superior
42 Dacia
43 Arabia
44 Mesopotamia et Assyria

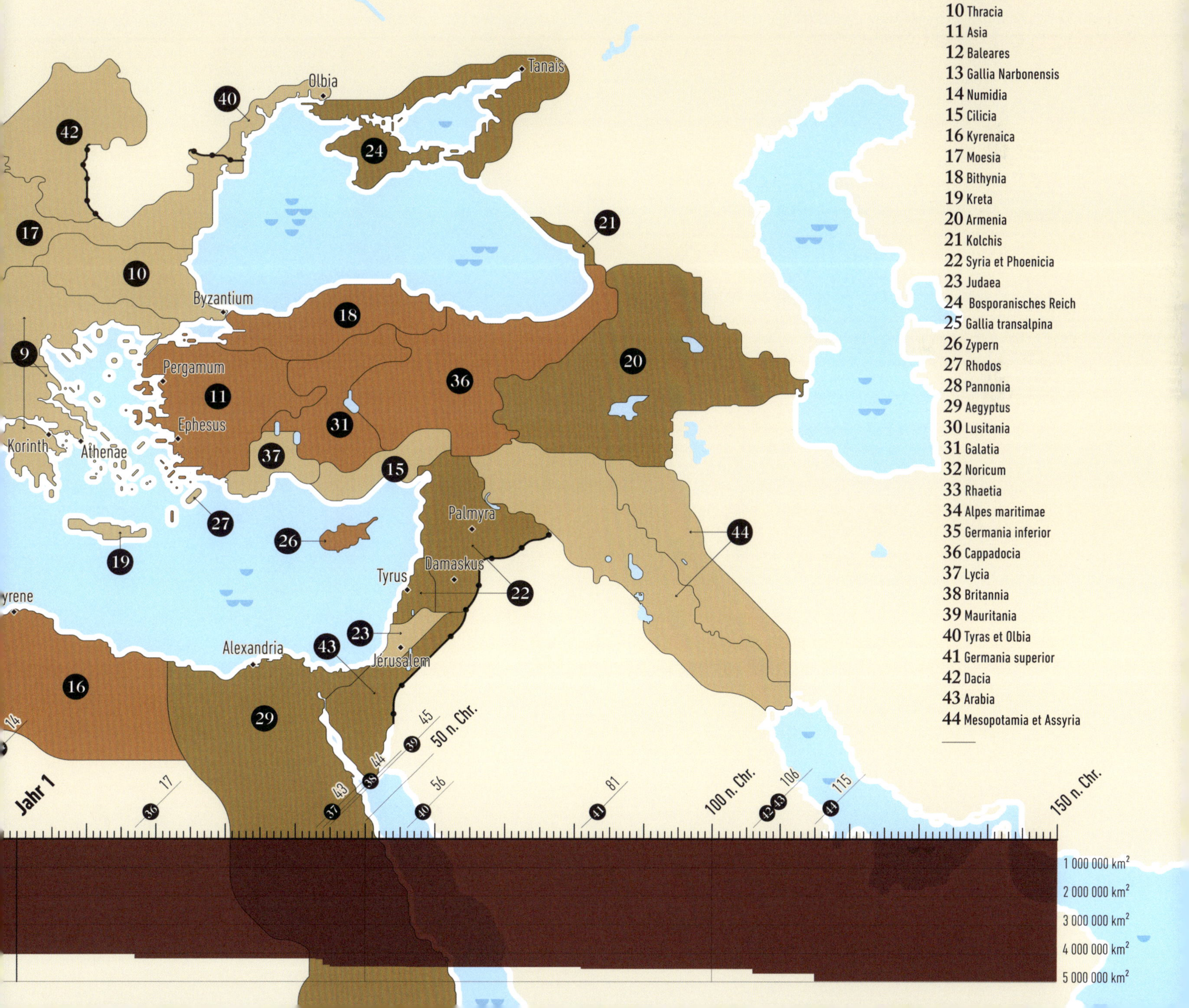

I. DIE URBS

Bis auf das transtiberische Viertel lag Rom bis zum 4. Jh. n. Chr. vollständig auf dem linken Tiberufer. Das Rom der Sage beschränkte sich auf den Palatin und das Tal des Forums, aber die Servianische Mauer des 6. Jh. v. Chr. umfasste bereits eine weit größere Fläche. Eine juristische und religiöse Grenze, das Pomerium, vom Gründungsmagistrat der Stadt rituell mit dem Pflug gezogen, umschloss den »bürgerlichen Raum« der Stadt. Innerhalb dieses Raums hatten die Magistrate das Recht, Auspizien einzuholen und nach Osten ausgerichtete (orientierte) Örtlichkeiten als Versammlungsorte für religiöse und politische Handlungen abzustecken *(templum)*. Das Pomerium wurde später mehrmals erweitert. Im 2. Jh. v. Chr. wurden die Rechte und Tabus, die ihm anhafteten, um eine römische Meile ausgedehnt. Die Stadt wuchs allerdings weiterhin rasch über diese Grenzen hinaus, und ab 274 umgab eine neue Mauer den gesamten damals bebauten Raum.

Das politische Herz der Stadt lag in der Forumssenke mit dem Forum Romanum, auf dem Forum Boarium (Viehmarkt) und auf dem Marsfeld. Die Magistrate hatten ihre Amtssitze rund um das Forum Romanum. Dort tagte in der Kurie auch der Senat und versammelten sich die Tributkomitien. Das Marsfeld als Exerzierplatz lag außerhalb des Pomeriums, in dem sich keine bewaffneten Soldaten aufhalten durften; hier tagten auch die Centuriatkomitien, die Versammlung der wehrfähigen Bürger. Das Forum Boarium befand sich am Flusshafen der Stadt und war ursprünglich ein Marktplatz. Unter Augustus erhielt es ein Theater nahe dem Apollotempel.

Diese Viertel entwickelten sich in der Kaiserzeit weiter. Auf dem Palatin mit dem Haus des Augustus entstand innerhalb weniger Jahrzehnte ein weitläufiger Palastkomplex als kaiserliche Residenz; 15 Jahre lang erhob sich hier schließlich die Domus Aurea, das Goldene Haus Neros. Das ursprüngliche, durch seine Tallage beengte Forum Romanum wurde für die zahlreichen Monumentalbauten bald zu klein und durch fünf Kaiserforen ergänzt. Der militärische und politische Aufmarschplatz des Marsfelds wurde seit Augustus mit Parkanlagen, Bädern, Tempeln und öffentlichen Altären, dem Mausoleum des ersten Kaisers und Verteilungsstellen für staatliche Getreidespenden bebaut. Im Bereich zwischen dem Aventin und der Aurelianischen Mauer entstanden Dockanlagen und Lagerhäuser. Das transtiberische Gebiet bestand hauptsächlich aus Wohnvierteln, die sich um einen großen Park gruppierten. Am Stadtrand ließen die Kaiser nach und nach immer mehr Thermen und andere öffentliche Bauten errichten.

Für den Vergnügungsbetrieb und die großen öffentlichen Festspiele verfügte Rom über den Circus Maximus, in dem Wagenrennen und Schaujagden abgehalten wurden. Weitere Zirkusbauten gab es auf dem Marsfeld und in der Spätantike auch auf dem rechten Flussufer, wo sich später die Basilika St. Peter erheben sollte. In der Republik fanden Gladiatorenspiele als Teil von Begräbnisriten noch auf dem freien Platz in der Mitte des Forums statt. Die flavischen Kaiser begannen im Jahr 70 n. Chr. mit dem Bau eines großen Amphitheaters, des Colosseums, mitten im ehemaligen Goldenen Haus Neros, um dessen Abbruch zu feiern. Im Colosseum fanden später Gladiatorenkämpfe und Schaujagden statt. Domitian ließ auf dem Marsfeld anlässlich der Säkularfeier im Jahr 88 weitere Stätten für solche Spiele errichten, das Odeum und ein Stadion.

Die Friedhöfe Roms befanden sich lange auf dem Esquilin und entlang der großen Ausfallstraßen außerhalb der Stadt. In der Kaiserzeit weiteten sie sich auf die unterirdischen Tuffsteinbrüche aus, in denen ausgedehnte Katakomben entstanden.

Pomerium
juristische Grenze der Stadt Rom, innerhalb derer politische, religiöse und öffentliche Handlungen der Bürgerschaft durchgeführt werden können

Servianische Mauer
errichtet im 6. Jh. v. Chr.

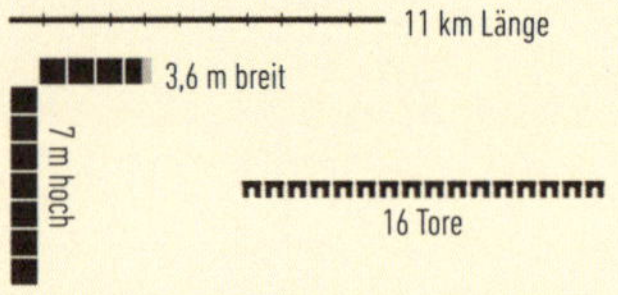

Aurelianische Mauer
errichtet 270 bis 273 n. Chr.

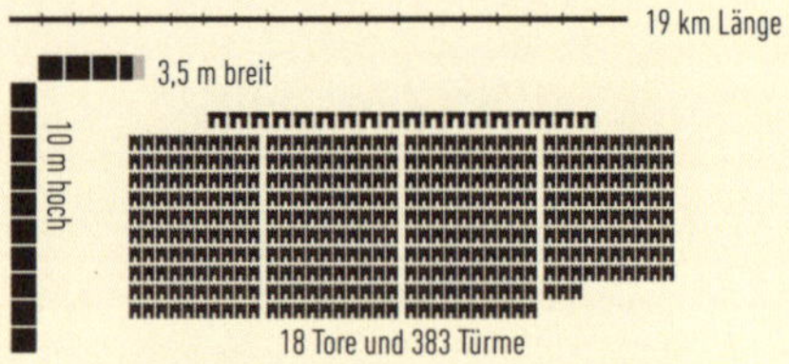

1 Aquädukt Aqua Appia
2 Aqua Anio Vetus
3 Aqua Marcia
4 Aqua Tepula
5 Aqua Julia
6 Aqua Virgo
7 Aqua Alsietina
8 Aqua Claudia
9 Aqua Anio Novus
10 Aqua Neroniana
11 Aqua Trajana
12 Aqua Antoniniana

Die Stadt Rom
im 4. Jh. n. Chr.

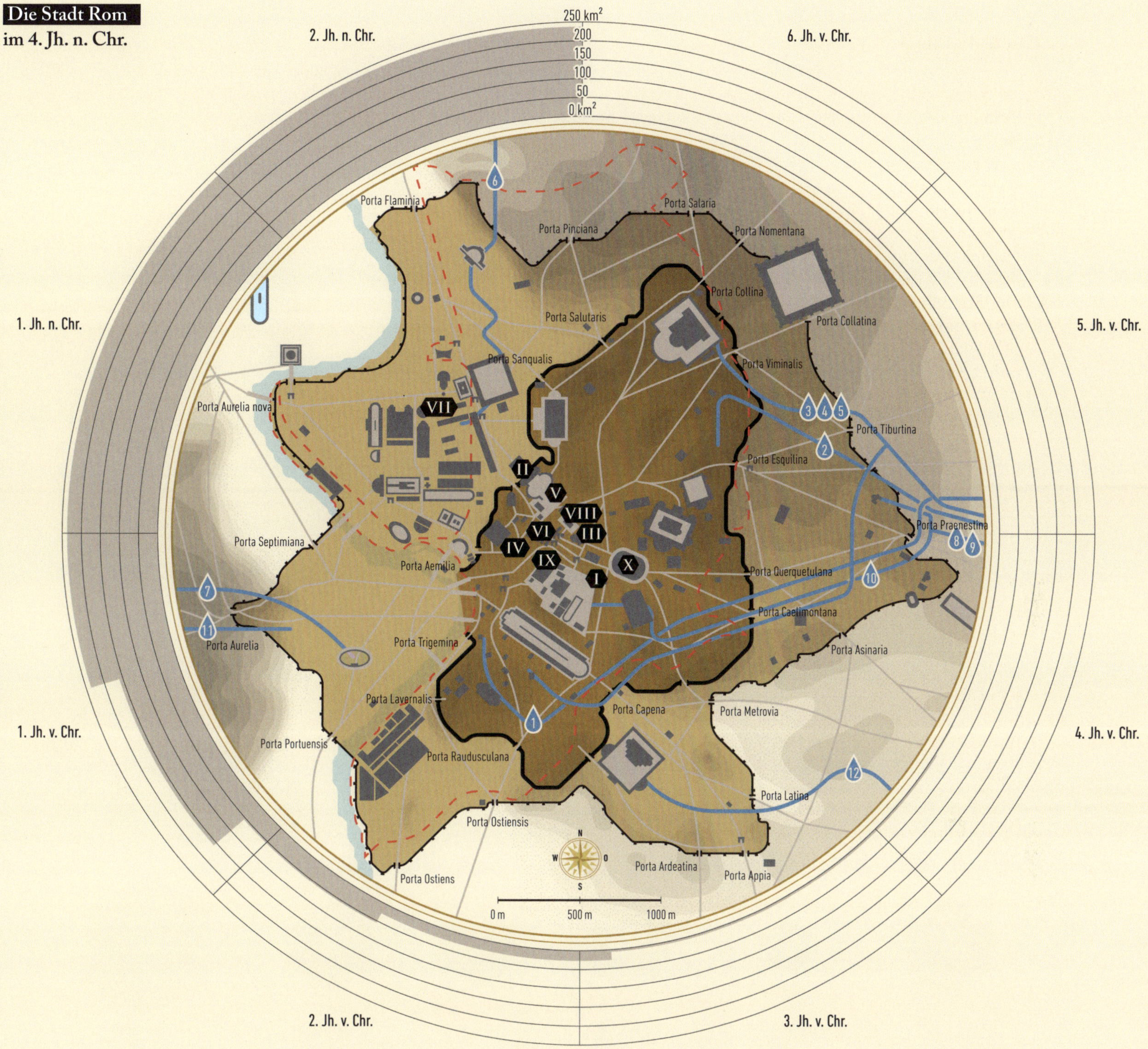

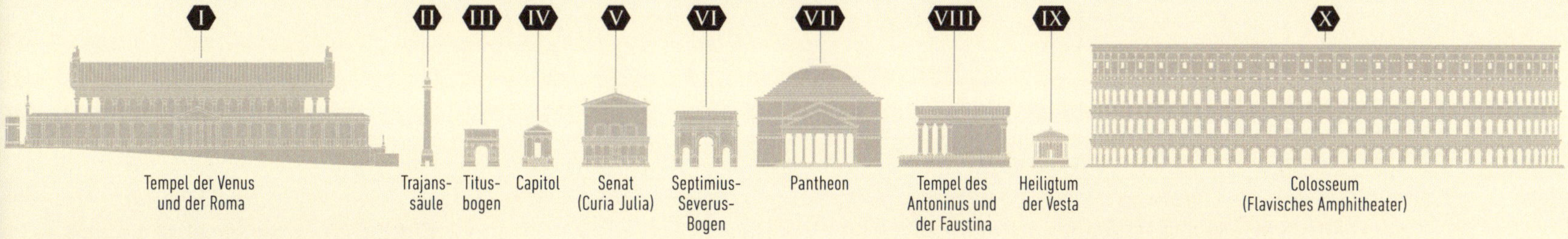

Entwicklung der Einwohnerzahl Roms

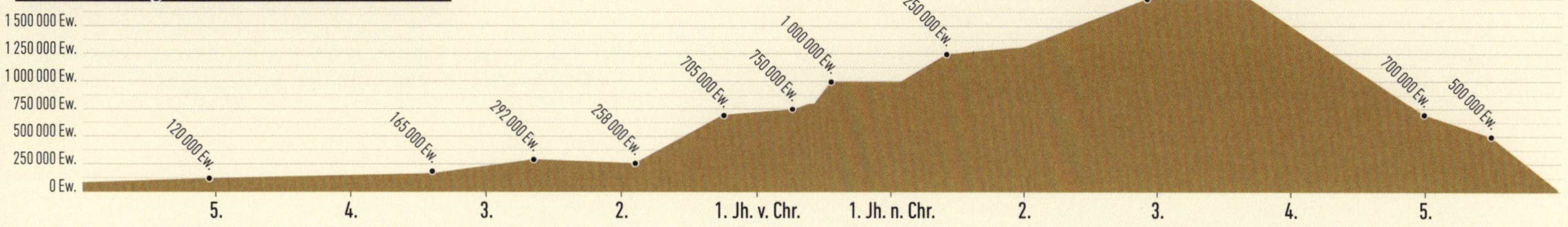

Die Regionen Roms
im Jahr 7 v. Chr.

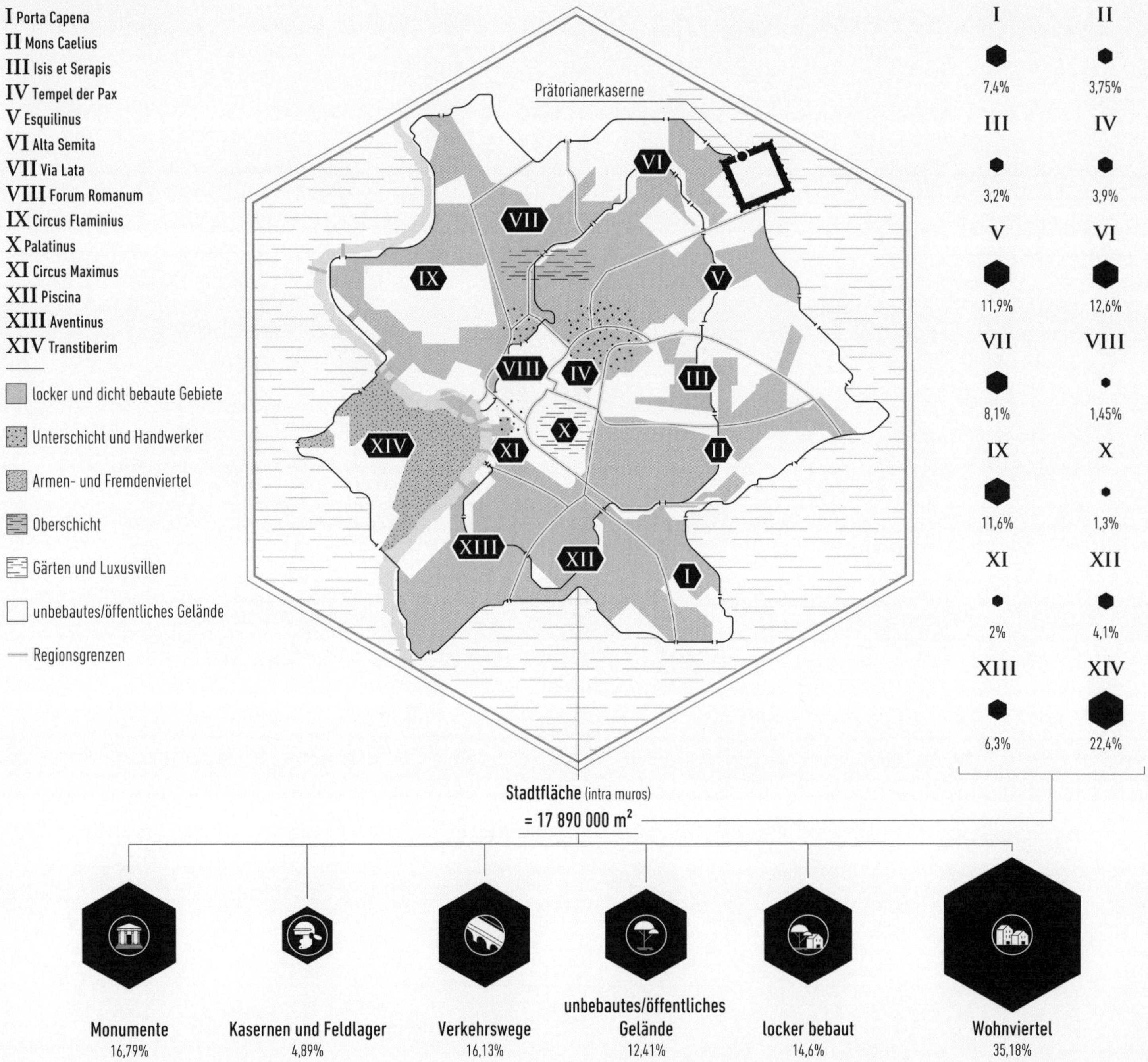

II. DIE REGIONEN

Rom war zur Zeit der Republik in vier große Regionen aufgeteilt (I Succusana, II Esquilina, III Collina, IV Palatina). Zwischen 12 und 7 v. Chr. ließ Augustus die alte Stadt in XIV Regionen gliedern, deren einzelne Viertel zu *vici* zusammengefasst waren (265 unter den Flaviern, mindestens 324 unter Constantin). Jeder *vicus* hatte ein Zentrum an einer Straßenkreuzung *(compitum)* mit einer kleinen öffentlichen Kultstätte und seine eigenen Feiertage. Dem *vicus* standen jeweils zwei jährlich wechselnde *magistri* vor, die meist unter den Stimmbürgern gewählt wurden.

Je ärmer ein Römer war, desto näher wohnte er gewöhnlich am Stadtzentrum, damit er Zugang zum politischen Leben und zu den kostenlosen Lebensmittelverteilungen hatte. Alle wichtigen öffentlichen Stätten lagen konzentriert in den Regionen IV, VIII, IX und XI. Die etwa 150 000 bis 200 000 Familienoberhäupter, die Anrecht auf kostenlose Lebensmittelverteilung hatten, erhielten hier im Stadtzentrum jeden Monat ihre Getreide- und Olivenölration und nahmen an den politischen Versammlungen wie an den religiösen Festen teil, besonders an den kostenlosen Banketten und Verteilungen von Opferfleisch und den Zirkusspielen. Die Oberschicht hatte nicht nur ihre Villen im Grünen am Stadtrand, sondern auch Residenzen in der Innenstadt.

Unter Augustus lagen auch die Thermen noch im Stadtzentrum; später waren sie in der ganzen Stadt verteilt. Öffentliche und private Badeanstalten wurden mit der Zeit zu städtischen Einrichtungen wie die Trinkwasserbrunnen und Bäckereien. Für die öffentliche Sicherheit sorgten die *vigiles* (Feuerwehr und Nachtwache, etwa eine Kohorte von 600 Mann auf je zwei städtische Regionen) und drei Kohorten städtischer Polizei, deren Kaserne sich auf dem Marsfeld befand.

Bebauung der Regionen Roms
im 4. Jh. n. Chr. (in Zahlen und Prozent)

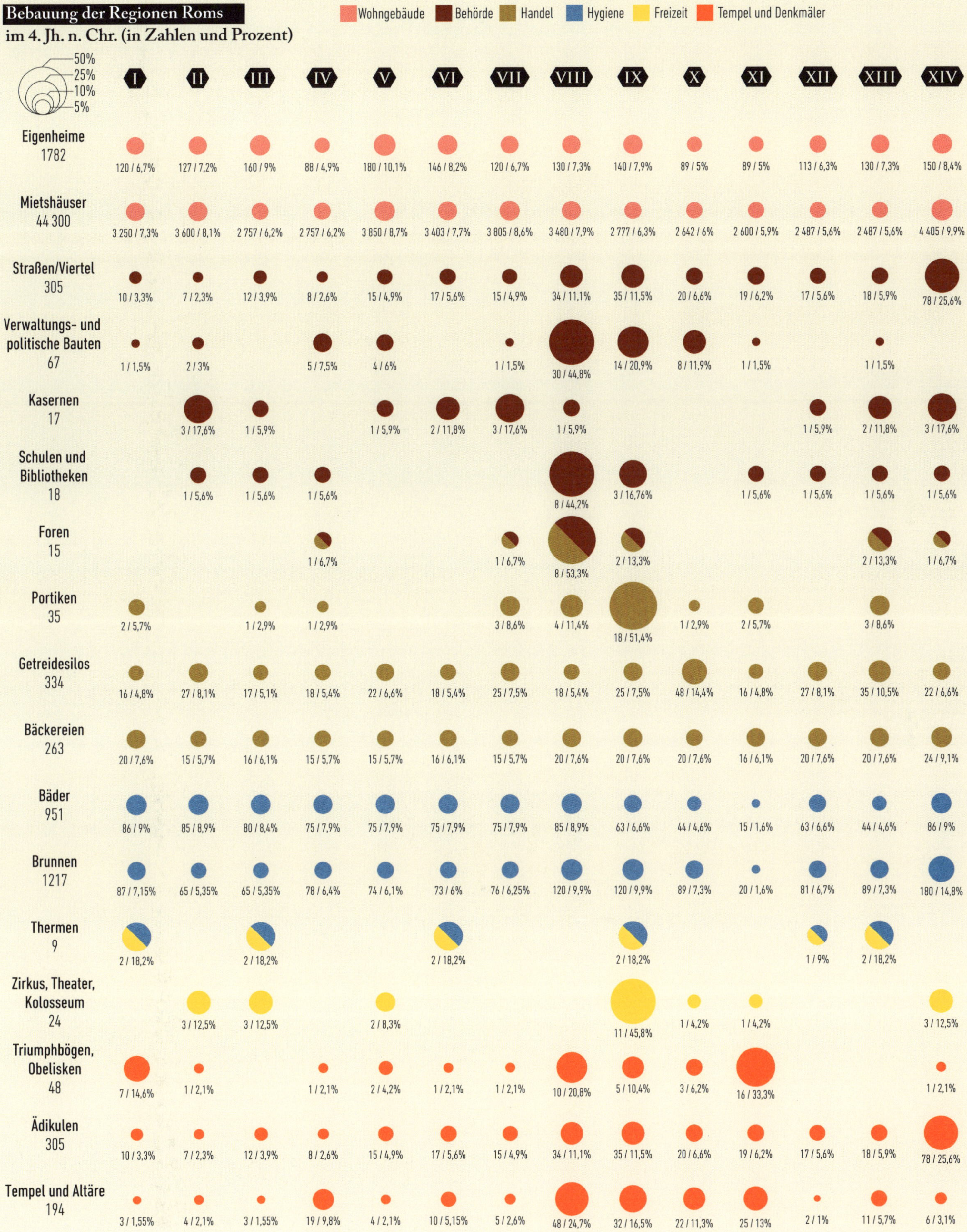

III. DIE FOREN

Die Talsenke des Forum Romanum war das politische Herz Roms, auch als die Macht ab dem 1. Jh. im Kaiserpalast, in der Kurie und an den Amtssitzen der kaiserlichen Präfekten ausgeübt wurde. Immerhin wurde hier weiterhin Recht gesprochen, die Magistrate hatten hier ihren Amtssitz und zahlreiche politische und religiöse Rituale wurden hier gefeiert, unter freiem Himmel und in den Basiliken.

Das alte Forum Romanum wurde am Ende der Republik nach und nach durch die Kaiserforen ergänzt: Zuerst kam im Norden das des Iulius Caesar dazu, gefolgt vom Forum des Augustus, dem Nervas, dem Vespasians (Friedensforum) und schließlich dem Trajansforum. Ein Teil der institutionellen Funktionen, wie Gerichtsverhandlungen, Archive (das des Stadtpräfekten von Rom am Friedensforum), lateinische und griechische Bibliotheken (am Trajansforum zu beiden Seiten der berühmten Bildsäule), Versammlungen und akademischer Unterricht fand jetzt in halbkreisförmigen Sälen der Portiken auf den neuen Foren statt. Später kamen noch der riesige Tempel der Venus und der Roma (unter Hadrian) und die Maxentius-Basilika (4. Jh.) hinzu, wie alle Basiliken im Grunde ein überdachtes Forum.

Die Foren, auf denen die großen Römerstraßen zusammenliefen, öffneten sich nach Norden zum Marsfeld, nach Westen zum Kaiserpalast und dem Circus Maximus und nach Süden zum Kolosseum hin, also auf die anderen großen politischen und Versammlungszentren.

Zeitleiste der Baugeschichte Roms

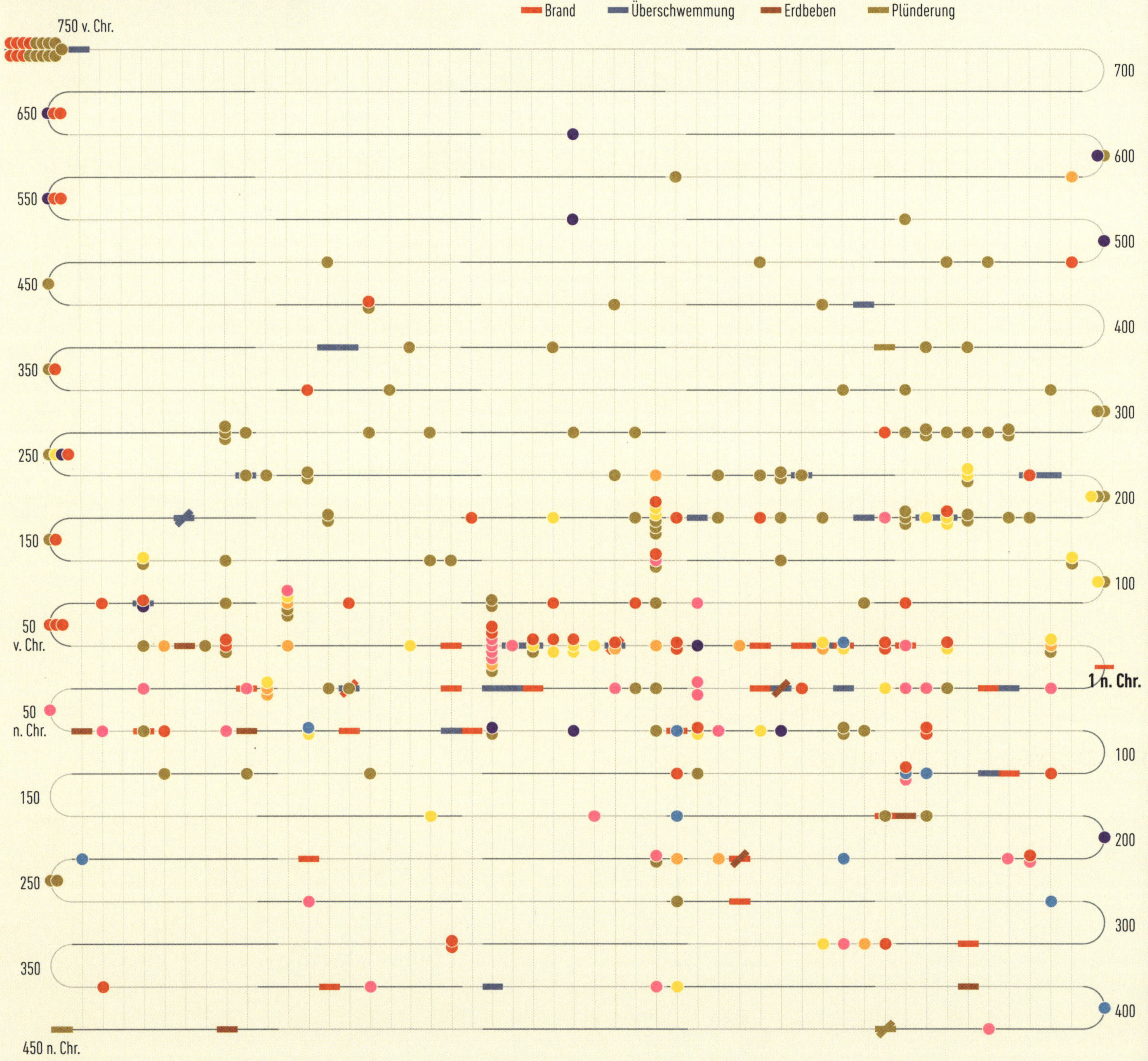

Gesamtplan der Foren

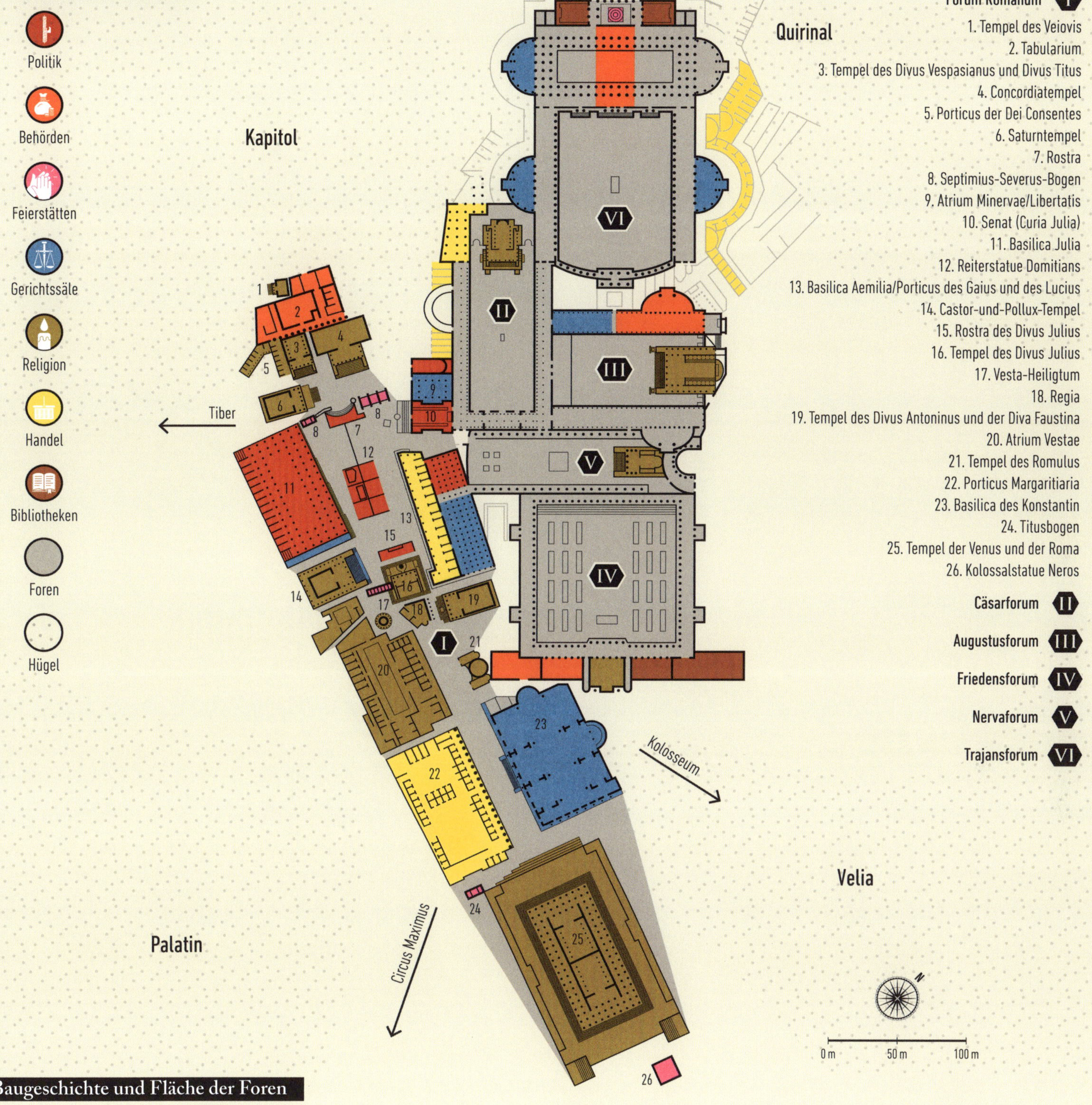

Baugeschichte und Fläche der Foren

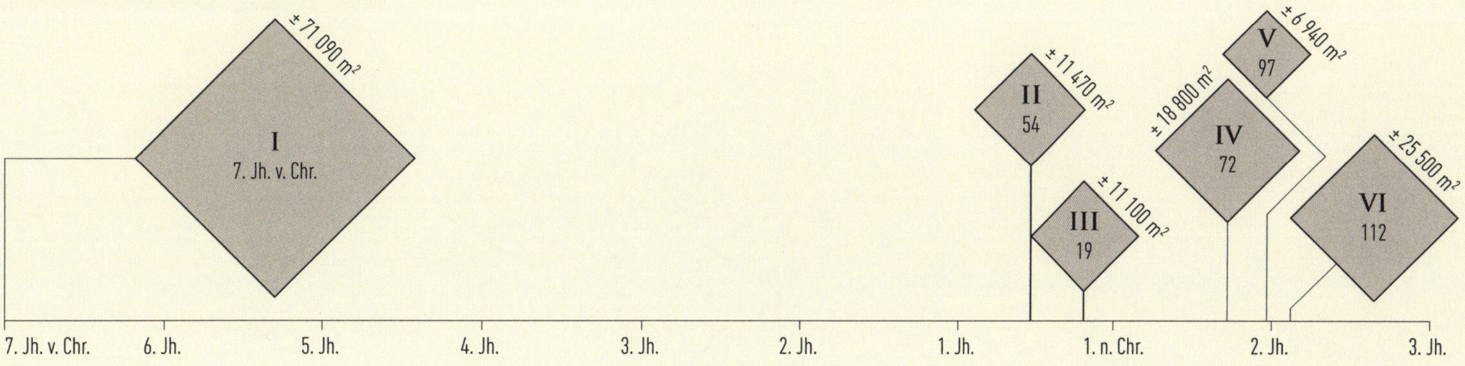

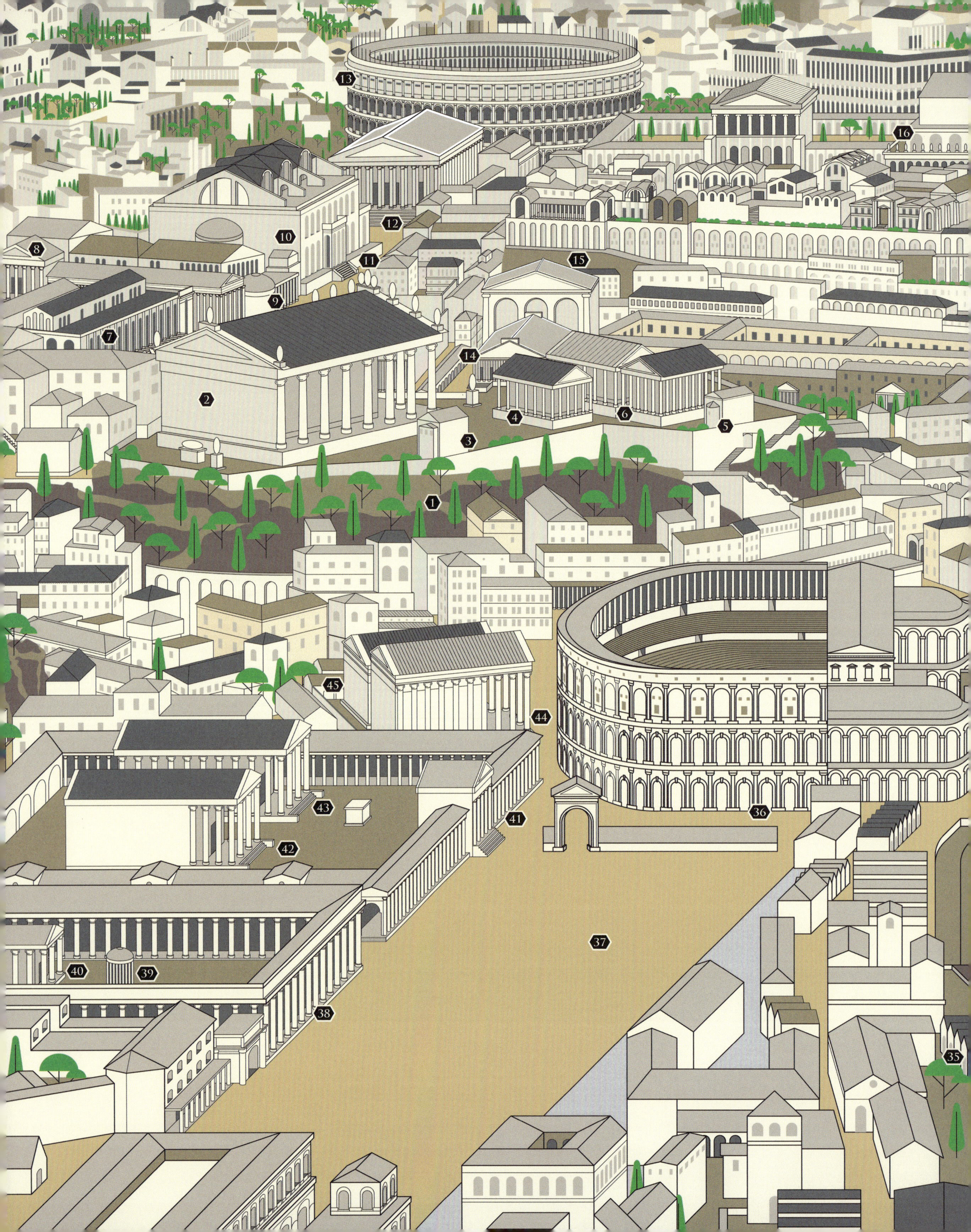

13
16
12
10
8
11
15
9
7
14
2
4
6
5
3
1
45
44
43
41
36
42
37
40
39
38
35

Roms Monumente haben seit jeher die Architekten fasziniert. Einer von ihnen, der Franzose Paul Bigot, widmete seinen Aufenthalt in der Villa Medici im Jahr 1900 diesen Baudenkmälern und schuf 1908 ein maßstabsgetreues Modell der Urbs zu Beginn des 4. Jh. n. Chr. Er fertigte vier Kopien aus bemaltem Gips an, von denen sich zwei in Paris befanden; eine dritte entstand 1938 für Brüssel (seit 1950 im Musée du Cinquantenaire) und eine vierte (um 1914) für Philadelphia. Das oft verbesserte Modell stellt drei Fünftel der Stadt im Maßstab 1 : 400 dar. Ein weiteres Modell im Maßstab 1 : 250 für die Augustus-Ausstellung 1938 unter Mussolini umfasste nur die Innenstadt, wurde aber nach 1945 um den Rest der Stadt bis an die Aurelianische Mauer erweitert. Es befindet sich heute im Museo della civiltà romana im EUR-Viertel Roms.

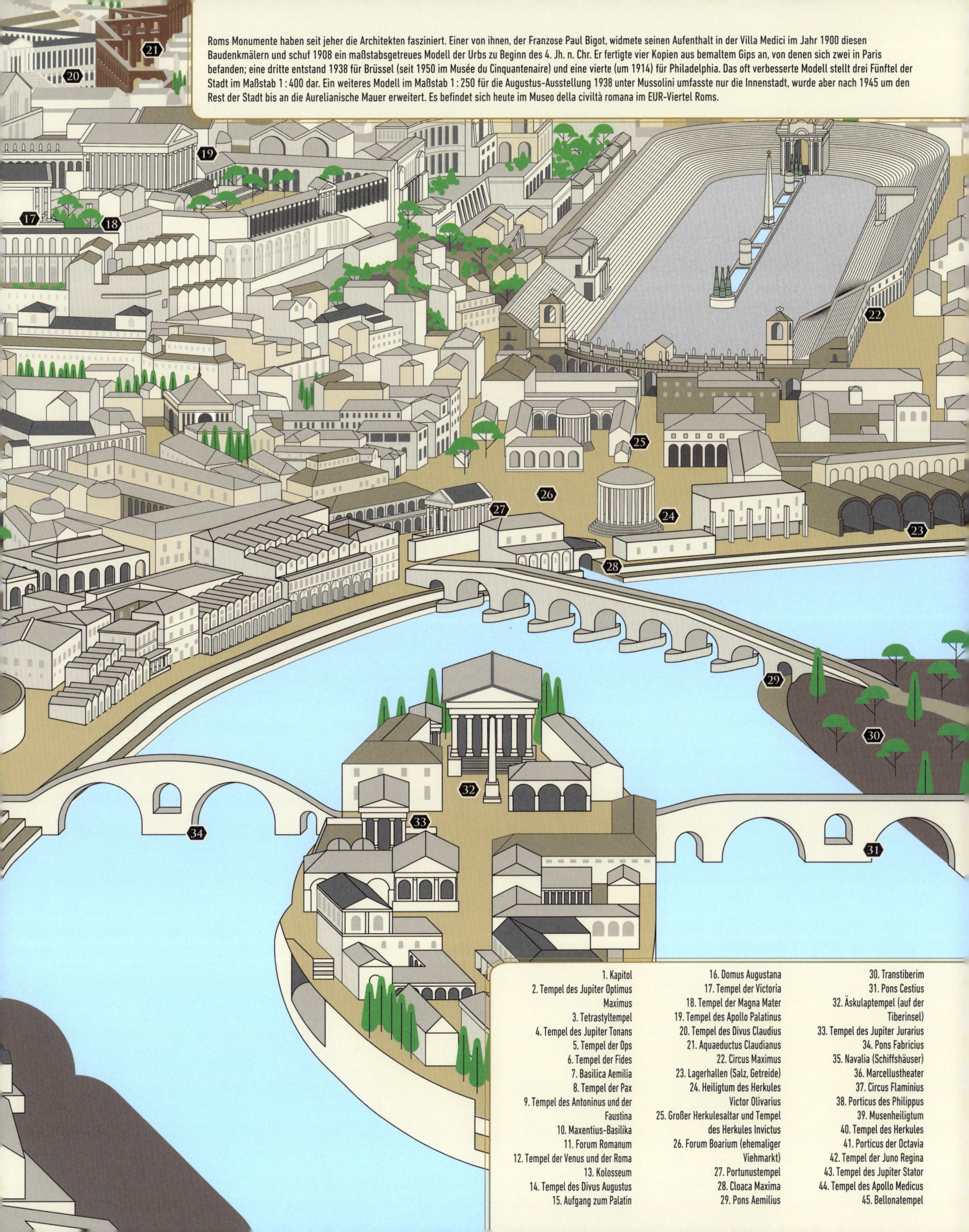

1. Kapitol
2. Tempel des Jupiter Optimus Maximus
3. Tetrastyltempel
4. Tempel des Jupiter Tonans
5. Tempel der Ops
6. Tempel der Fides
7. Basilica Aemilia
8. Tempel der Pax
9. Tempel des Antoninus und der Faustina
10. Maxentius-Basilika
11. Forum Romanum
12. Tempel der Venus und der Roma
13. Kolosseum
14. Tempel des Divus Augustus
15. Aufgang zum Palatin
16. Domus Augustana
17. Tempel der Victoria
18. Tempel der Magna Mater
19. Tempel des Apollo Palatinus
20. Tempel des Divus Claudius
21. Aquaeductus Claudianus
22. Circus Maximus
23. Lagerhallen (Salz, Getreide)
24. Heiligtum des Herkules Victor Olivarius
25. Großer Herkulesaltar und Tempel des Herkules Invictus
26. Forum Boarium (ehemaliger Viehmarkt)
27. Portunustempel
28. Cloaca Maxima
29. Pons Aemilius
30. Transtiberim
31. Pons Cestius
32. Äskulaptempel (auf der Tiberinsel)
33. Tempel des Jupiter Jurarius
34. Pons Fabricius
35. Navalia (Schiffshäuser)
36. Marcellustheater
37. Circus Flaminius
38. Porticus des Philippus
39. Musenheiligtum
40. Tempel des Herkules
41. Porticus der Octavia
42. Tempel der Juno Regina
43. Tempel des Jupiter Stator
44. Tempel des Apollo Medicus
45. Bellonatempel

DAS RÖMISCHE VOLK

Die Einwohnerzahl in den Regionen des Reiches
vom 3. Jh. v. Chr. bis zum 6. Jh. n. Chr.

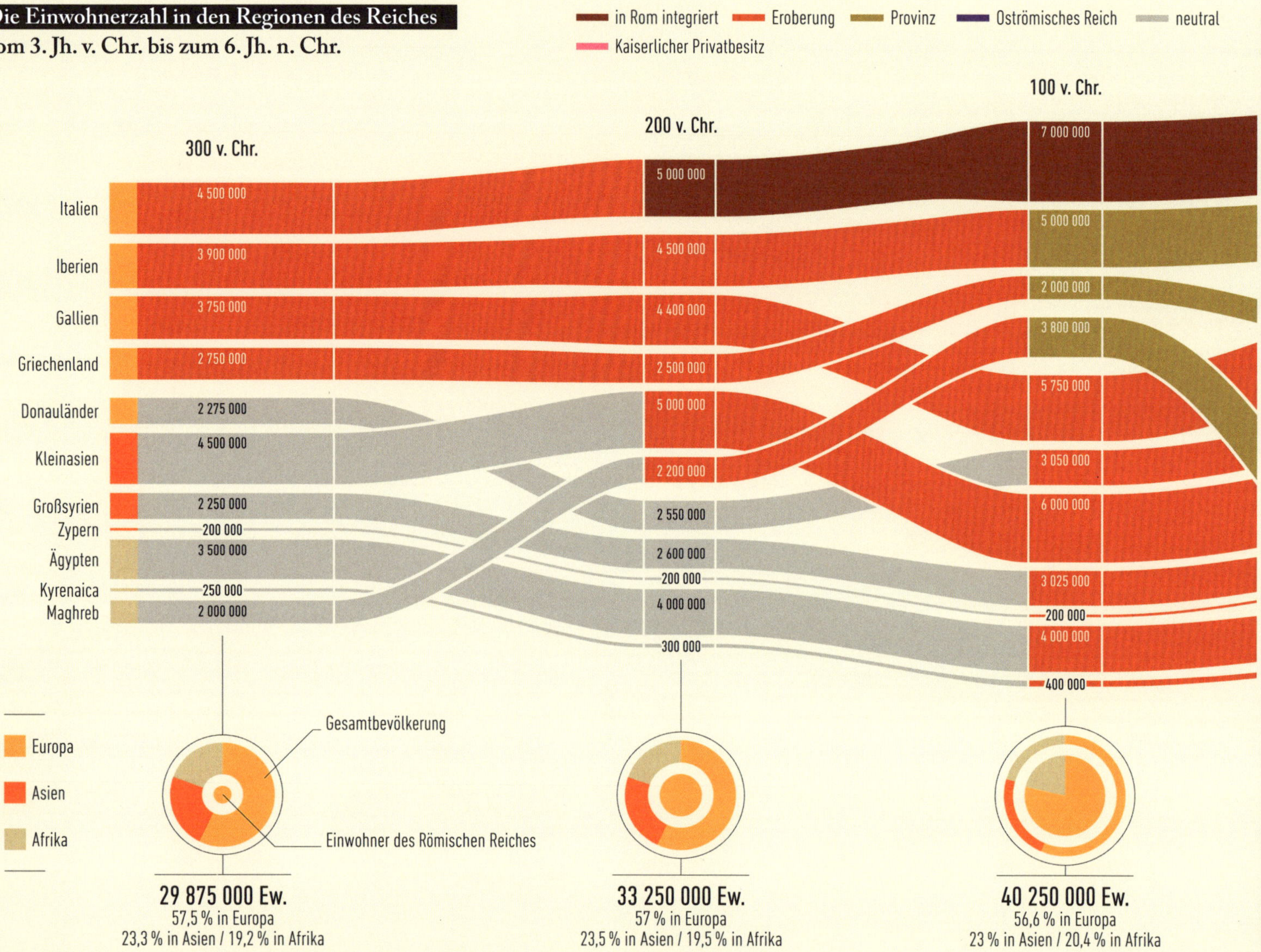

I. ENTWICKLUNG DER EINWOHNERZAHL

Die Demografie der Antike ist ein schwieriges Gebiet. Die Daten sind lückenhaft, oft widersprüchlich und unvollständig und nur selten kontinuierlich. Die Forschung muss daher von den vorliegenden wenigen Zahlen aus extrapolieren, um fortlaufende Statistiken zu erstellen. Im Fall Roms nennen die Quellen oft die Zahl der Bürger, manchmal, aber nicht immer, mitsamt ihren Familienangehörigen. Andere Quellen geben zwar die Gesamtbevölkerung des Mittelmeerraums bzw. der römischen Welt an, aber weil wir bei literarischen Texten auf immer wieder neu abgeschriebene Kopien der antiken Vorlagen angewiesen sind, wurden die Zahlen im Lauf der Zeit häufig verfälscht.

Das zweite Problem ist die soziale Gliederung der Bevölkerung. Die Realität der damaligen Zeit bedingte, dass die Quellen im Allgemeinen nur freie Männer erfassen, meist Römer mit vollem Bürgerrecht. Erst allmählich, ab dem Beginn der Kaiserzeit, werden auch Daten zur Zahl der Frauen, der Freigelassenen und der Sklaven reichhaltiger. Weil Sklaven keineswegs immer in Armut und Elend lebten, sagen uns die Quellen oft nicht, was wir erfahren wollen. Viele wurden zwar grausam ausgebeutet, etwa diejenigen auf den großen Landgütern oder in den Steinbrüchen und Bergwerken, aber die Daten über diese Gruppen erfassen längst nicht alle Sklaven. Dagegen stammten diejenigen Sklaven und Freigelassenen, über die wir Genaueres wissen, meist aus den Städten und erfreuten sich oft eines Lebens, um das sie mancher Freie beneidete. Aus all diesen Gründen muss man bei der Datenauswertung oft eine Auswahl treffen.

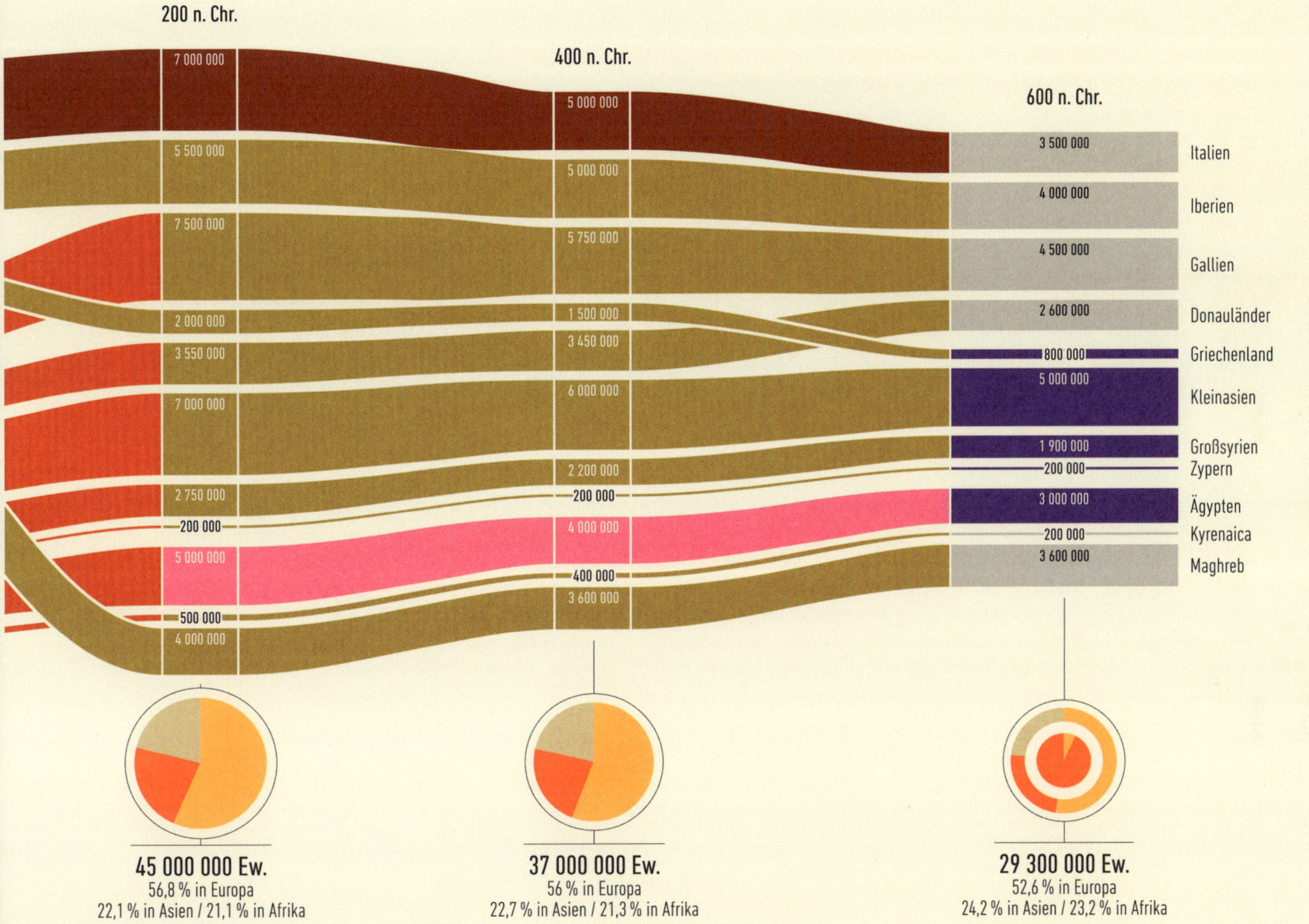

Einwohner nach Personenstand um 14 n. Chr.

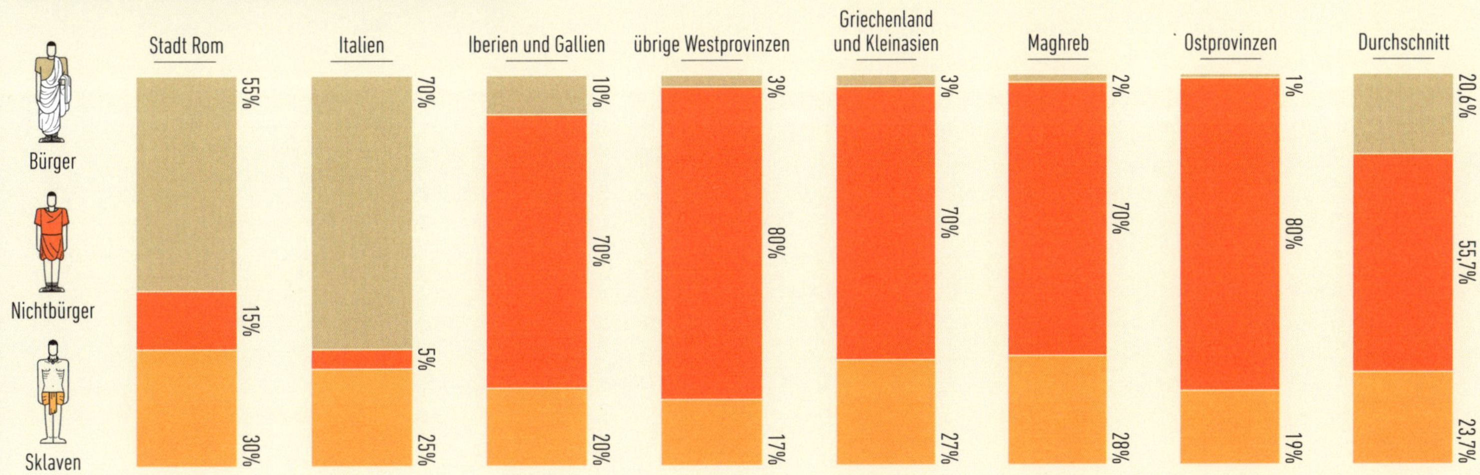

II. DIE JURISTISCHEN PERSONENSTÄNDE

Die antiken Gesellschaften des Mittelmeerraums entwickelten sich zwischen dem 4. Jh. v. Chr. und dem 3. Jh. n. Chr. beträchtlich weiter. Sie beruhten sämtlich auf dem Konzept unterschiedlicher juristischer Personenstände, sowohl vor wie nach der römischen Eroberung. Die außergewöhnliche Langlebigkeit der römischen Macht in der westlichen Welt hat dieses Gesellschaftssystem tief eingeprägt, aber seine herausragende Besonderheit war, dass das römische Recht auch den *peregrini* (zugewanderten Fremden) und Freigelassenen das Bürgerrecht gewährte und sich dadurch von praktisch allen anderen Gesellschaften der damaligen Zeit unterschied. Der Einzelne hatte in der römischen Welt einen doppelten Stand: Er war in seiner Heimatgemeinde verwurzelt, deren Bürger er lebenslang blieb, konnte aber auch römischer Bürger werden und sogar, wenn er die finanziellen und geistigen Mittel hatte, das heißt, wenn er aus einer der führenden Familien seiner Heimatgemeinde stammte, in Rom die politische Laufbahn einschlagen, römischer Ritter und Senator werden. Dieser Mechanismus bewirkte, dass ab dem 2. Jh. n. Chr., insbesondere mit Caracallas Edikt von 212, schließlich alle unbescholtenen Freien im Römischen Reich auch römische Bürger wurden. Alle diese Freien besaßen nun ein doppeltes Bürgerrecht, da das Heimatbürgerrecht nur sehr schwer zu ändern war: Einzig der Kaiser selbst konnte einem ein anderes Heimatbürgerrecht verleihen.

Die Zunahme der *peregrini* in der römischen Welt war zum Teil Folge der römischen Eroberung. Ab 212 jedoch gab es insgesamt etwa 40 Millionen römische Bürger, nämlich fast die gesamte freie Bevölkerung der westlichen Welt. Die summarische Verleihung der mit diesem Stand verbundenen Rechte, die in Ausnahmefällen bereits ab dem 3. Jh. v. Chr. gewährt worden waren, ist in einem solchen Ausmaß einmalig in der westlichen Welt. Alle freien Männer des Mittelmeerraums im weiteren Sinn genossen jetzt dieselben juristischen Privilegien wie die Römer Italiens oder der Stadt Rom selbst, und alle waren nicht nur dem Recht ihrer Heimatgemeinde, sondern auch dem römischen Zivilrecht unterworfen, was letztlich dazu führte, dass das kontinentaleuropäische Rechtssystem bis heute auf diesem römischen Recht beruht. Das Recht, beim Kaiser Berufung gegen das Urteil eines römischen oder örtlichen Magistrats einzulegen, stand allen Bürgern zu. Und letztlich betraf das Bürgerrecht zwar vor allem die Familienväter und ihre Söhne, aber auch die Frauen erhielten durch diese Reform neue Rechte.

Die Sklaverei verschwand jedoch nie. Lange Zeit gab es mehr Sklaven als Bürger, und dabei sind die Sklaven der *peregrini*, über die wir kaum etwas wissen, nicht einmal eingerechnet. Das römische Recht sah von jeher die Möglichkeit der Freilassung *(manumissio)* von Sklaven vor, und die Bürger machten davon auch so reichlich Gebrauch, dass die Obrigkeit zu Beginn der Kaiserzeit versuchte, die Freilassungen einzuschränken. Zu Freigelassenen erhoben wurden hauptsächlich städtische Sklaven, die mit der Familie ihres Herrn zusammenlebten. Der Freigelassene wurde in gewisser Weise zum Mitglied der Familie seines früheren Herrn und jetzigen Patrons, nahm dessen Nachnamen an und blieb wie ein leibliches Kind dessen häuslicher Gewalt *(patria potestas)* unterstellt; sein Besitz fiel nach seinem Tod an den Patron zurück. Eine oder zwei Generationen lang hinderte der Makel des ehemaligen Sklaven den Freigelassenen noch an einer politischen Laufbahn, aber allgemein bildeten die Freigelassenen das dynamischste Element der Gesellschaft. Die Sklaven der Stadt Rom, der anderen Städte des Reichs und des Kaisers konnten ebenfalls zu Freigelassenen aufsteigen, und die kaiserlichen Freigelassenen errangen mit der Zeit sogar eine sehr wichtige Stellung in der Staatsverwaltung.

Personenstand und gesellschaftliche Herkunft

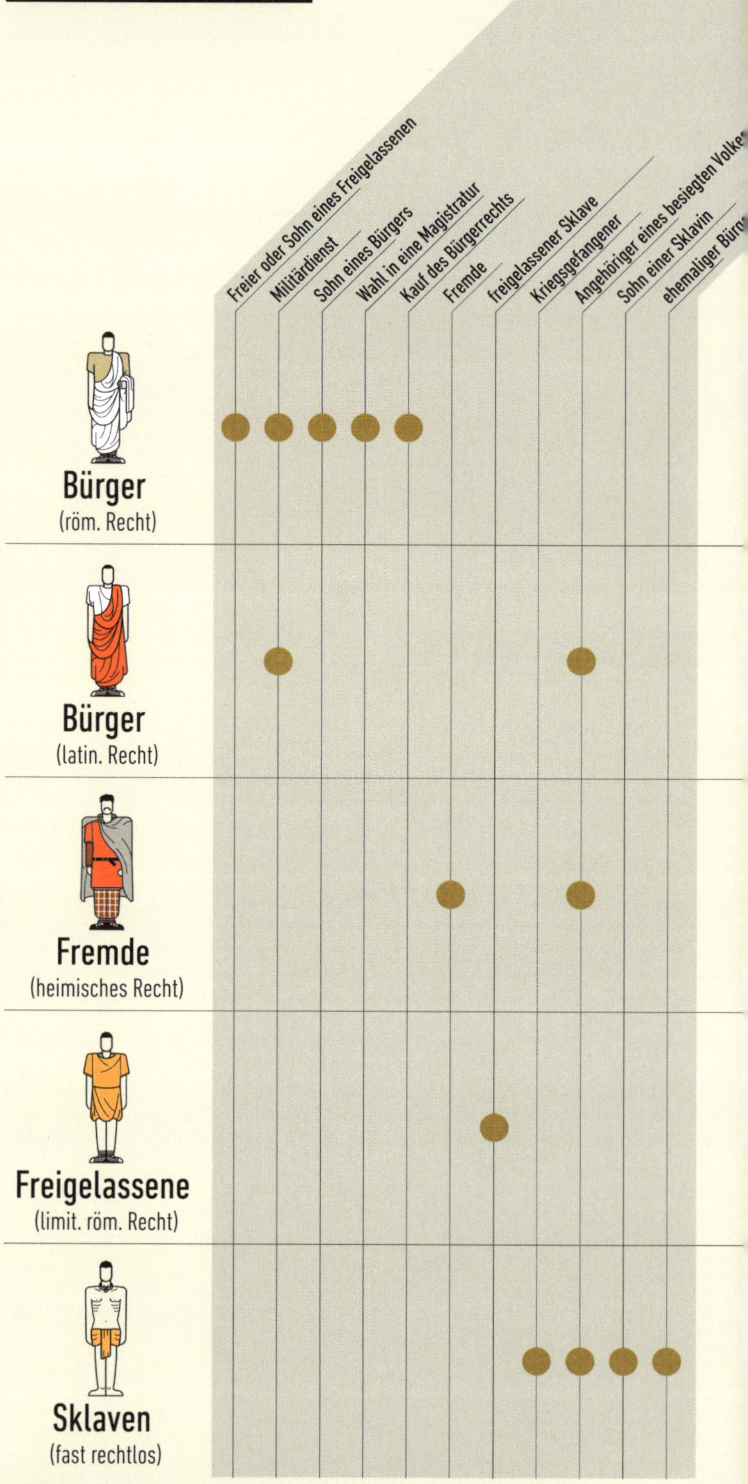

Bevölkerungsentwicklung nach Personenständen

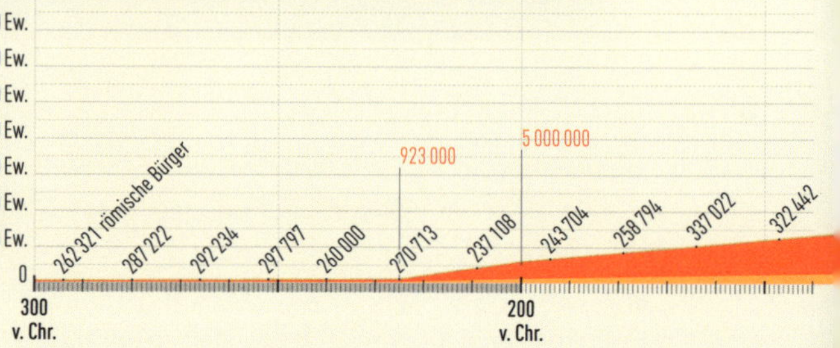

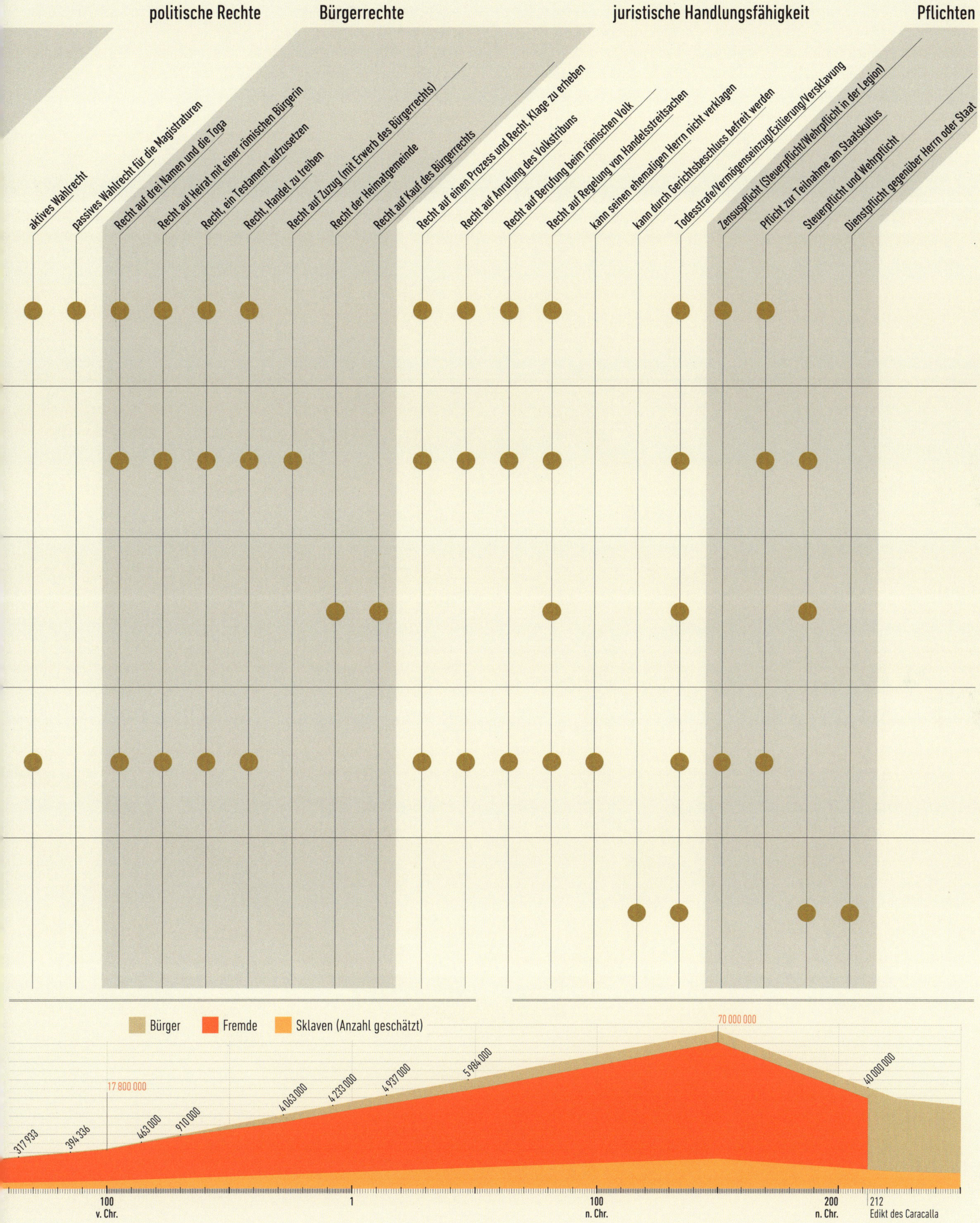

politische Rechte
Bürgerrechte
juristische Handlungsfähigkeit
Pflichten
aktives Wahlrecht
passives Wahlrecht für die Magistraturen
Recht auf drei Namen und die Toga
Recht auf Heirat mit einer römischen Bürgerin
Recht, ein Testament aufzusetzen
Recht, Handel zu treiben
Recht auf Zuzug (mit Erwerb des Bürgerrechts)
Recht der Heimatgemeinde
Recht auf Kauf des Bürgerrechts
Recht auf einen Prozess und Recht, Klage zu erheben
Recht auf Anrufung des Volkstribuns
Recht auf Berufung beim römischen Volk
Recht auf Regelung von Handelsstreitsachen
kann seinen ehemaligen Herrn nicht verklagen
kann durch Gerichtsbeschluss befreit werden
Todesstrafe/Vermögenseinzug/Exilierung/Versklavung
Zensuspflicht (Steuerpflicht/Wehrpflicht in der Legion)
Pflicht zur Teilnahme am Staatskultus
Steuerpflicht und Wehrpflicht
Dienstpflicht gegenüber Herrn oder Staat
Bürger
Fremde
Sklaven (Anzahl geschätzt)
317 933
394 336
17 800 000
463 000
910 000
4 063 000
4 233 000
4 937 000
5 984 000
70 000 000
40 000 000
100
v. Chr.
1
100
n. Chr.
200
n. Chr.
212
Edikt des Caracalla

III. SOZIALE UND POLITISCHE KLIENTELVERHÄLTNISSE

Die römische Gesellschaft gründete sich auf dem Vermögen der Bürger, das alle fünf Jahre von den beiden Censoren und seit Domitian auf dem Verwaltungsweg kontrolliert wurde. In der republikanischen Zeit waren Ritter und Senatoren etwa gleich vermögend. Die Senatoren waren gewöhnlich Ritter, die eine politische Laufbahn verfolgten, und kamen häufig mit ihrem Privatvermögen für die Erfüllung von Wahlversprechen und den Unterhalt ihrer Klientel auf. Senatoren durften keinen Handel treiben. Um ihr Vermögen, das oft durch Wahlkämpfe aufgezehrt wurde, wieder aufzufüllen, versuchten sie, sich nach ihrer Prätur oder dem Konsulat den Posten als Statthalter einer reichen Provinz zu sichern – oder sogar, wenn sie das Talent zum Feldherrn hatten, einer Provinz, in der noch Krieg geführt wurde. Die Ritter gaben sich mit Offiziersposten als Centurionen oder Tribunen in den Legionen zufrieden, bevor sie sich daranmachten, ihre Güter zu vermehren, sei es als Steuereinnehmer einer Provinz oder als Verwalter staatlicher Versorgungsleistungen. Nichts hinderte sie daran, als Kaufleute Handel zu treiben. Diesen Aristokraten gegenüber standen die Plebejer, die nicht unbedingt

Das Klientelsystem
(in republikanischer Zeit)

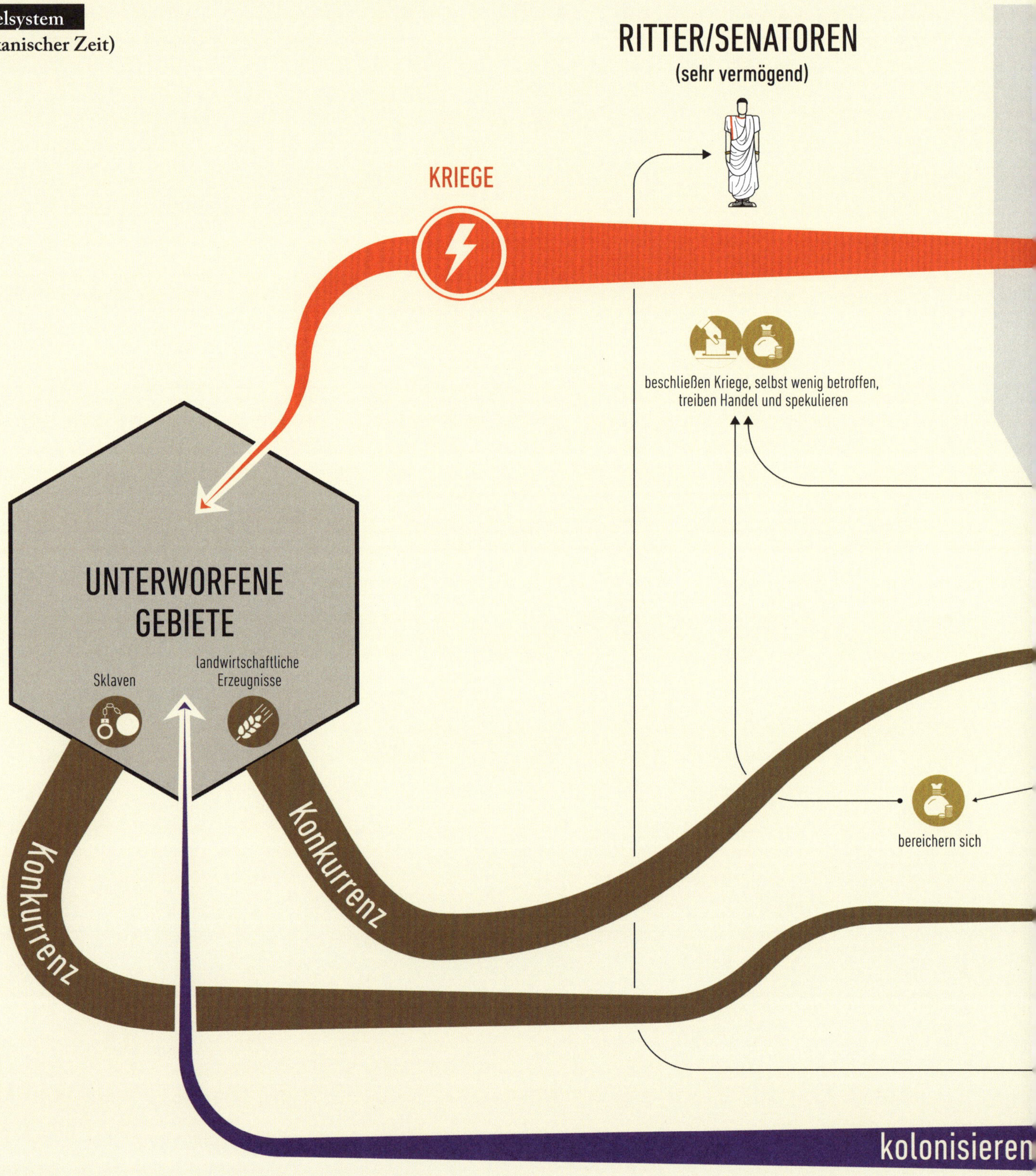

arm sein mussten. Zwar gehörten die Armen zur Plebs, besonders die städtische Unterschicht, aber in der Hauptsache bestand die Plebs aus Kaufleuten und kleineren Grundeigentümern. Die Plebs stellte, gegliedert nach Vermögensklassen, auch den Großteil der Mannschaften und Unteroffiziere in den Legionen, deren Offiziere wiederum Senatoren oder Ritter waren. Wirtschaftliche und militärische Krisen konnten dieses System zerstören und die ihrer Existenz beraubte Unterschicht der Plebejer in die Klientel der großen senatorischen Familien treiben. Das gab den betreffenden Senatoren, die mit jedem Klienten eine garantierte Wählerstimme gewannen, die Möglichkeit zum Eingriff in die politischen Verhältnisse. Die Folge war ein Regimewechsel im letzten Jahrhundert der Republik. Das aus dem Gleichgewicht geratene System wurde zur Mitursache der Eroberungs- und Bürgerkriege Roms.

In der Kaiserzeit bestand das System zwar fort, aber man konnte als Provinzstatthalter kaum noch reich werden, und die Legionen unterstanden nun ausschließlich dem Kaiser. Man darf auch nie vergessen, dass die ganze Zeit über die Hauptmasse der Arbeiter aus Sklaven bestand.

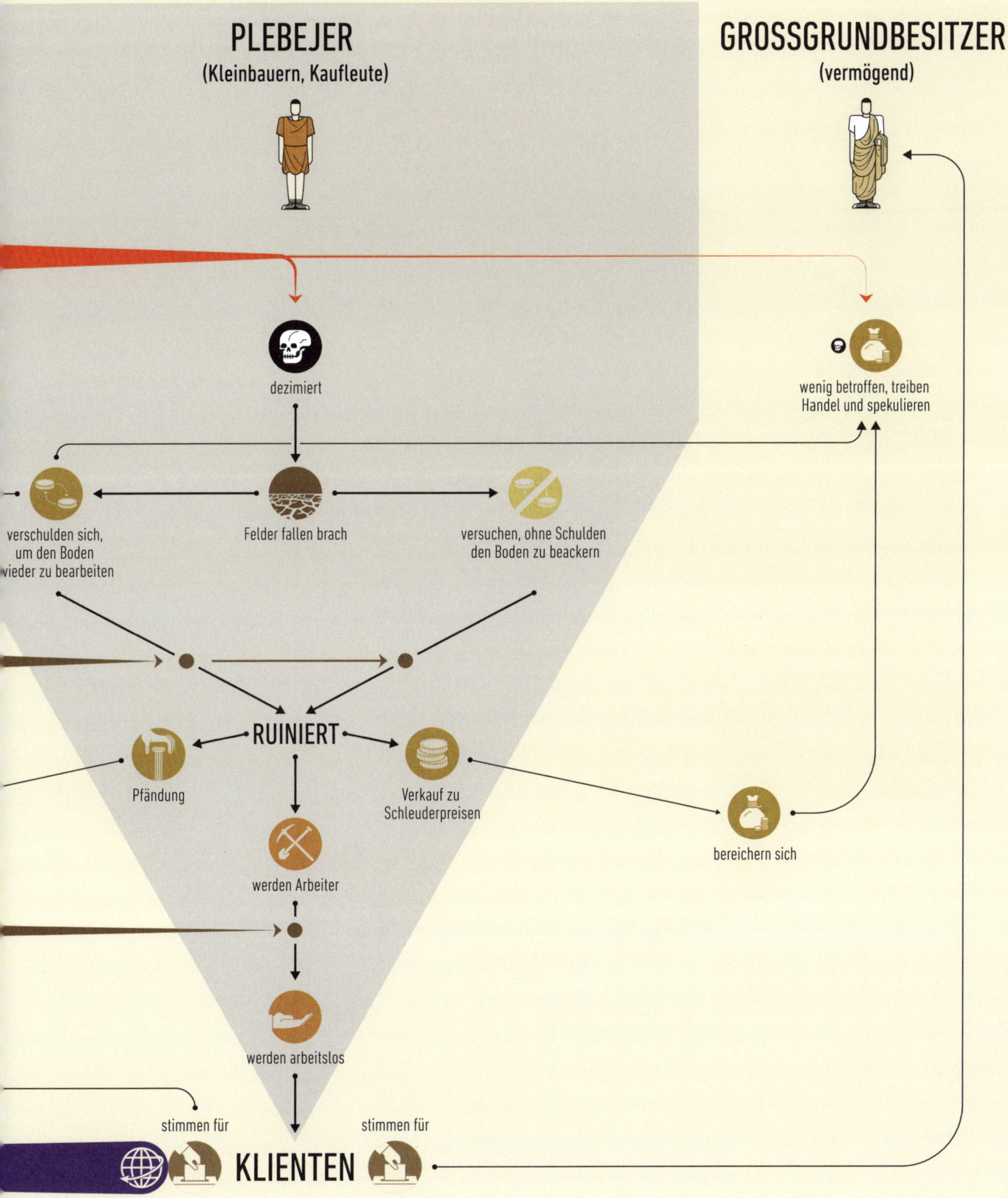

Personenstand und Vermögensklasse

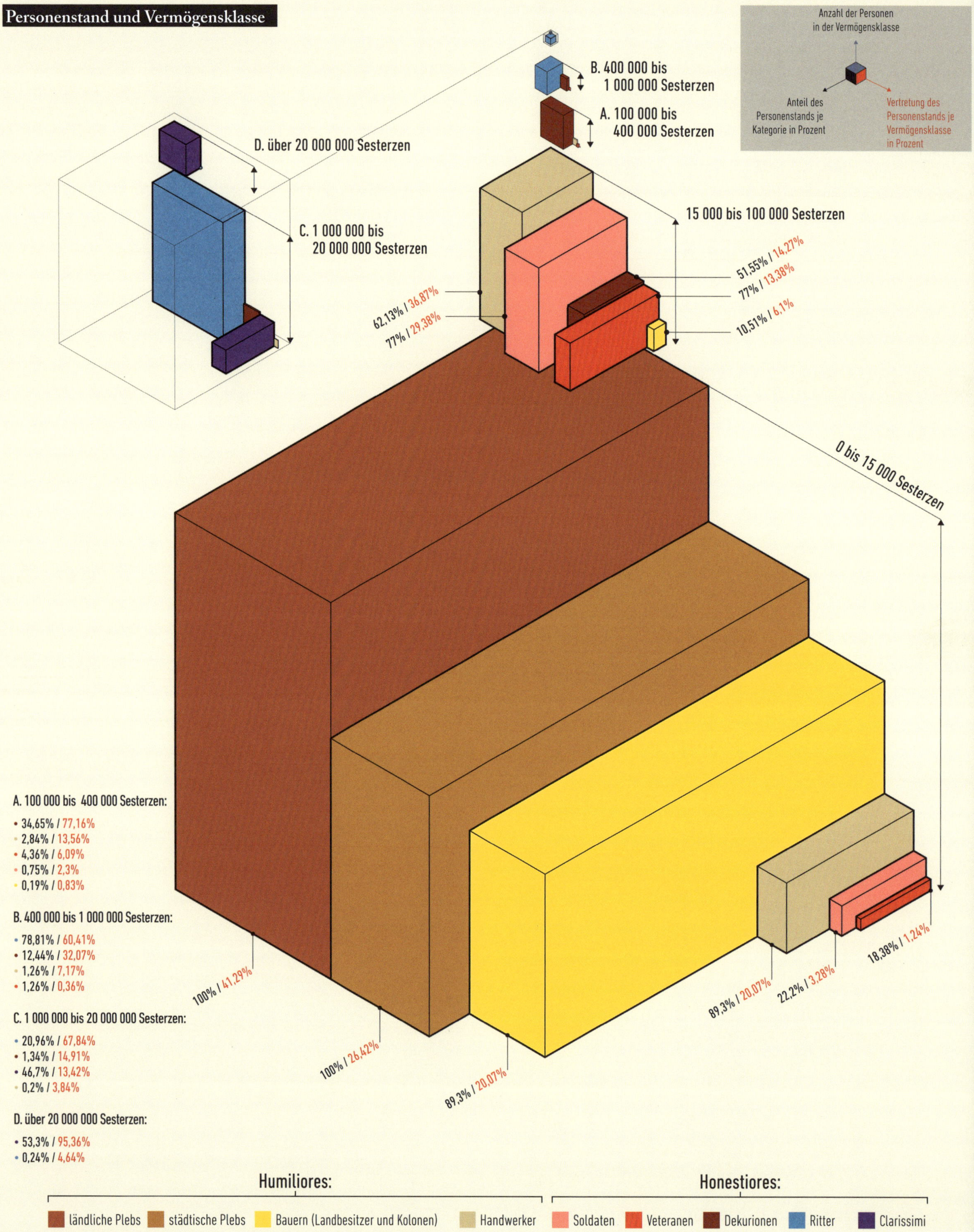

IV. GESELLSCHAFTLICHE EINHEITEN

Wir haben uns hier für eine Familie römischer Bürger entschieden, aber zugegebenermaßen war die Familie ab dem 3. Jh. n. Chr. im ganzen Westen fast genauso aufgebaut, einschließlich der griechischsprachigen Welt, in der es allerdings um die Stellung der Frau oft schlechter bestellt war. Die hier im Modell dargestellte Struktur zeigt jedoch die Rechte, die ausschließlich römischen Bürgern und ihren Familienangehörigen zustanden.

Der Familienvater *(paterfamilias)* war zumindest bis in die augusteische Zeit unumschränkter Patriarch. Seitdem durfte er rechtlich belangt werden, wenn er Ehebruch beging; Ehefrauen, die mehr als drei Kinder geboren hatten, konnten von der Vormundschaft ihres Mannes völlig befreit werden. Alle Mitglieder der *domus*, der Familie im engeren Sinn, waren der rechtlichen Gewalt *(auctoritas)* des Vaters bzw. Ehemanns unterstellt, ebenso wie die Freigelassenen, die zwar das Bürgerrecht hatten, ihm aber weiterhin wie seine leiblichen Kinder unterstanden. Zur *familia*, dem Hausstand oder der Familie im weiteren Sinn, gehörten die Sklaven und Dienstboten – das Wort ist eine Ableitung aus *famulus* »Diener, Sklave«.

Manche sehr große Familien, die *gentes*, umfassten mehrere Zweige, die auf einen gemeinsamen Vorfahren zurückgingen, etwa die *gens Iulia, Claudia* oder *Cornelia*. Zu diesen Geschlechtern gehörten immer auch Klienten, die dem Familienoberhaupt wirtschaftlich, politisch oder freundschaftlich verbunden waren. Klienten konnten zur stadtrömischen Unterschicht gehören, dann versprachen sie sich ein besseres Leben durch die Zuwendungen des Patrons, aber auch Ritter oder Senatoren, die sich seine Unterstützung in ihren Plänen erhofften. Auch ganze Städte oder Regionen Italiens konnten sich in die Klientel eines mächtigen Patrons begeben. In solchen Fällen schloss man ein förmliches Patronatsabkommen mit dem Oberhaupt der betreffenden Familie. So wie die gesamte Klientel auf die Hilfe ihres Patrons baute, erwartete dieser von ihnen politischen und mitunter militärischen Rückhalt.

Aufbau der Familie und gesellschaftliche Beziehungen

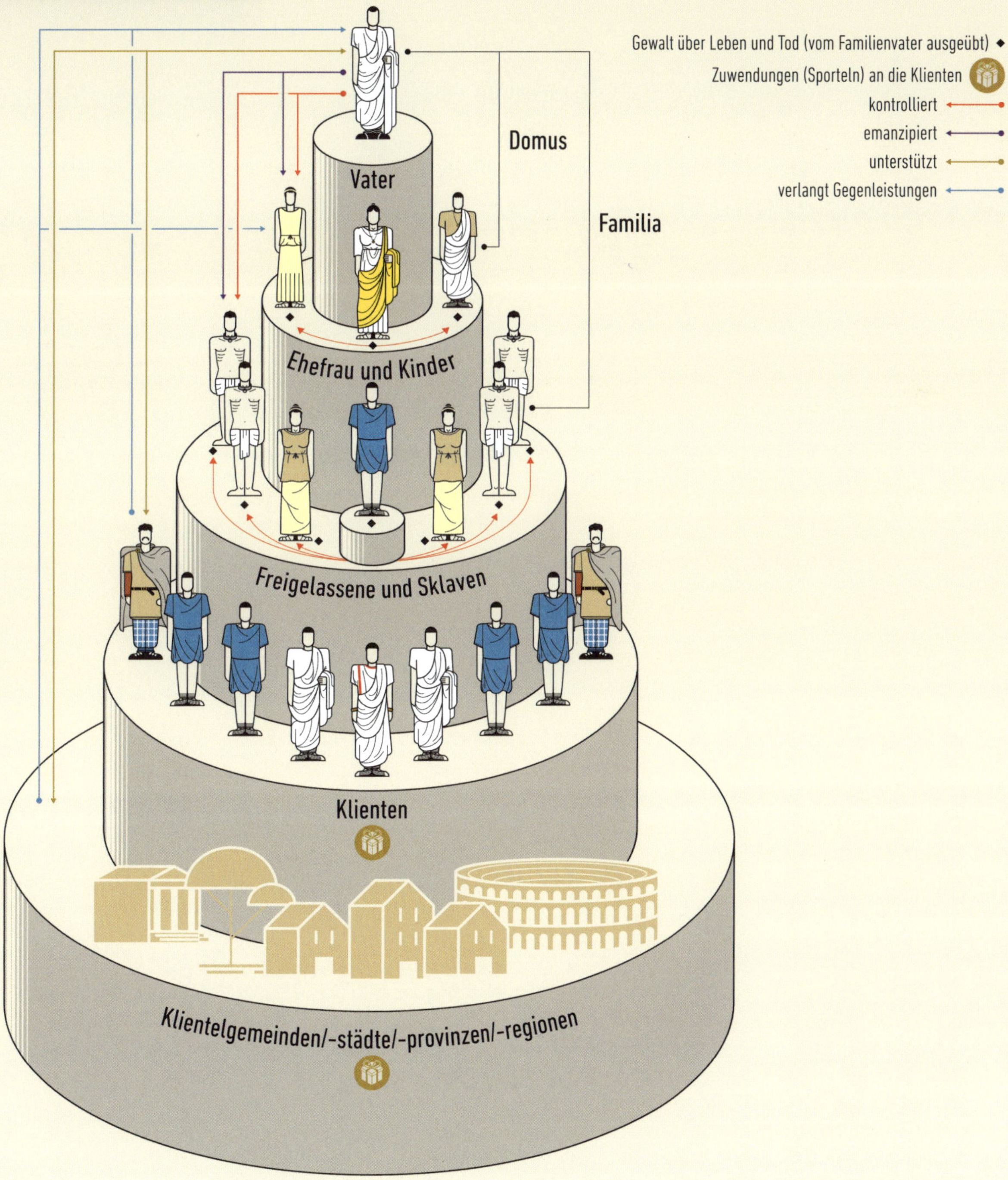

Die Lebensphasen einer Römerin

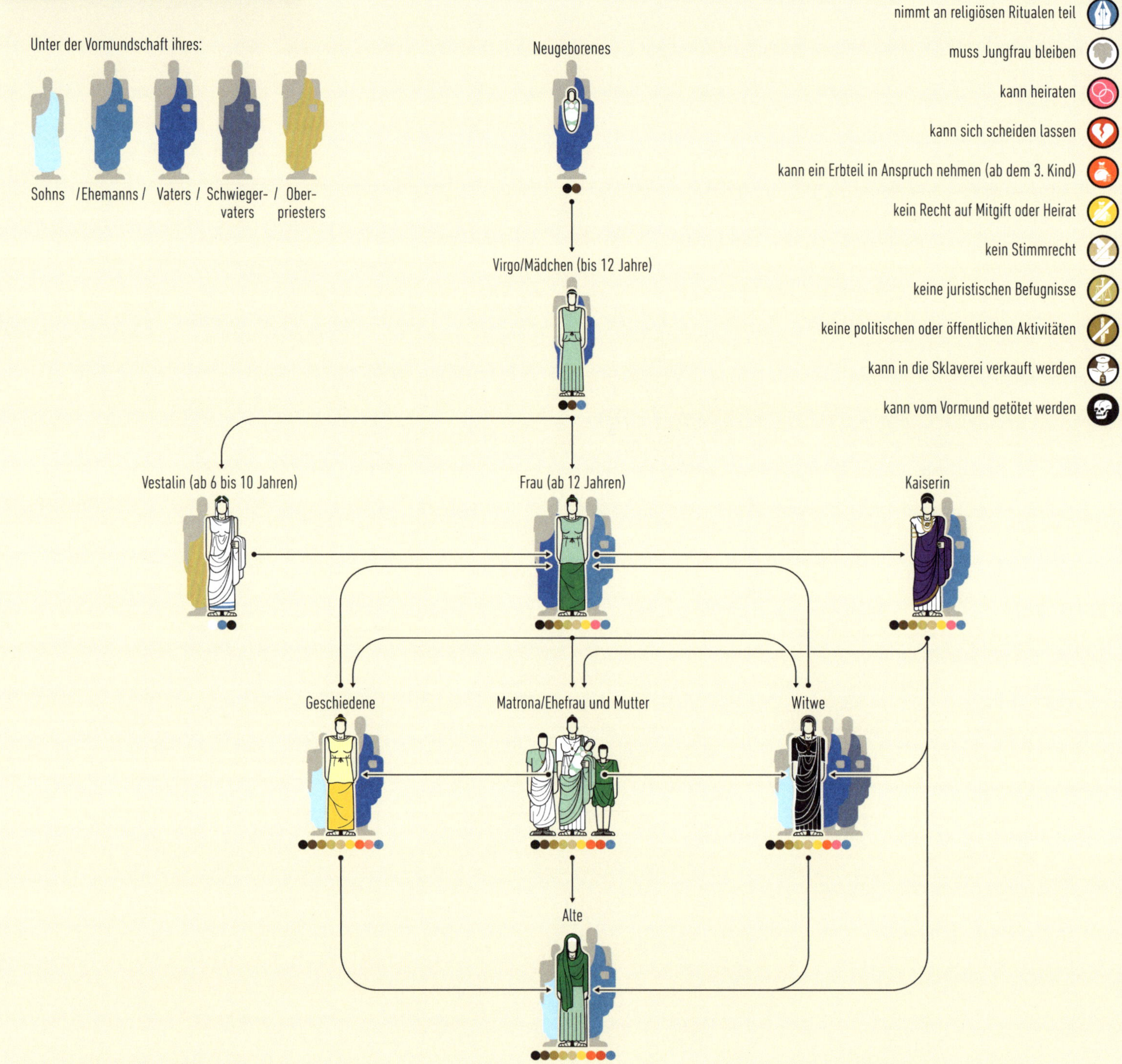

Dem jungen Mädchen *(virgo)* kommt, sofern es nach der Geburt vom Familienvater angenommen wird, ebenso wie seinen Brüdern eine Rolle im Familienkultus und (wenn es aus guter Familie stammt) bei bestimmten öffentlichen Feiern, mitunter sogar im Staatskultus zu. Mit zwölf Jahren wird es heiratsfähig. Nach der Hochzeit steht die nunmehrige Ehefrau entweder unter der Vormundschaft ihres Mannes oder bleibt unter der ihres Vaters. Auch ihre Mitgift wird vom Ehemann bzw. Vater verwaltet. Einen Nichtrömer kann sie nur als Nebenfrau heiraten. Mit sechs bis zehn Jahren kann ein Mädchen außerdem vom Pontifex Maximus als Vestalin »dienstverpflichtet« *(capta)* werden, um mit den vermutlich fünf anderen Vestalinnen (in der Spätantike gab es zweifelsfrei jeweils sechs Vestalinnen) das heilige Herdfeuer der Stadt im Tempel der Vesta auf dem Forum zu betreuen. Dieses Priesterinnenkollegium bestand, so die römischen Quellen, schon seit der Königszeit, bis es durch den christlichen Kaiser Theodosius 391 abgeschafft wurde. Die Vestalinnen unterstanden dem Pontifex Maximus als Vormund. Sie mussten während ihrer dreißigjährigen Dienstzeit Jungfrau bleiben, waren sehr angesehen und genossen beträchtliche Vorrechte.

In der Kaiserzeit verbesserte sich die Stellung der verheirateten Frau *(matrona)*, auch wenn in den bedeutenden Familien weiterhin der Vater ihren Ehemann aussuchte, manchmal schon, wenn die zukünftige Braut erst zwei oder drei Jahre alt war. Eine Scheidung war einfach. Solange die Frau danach nicht erneut heiratete oder wenn sie Witwe wurde, blieb sie unter der Vormundschaft ihres Ehemanns, ihres Vaters oder auch ihres Schwiegervaters, je nach Familiensituation. Das galt jedenfalls für die wohlhabenden Schichten; über die Bräuche der anderen Römer wissen wir kaum etwas.

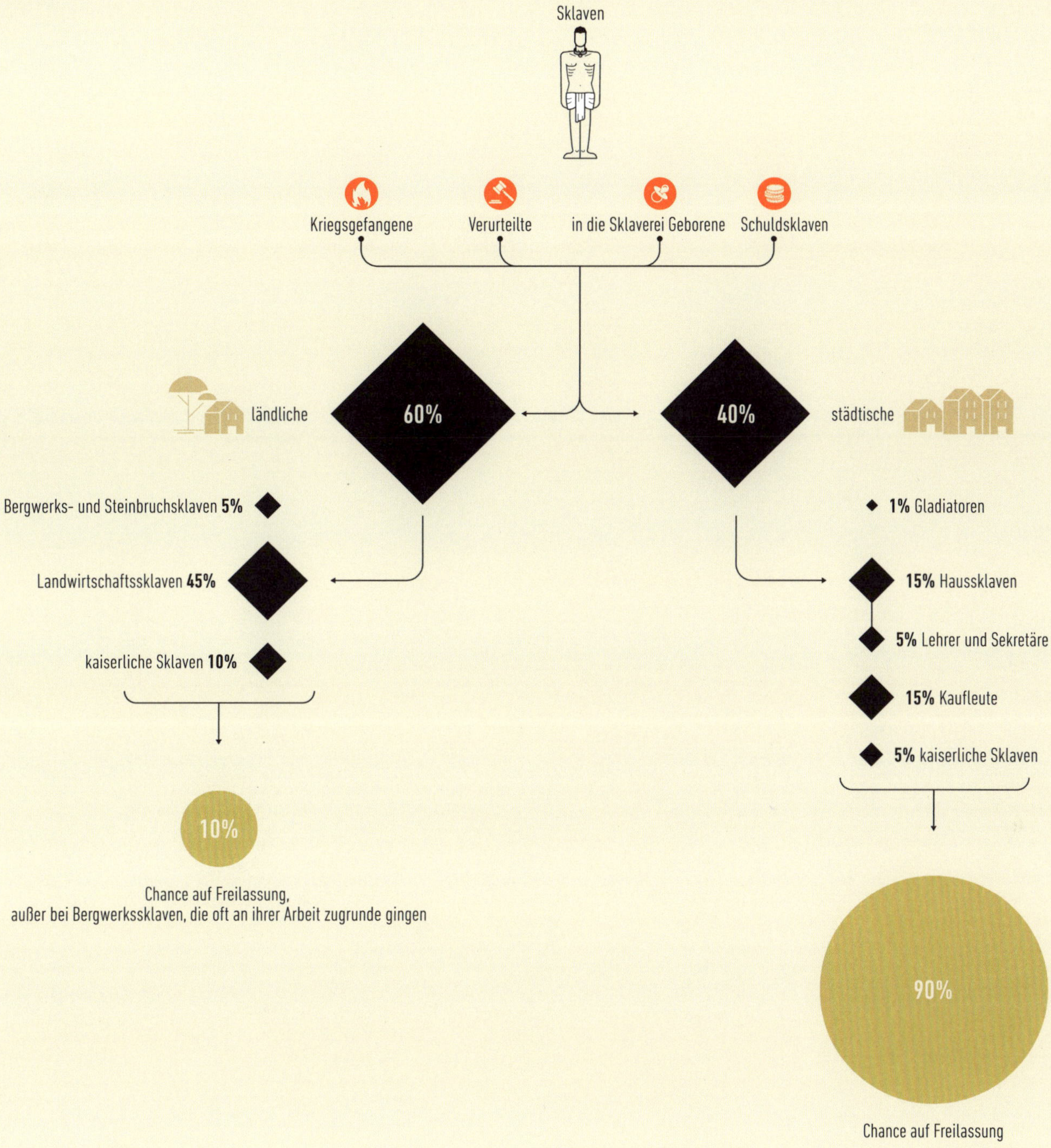

Wie im übrigen Mittelmeerraum gab es auch in Rom die Sklaverei. Die meisten Sklaven waren verkaufte Kriegsgefangene. Auch durch Gerichtsurteil oder wegen Schulden konnte man allerdings in die Sklaverei geraten – manche Schuldner verkauften sich sogar selbst an ihren Gläubiger. Auch Kinder von Sklaven galten als Sklaven und vermehrten deren Zahl zusätzlich. Als Mitte des 2. Jh. n. Chr. die großen Eroberungsfeldzüge allmählich aufhörten, gab es in Rom mehr Sklaven als Bürger. Ihre Arbeit sah sehr unterschiedlich aus. Wer Pech hatte, schuftete in den Bergwerken, meist als Strafe für ein Verbrechen, und überlebte meist nicht lange. Die meisten Sklaven wurden in der Landwirtschaft eingesetzt. Sowohl Großgrundbesitzer wie Kleinbauern ließen den Boden von Sklaven bearbeiten, oft in ihrer Abwesenheit. Die Lebensbedingungen dieser ländlichen Sklaven hingen davon ab, ob es sich um Feldarbeiter handelte, die oft in Ketten gelegt wurden, oder um Aufseher. Sie konnten kaum erwarten, jemals freigelassen zu werden, im Gegensatz zu den städtischen Sklaven, die es gewöhnlich besser hatten und die verschiedensten Aufgaben erfüllten, ob als Dienstboten, Handwerker, Lehrer oder Schreiber; manche trieben für ihren Herrn Handel in einem Ladengeschäft. Sämtliche Unternehmer bis hin zu den Veranstaltern der großen Schaukämpfe setzten Sklaven ein. Sklaven durften oder mussten heiraten, damit sie Kinder bekamen und so den Sklavennachwuchs sicherten. Auch die Stadt Rom besaß wie die anderen italischen Städte und wie die Provinzen Staatssklaven, und in der Kaiserzeit setzte der Kaiser seine Sklaven als öffentliche Beamte und zur Verwaltung seines Kronguts ein.

MOSAIK DER STÄMME

Gallia Lugdunensis

Stammesgebiete der:

1. Osismer / Vorgium (Carthraix)
2. Veneter / Dorioritum (Vannes)
3. Coriosoliten / Fanum Martis (Corseul)
4. Namneter / Portus Namnetis (Nantes)
5. Redoner / Condates (Rennes)
6. Abrincatuer / Ingena (Avranches)
7. Uneller / Cosedia (Coutances)
8. Baiocasser / Augustodorum (Bayeux)
9. Viducasser / Aregenus (Vieux)
10. Caleter / Juliobona (Lillebone)
11. Veliocasser / Rotomagus (Rouen)
12. Lexorier / Noviomagus (Lisieux)
13. Eburovicische Aulercer / Mediolanum (Evreux)
14. Esuvier / Sagii (Sées)
15. Diablintische Aulercer / Noviodunum (Jublains)
16. Andecaver / Iuliomagus (Angers)
17. Cenomanen / Vindinum (Le Mans)
18. Turonen / Caesarodunum (Tours)
19. Carnuten / Autricum (Chartres)
20. Parisier / Lutetia (Paris)
21. Senonen / Agedincum (Sens)
22. Tricasser / Augustobona (Troyes)
23. Aeduer / Augustodunum (Autun)
24. Segusiaver / Forum Segusiavorum (Feurs)
25. Colonia Copia de Lugdunum (Lyon)

Aquitania

Stammesgebiete der:

1. Pictonen / Limonum (Poitiers)
2. Cubischen Bituriger / Avaricum (Bourges)
3. Arverner / Augustonementum (Clermont)
4. Velaver / Ruessio (Le Puy)
5. Gabaler / Anderitum (Javols)
6. Rutener / Segodunium (Rodez)
7. Cadurcen / Divona (Cahors)
8. Lactoraten / Lactora (Lectoure)
9. Auscer / Augusta Auscii (Auch)
10. Convener / Lugdunum Convenarum (St.-Bertrand de Comminges)
11. Elusaten / Elusa (Eauze)
12. Tarbeller / Aquae Tarbellicae (Dax)
13. Boier / Boios (Lamothe)
14. Viviscischen Bituriger / Burdigala (Bordeaux)
15. Vasaten / Cossium (Bazas)
16. Nitiobriger / Aginum (Agen)
17. Res Publica der Petrucorer / Vesunna (Périgueux)
18. Lemovicer / Augustoritum (Limoges)
19. Res Publica der Santonen / Mediolanum (Santes)

Prov. Narbonensis

1. Allobroger / Colonia Iulia Vienna (Vienne)
2. Voconcer / Colonia Valentia (Valences)
3. Dea Augusta Vocontiorum (Die)
4. Vapincum (Gap)
5. Helvier / Alba Helviorum (Albe)
6. Tricastiner / Augusta Tricastini (St.-Paul-Trois-Chât.)
7. Vasio Vocontiorum (Vaison-la-Romaine)
8. Col. Firma Iulia Sec. Arausio (Oranges)
9. Meminier / Col. Iulia Mem. Carpenctoracte (Carpentras)
10. Sogiontier / Sogiontiorum (Sisteron)
11. Reier / Colonia Iulia Aug. Apo. Reiorum (Riez)
12. Colonia Octaviana Pacata Forum Iulii (Fréjus)
13. Antipolis (Antibes)
14. Salvier / Tulia (Toulon)
15. Massilia (Marseilles)
16. Colonia Iulia Augusta Aquae Sextiae (Aix)
17. Colonia Iulia Apta (Apt)
18. Cabellio (Cavaillon)
19. Colonia Iulia Paterna Arelatensium Sexta (Arles)
20. Glanum (St-Rémy)
21. Colonia Augusta Nemausus (Nîmes)
22. Arecomischen Volcer / Claudia Luteva (Lodève)
23. Colonia Iulia Septima Baeterrae (Béziers)
24. Agatha (Agde)
25. Col. Iulia Paterna Claudi Narbo Martius (Narbonne)
26. Col. Iulia Carcasso (Carcassonne)
27. Colonia Iulia Ruscino (Château-Roussillon)
28. Tectosagischen Volcer / Tolosa (Toulouse)

Die *civitas* (Stadtgemeinde mit Umland entsprechend *polis,* in Gallien eher Stammesgebiet mit Hauptort) ist im Römischen Reich nicht nur eine bloße Verwaltungseinheit, sondern eine Gebietskörperschaft mit eigener Verfassung und einem Status, der sich von dem der Nachbarn unterscheiden kann. Die einheimischen Stammesgemeinden behalten ihre eigene Verfassung, während die der römischen Siedlungen – Coloniae und Municipia – mehr oder weniger derjenigen Roms gleicht. Die unterschiedlichen Rechtsformen waren geschichtlich bedingt, ob bei der Eroberung durch Rom festgelegt oder allmählich durch administrative Aufwertung gewonnen. So bemühten sich etwa die römischen Ansiedlungen in der Kaiserzeit um den als ehrenvoll geltenden Status einer Colonia.

Municipia und Coloniae konnten entweder latinisches oder volles römisches Bürgerrecht genießen. Das latinische Recht war eine vom 5. bis 1. Jh. v. Chr. individuell oder kollektiv von Rom an die italischen Gemeinden verliehene eingeschränkte Version des römischen Bürgerrechts. Es galt bei den verbündeten Italikern als herabsetzend; die Forderung nach vollem römischen Bürgerrecht führte schließlich zum Bundesgenossenkrieg (90/89 v. Chr.). Danach wurde es für die Eingliederung einheimischer Stämme, Gemeinden und ganzer Provinzen eingesetzt, deren Einwohner kollektiv das latinische Recht verliehen bekamen. Die Magistrate der betreffenden Gemeinden erhielten in der Kaiserzeit gleichzeitig das volle römische Bürgerrecht.

Das Beispiel Galliens und der Gallia Belgica
(um 170 n. Chr.)

Seit dem Bundesgenossenkrieg hatten die Römer jeweils doppeltes Bürgerrecht: einmal in ihrer Heimatgemeinde und zusätzlich das der Stadt Rom. In der Kaiserzeit galt das Heimatbürgerrecht derjenigen Römer, die nicht in Rom selbst wohnten, entweder für Italien oder die Heimatprovinz des Betreffenden. Dieses doppelte Bürgerrecht bedeutete vor allem für die Wohlhabenden auch doppelte Bürgerpflichten: Auch wenn sie in Rom eine politische Laufbahn als Ritter oder Senator begannen, wurde erwartet, dass sie ihrer Heimatgemeinde als Magistrat und Wohltäter dienten.

Die einheimischen Gemeinden hatten jeweils ihre eigenen Institutionen, entweder nach eigener Tradition oder nach dem Vorbild Roms. Außer bei bestimmten Völkerschaften, die nicht in einer verfassten *civitas* lebten, entsprachen die Institutionen sich jedoch im Großen und Ganzen. Konstituiert wurde die *civitas* vom Volk, das über Gesetze abstimmte und die Magistrate und Priester wählte. Die jährlich wechselnden Magistrate bildeten die Regierung. Ein örtlicher Senat (der auch Dekurionenrat oder im griechischen Sprachraum *boulê* hieß), die Versammlung der gewesenen Magistrate, diente als Beratergremium. Die Magistrate sprachen außerdem Recht. In den großen *civitates* regelten sie nahezu alle Rechtsgeschäfte selbst, während in den bescheideneren der römische Gouverneur bei seinen turnusmäßigen Besuchen die Urteile in Strafsachen sprach. Und nicht zuletzt trieben die Magistrate auch die Steuern ein.

TEIL II

VERWALTUNG, VEREHRUNG, VERSORGUNG

DAS POLITISCHE SYSTEM DER RÖMER

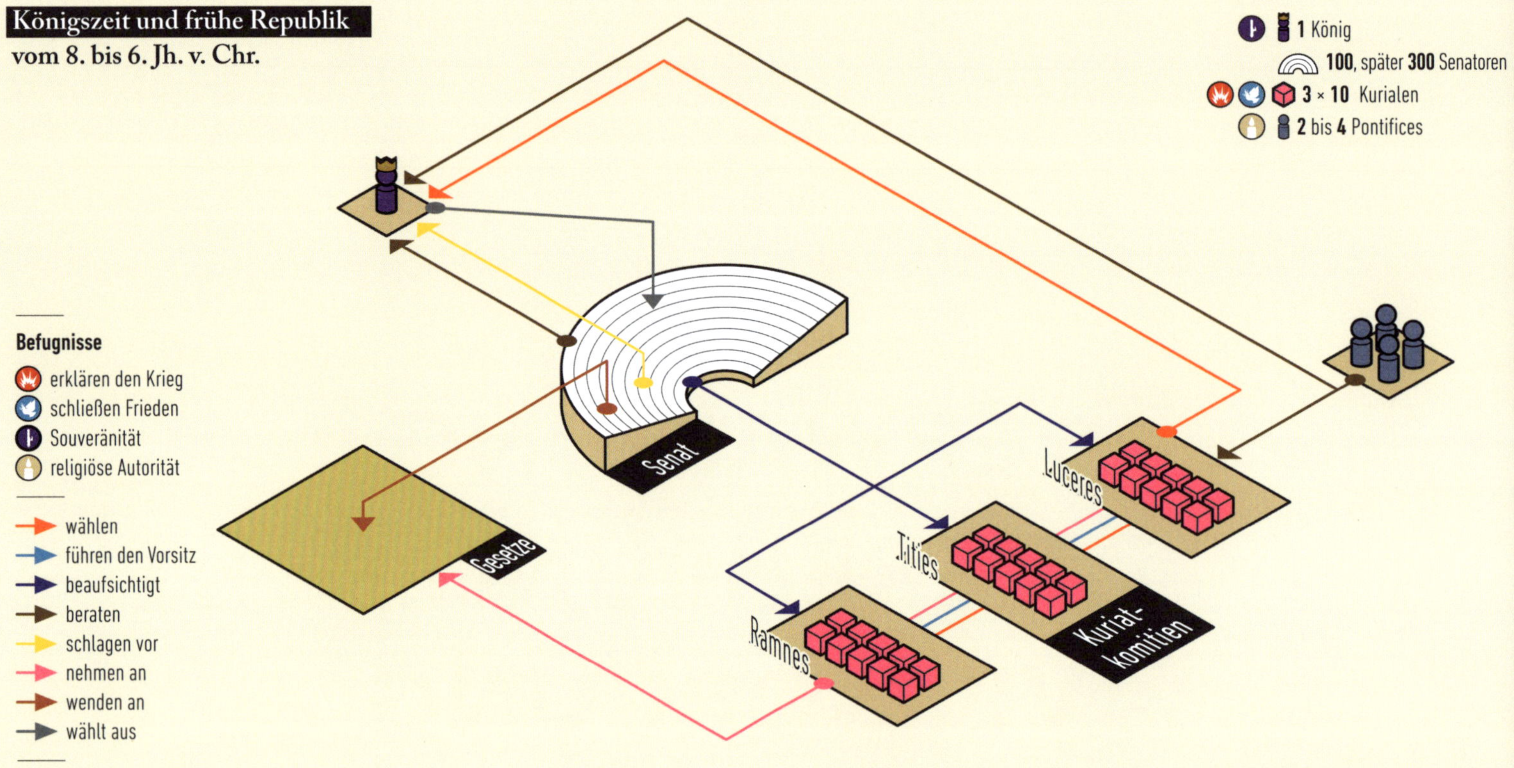

I. VOR DEM IMPERIUM

Rom nannte sich bis ins vierte nachchristliche Jahrhundert eine Republik, die »Republik des Volkes der Römer und Quiriten«. *Res publica* bezeichnet im Lateinischen die »öffentliche Sache« im Sinne der staatlichen Angelegenheiten, und zwar hier *populi Romani Quiritium* »des Volkes der Römer und Quiriten«. Das römische Volk ist in dieser Formulierung die Gesamtheit der Bürger, die im Heer und in den Wahlversammlungen organisiert sind und von den Magistraten regiert werden. Der Zusatz »Quiriten« betont noch einmal »die Körperschaft der Bürger, die das römische Volk bilden«. Diese amtliche Definition des Staatswesens zeigt einen starken Willen zur Genauigkeit des Ausdrucks, wie er das römische Denken überhaupt prägt.

Das Stimmvolk war in mehreren Versammlungen (Komitien) organisiert, die gleichzeitig der Einberufung zum Heeresdienst dienten, da alle Bürger wehrpflichtig waren. In der frühen Königszeit soll die Vollversammlung, die Kuriatkomitien, aus drei Kurien bestanden haben; später waren es 30 (3x10). Diese Komitien bestanden bis zum Ende der Republik, aber ihre Bedeutung war zum Schluss nur noch religiös, weil sie jeweils ein gemeinsames Fest zu feiern hatten. Darüber hinaus beschlossen sie jeweils ein Kuriatgesetz, mit dem der jeweilige oberste Magistrat (Konsul, Prätor) offiziell seine militärische Befehlsgewalt *(imperium)* übertragen bekam.

Laut der Tradition wurde gegen Ende der Königszeit eine neue Versammlung auf Grundlage der Zensuseinteilung geschaffen, die Centuriatkomitien, die dann auch zur Grundlage des Heerbanns wurden und sich daher außerhalb des Pomeriums auf dem Marsfeld versammelten. In der Republik waren die Bürger, weil sie ihre Ausrüstung selbst stellten, gemäß ihrem Vermögen in eine der 193 Centurien eingeschrieben (18 Reitercenturien, 170 Fußsoldatencenturien, 5 unbewaffnete). Die Bürger wurden alle fünf Jahre in den 35 Tribus, in die sie nach ihrem Wohnort eingeteilt waren (davon 4 Tribus für die Stadt Rom) von den Censoren neu geschätzt und entsprechend eingeteilt. Die Centuriatkomitien wählten die Magistrate und Priester, stimmten über Gesetze ab und richteten als Tribunal über Kapitalverbrechen und seit dem 1. Jh. v. Chr. auch über Hochverratsanklagen. Die römische Plebs besaß in diesem Gremium zum ersten Mal eigene Komitien, die plebejischen Räte, die eigene Bevollmächtigte wählten, die Volkstribunen, und eigene Beschlüsse fassten. Diese plebejischen Räte, in die man allein gemäß dem Wohnort eingeschrieben wurde, nahmen allmählich den Charakter einer zweiten Volksversammlung an, die auf dem Forum zusammenkam (Tributcomitien). Sie stimmte über Gesetze ab, wählte niedere Magistrate der Republik (Quästoren, kurulische Ädilen) und die eigenen Magistrate der Plebs (Volkstribunen, plebejische Ädilen), und sprach zusätzlich Recht in Prozessen wegen Staatsverbrechen.

Die höheren Magistrate (Konsuln und Prätoren) standen den Volksversammlungen vor, regierten Rom und die Provinzen und befehligten das Heer. Sie beriefen die Volksversammlungen, den Senat (ein Beratergremium aus zunächst 100, dann 300, später 600 ehemaligen Magistraten) und die Gerichte ein und führten den Vorsitz dieser Gremien.

Die Verfassungsorgane und ihr Zusammenwirken in der Republik

3./2. Jh. v. Chr.

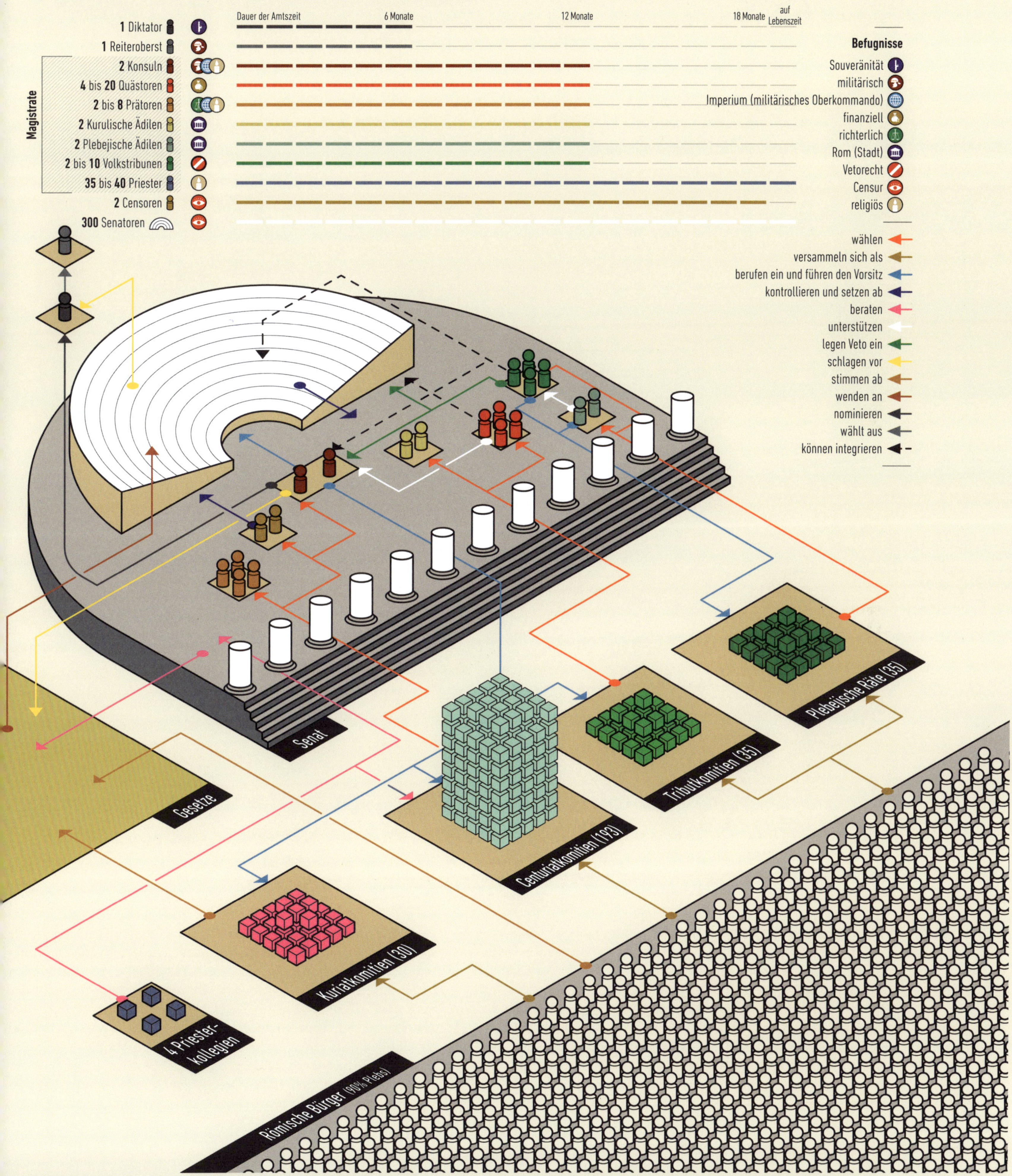

Die Verfassungsorgane und ihr Zusammenwirken in der Kaiserzeit
1. Jh. v. Chr. bis 3. Jh. n. Chr.

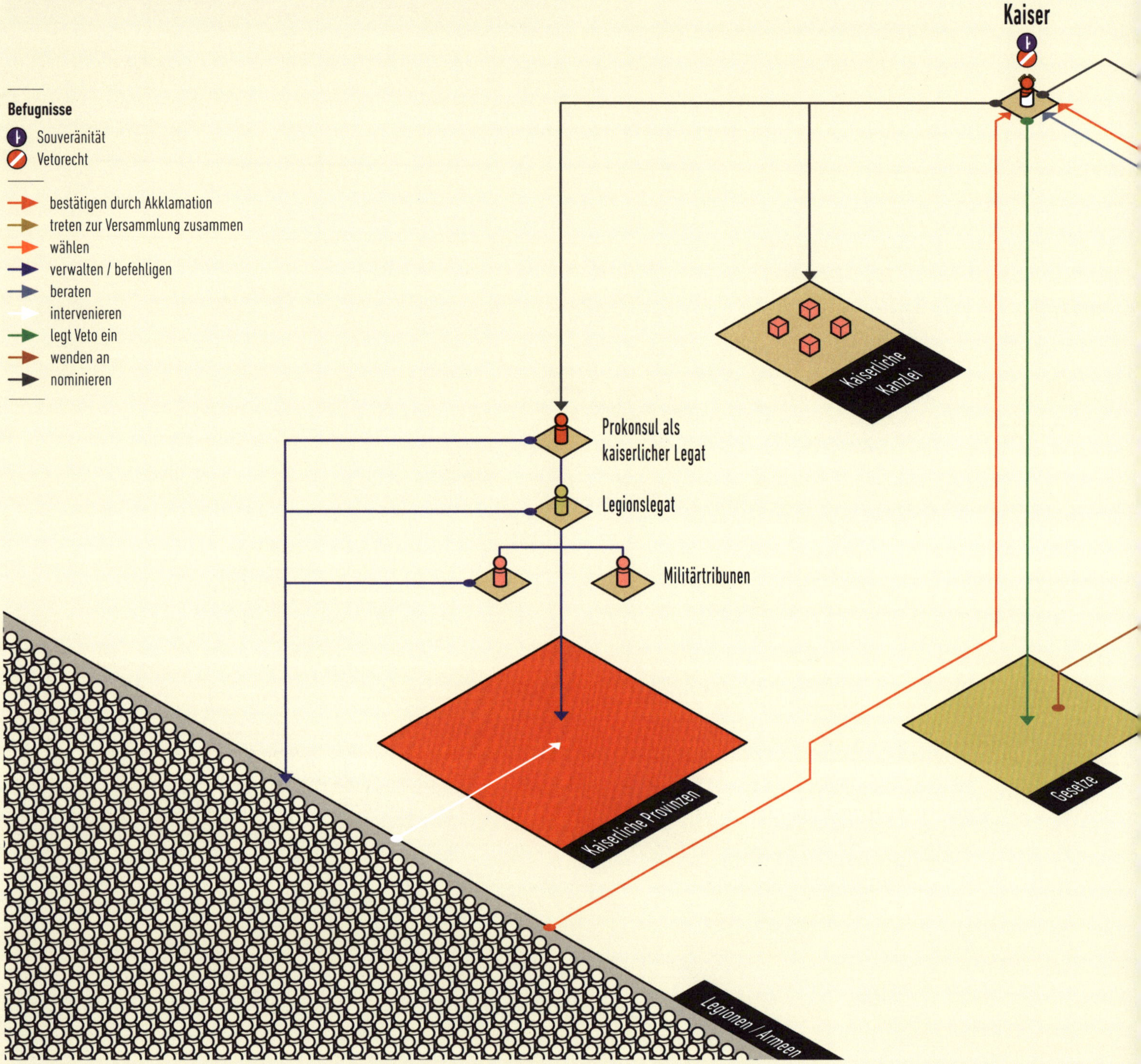

II. DIE STAATSORGANE UNTER DEM KAISER

In den ersten drei Jahrhunderten der Kaiserzeit blieb das System der Volksversammlungen und Magistrate unverändert bestehen. Einzig die Zahl der jährlich gewählten Konsulpaare wurde durch Augustus erhöht, um sie nach der Amtszeit als Prokonsuln oder Legate in die Provinzen und zu den Legionen schicken zu können, und um genügend Beamte für die Beaufsichtigung der Infrastruktur (Lebensmittelversorgung, Verwaltung Roms und Italiens, Straßenwesen, Schutz der Tiberufer und Aquädukte) zur Verfügung zu haben. Aber eine größere Veränderung war natürlich, dass jetzt neben dem Senat und den Magistraten der Kaiser stand.

Der Princeps übernahm selbst einige Regierungsbereiche in seine Kompetenz, etwa die gefährdeten Provinzen, in denen die Legionen stationiert waren, die Aufrechterhaltung der öffentlichen Ordnung in Rom und Italien und die Lebensmittelversorgung der Hauptstadt. Zur Bewältigung dieser Aufgaben bildete sich seit Claudius (41–54 n. Chr.) allmählich eine kaiserliche Verwaltung heraus, mit der der Princeps in alle Bereiche eingreifen konnte. Die Amtsgewalt des Princeps entsprach der der traditionellen Magistrate. Er übte das *imperium* (den militärischen Oberbefehl) der Konsuln und Prätoren und die *potestas* (Vollmacht) der Volkstribunen aus,

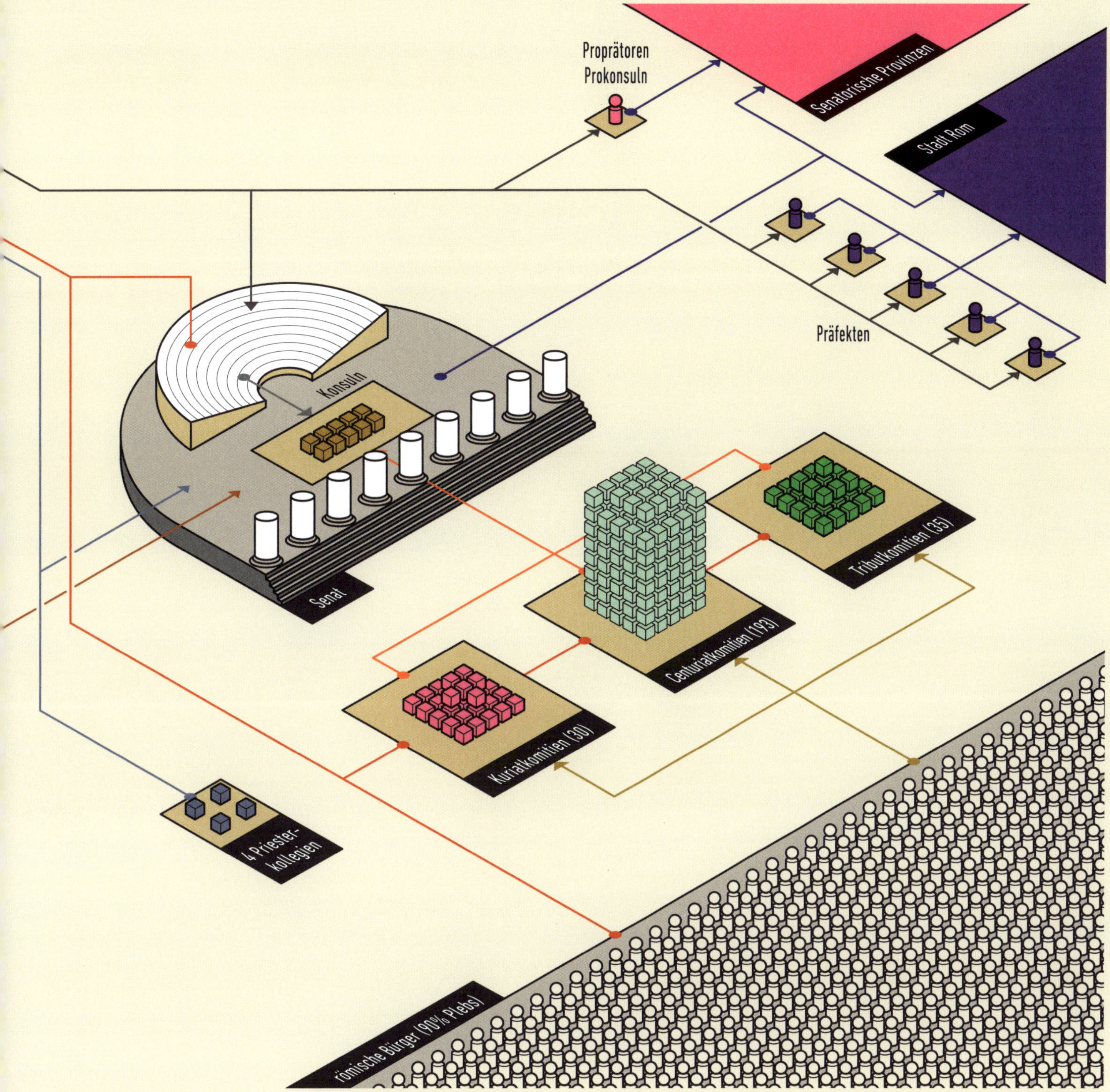

insbesondere deren Vetorecht. Zu Beginn der Kaiserzeit wurden diese Vollmachten noch jährlich (bzw. alle 5 oder 10 Jahre) wie bei regulären Magistraten erneuert, aber diese Verlängerung wurde schnell zur automatischen Formsache. Hin und wieder ließ sich der Kaiser auch selbst zum Konsul wählen, und manchmal führte er einen Zensus durch, aber seit Domitian wurde der Zensus zum permanenten Ressort der kaiserlichen Verwaltung. Auch die Rechtsprechung gehörte traditionell zum Amt des Kaisers; er fällte täglich Urteile. Die Wahlen der Magistrate waren sehr bald nur noch eine Formalität; jeder Bewerber brauchte vor allem das Wohlwollen des Princeps. Je weniger reale Machtbefugnisse das Konsulat oder die Prätur noch mit sich brachte, desto weniger begehrt waren diese Magistraturen. Ehrgeizige Senatoren strebten jetzt eher nach der Verwaltung einer wichtigen Provinz oder eines Infrastrukturbereichs.

Nach einer langsamen Entwicklung in Richtung auf immer stärkere politische Befugnisse des Kaisers bildete sich angesichts der anarchischen Zustände und Barbareneinfälle Anfang des 4. Jh. ein neues System heraus. Bereits im 2. Jh. wurden in Italien *iuridici* als Regionalverwalter eingeführt. Diesen wurde im 3. Jh. ein Korrektor (bald waren es zwei) vorgesetzt, und dieses Amt wurde dann auch in den Provinzen eingeführt. Diokletian fasste jeweils mehrere Provinzen zu Diözesen zusammen, die jeweils von einem römischen Ritter als Vize-Prätorianerpräfekt verwaltet wurden. Noch unter seiner Regentschaft wurden die Diözesen dann wieder in neue, kleinere Provinzen eingeteilt.

Die Gesetzgebung in der Republik und zur Kaiserzeit

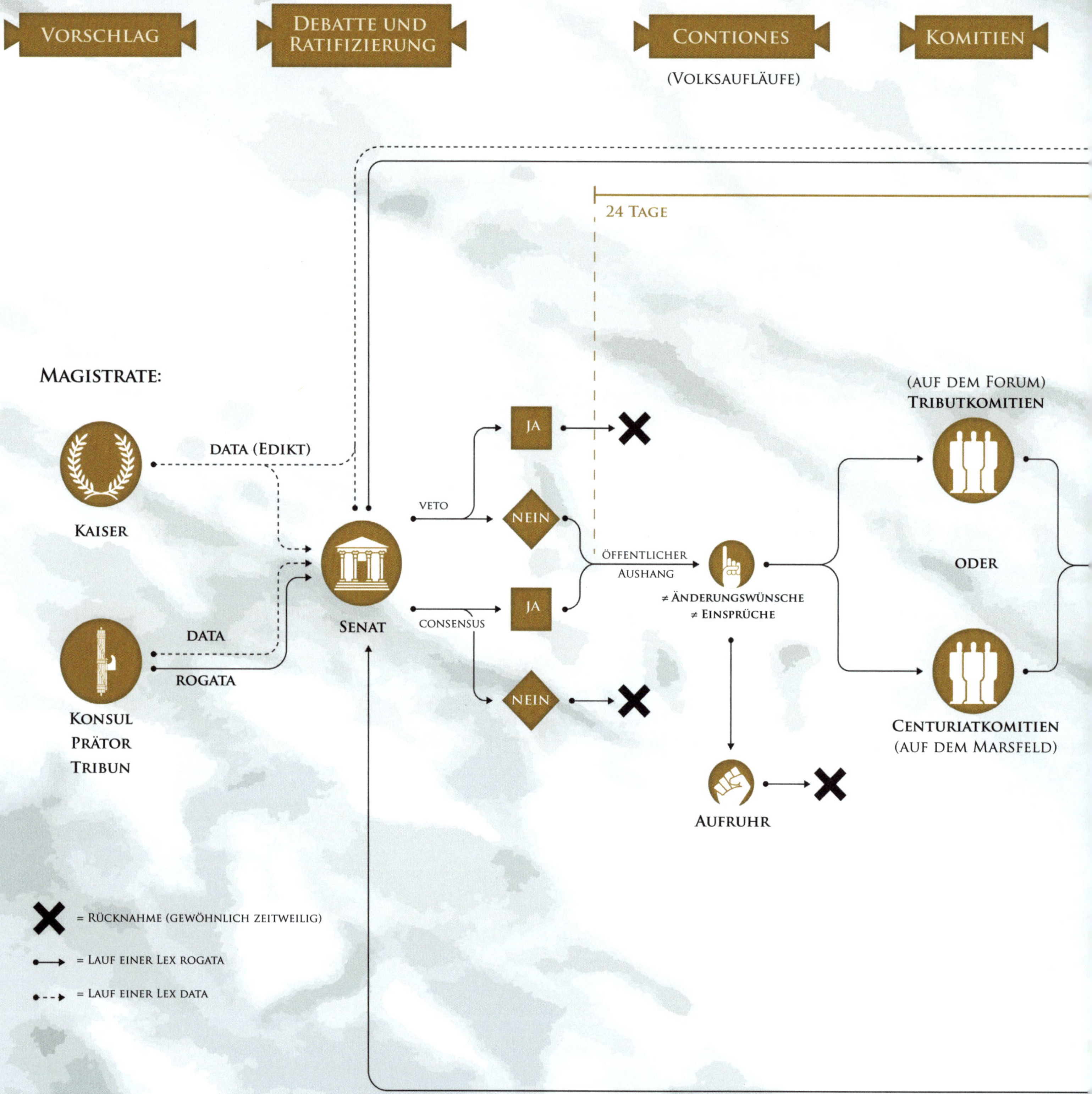

Die Verschiebung der Mehrheiten in den Centurien

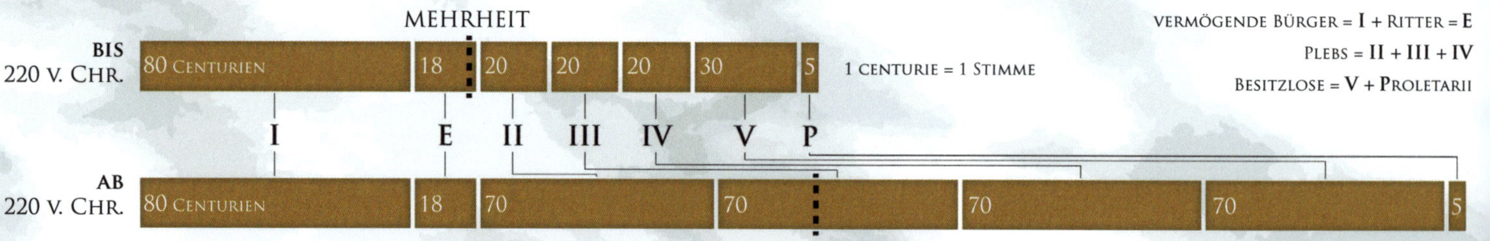

III. Die Gesetze. Vorschlag, Abstimmung und Anwendung

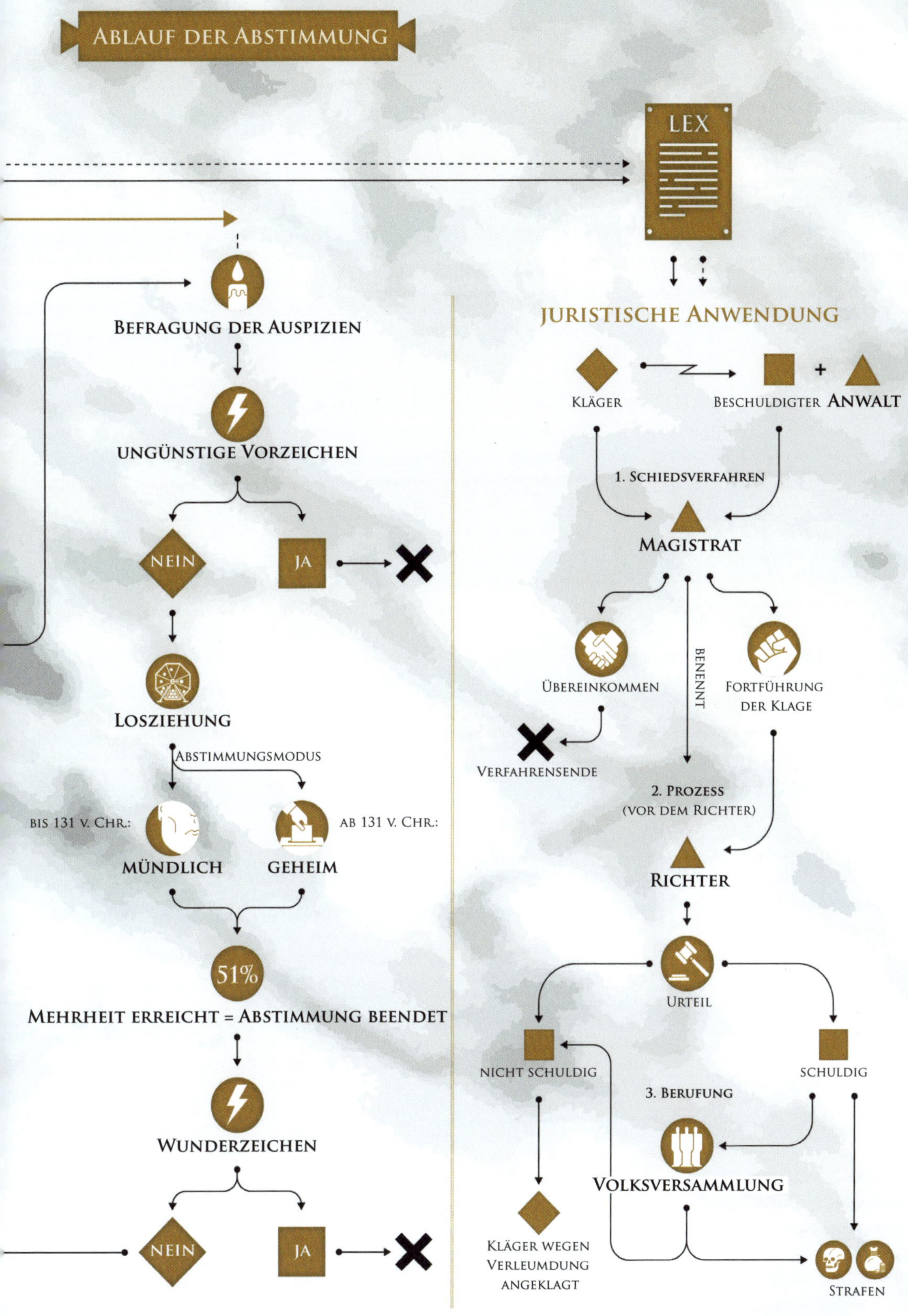

Das römische Recht ist eine der bewundernswertesten Schöpfungen der Römer. Schon im 5. Jh. v. Chr. wurden seine Grundsätze im Zwölftafelgesetz festgelegt, das auf dem Forum öffentlich aushing. Diese Grundsätze wurden im Lauf der Jahrhunderte durch Gesetze weiter ausgebaut, die entweder vom ganzen Volk (in den Centuriatkomitien) oder den Plebejern (in den Tributkomitien) beschlossen wurden. Die von den Volkstribunen vorgeschlagenen plebejischen Gesetze (Plebiszite) galten erst ab 287 v. Chr. für alle Bürger. In der späten Republik mussten die Volkstribunen wie alle anderen Magistrate ihre Gesetzesvorschläge zunächst dem Senat zur Genehmigung vorlegen. Gegen jeden Vorschlag eines Konsuls oder Prätors konnte dessen Kollege oder ein Volkstribun sein Veto einlegen. Gesetzesvorhaben wurden meist zurückgezogen, wenn sie sich bei den Volksversammlungen als unpopulär erwiesen. Auf Grundlage der so beschlossenen Gesetze schufen dann seit der späten Republik auch die Richter und in der Kaiserzeit die Kaiser Recht in Einzelfallentscheidungen. Diese Präzedenzfälle wurden mit den kaiserlichen Gesetzen im 529 n. Chr. herausgegebenen Codex Justinianus gesammelt.

Die Entwicklung der kaiserlichen Machtbefugnisse

	Späte Republik	Augustus	Tiberius	Hadrian
Kaiser	—	▲ ⬢ ●	▲ ⬢ ●	▲ ⬢ ●
Thronrat	—	—		▲ ⬢ ●
Konsuln	▲ ●			
Senat	▲ ⬢ ■ ● ★			
Komitien	⬢ ■ ★	⬢ ■ ★	★	★

■ Entscheidungsgewalt
▲ Gesetzgebung
⬢ Nominierung der Magistrate
● Finanzgewalt
★ Akklamation

Der *Cursus Honorum*
2. Jh. v. Chr

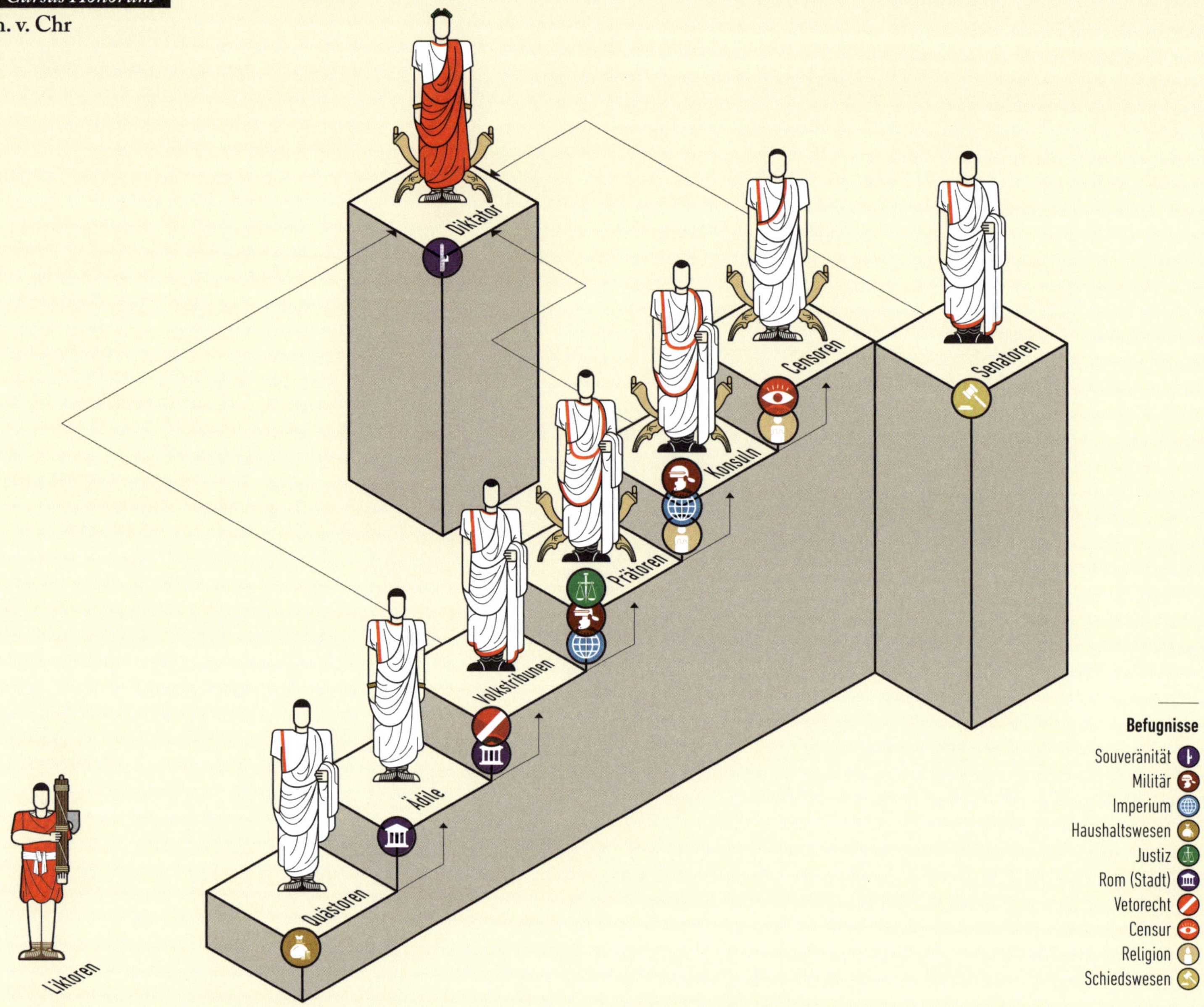

IV. DIE MAGISTRATE

Die Regierungsgewalt im römischen Staat lag stets in den Händen gewählter Magistrate. Ihre Zahl wuchs seit Gründung der Republik im 5. Jh. v. Chr. stetig an, aber mit dem Beginn der Kaiserzeit wurden ihre Machtbefugnisse durch den Kaiser beschränkt. Die Magistrate entstammten ursprünglich entweder der senatorischen Oberschicht oder den Rittern und ließen sich wie Erstere zu Magistraten wählen. Später konnte ein junger Mann dann zum Senator aufsteigen, indem er sich zum Quästor wählen ließ. Das Mindestalter änderte sich mit der Zeit, aber ab dem 2. Jh. v. Chr. mussten die Bewerber 28 Jahre oder älter sein. Nach der Wahl blieb der gewesene Quästor, ob er in der Ämterlaufbahn weiter aufstieg oder nicht, zumindest Senator; nur die Censoren konnten ihn aus dem Senat ausschließen. Das Amt des Ädilen (Mindestalter zunächst 37, um die Zeitenwende dann 27 Jahre) war Voraussetzung für die Prätur (Mindestalter 40 Jahre), diese wiederum für das Konsulat. Im 5. Jh. v. Chr. führte der Ständekampf zwischen den alteingesessenen Familien und den später Zugezogenen u.a. zur Einrichtung eigener plebejischer Magistraturen, der Volkstribunen, die die Rechte der Plebs wahren sollten. Sie wurden gleichzeitig mit den plebejischen Ädilen durch die 35 Tributkomitien gewählt, die anders als die Centuriatkomitien, in denen nur die Besitzenden vertreten waren, das ganze Volk versammelten. Die Volkstribunen waren sakrosankt, das heißt, sie genossen umfassende Immunität in ihrer Amtsausübung, konnten durch die höheren Magistrate nicht belangt werden, gegen die Verurteilung eines Plebejers Einspruch einlegen und mit ihrem Vetorecht eine Amtshandlung anderer Magistrate für den betreffenden Tag unterbinden. Die 10 Volkstribunen wurden mit der Zeit immer mehr zu Regierungsbeamten. Ihre Amtsgewalt war streng auf die Stadt Rom beschränkt. Ab dem 4. Jh. v. Chr. konnten sie den Senat einberufen und gegen als zu hart empfundene Entscheidungen der Magistrate Widerspruch einlegen, mussten aber für ihre juristischen Handlungen den Weg über die Tributkomitien gehen. Spätestens seit 180 v. Chr. waren alle Volkstribunen auch Senatoren.

Die Prätoren (Mindestalter 40 Jahre in der Republik, in der Kaiserzeit nur noch 30) besaßen das *imperium*, die Befehls- und richterliche Gewalt, innerhalb der Stadtgrenzen nur für die zivilen Behörden, außerhalb auch für das Militär. Die niederen Magistrate bekamen nur die *potestas* verliehen, das Recht, im Namen des Staates zu handeln. Wie die Konsuln trugen die Prätoren die Toga praetexta. Die beiden Konsuln schließlich, mindestens 40 Jahre alt in der Republik, gestaffelt ab 33 Jahren in der Kaiserzeit, übten ein umfassendes *imperium* aus, das jedoch denselben Beschränkungen wie das der Prätoren unterlag.

Die römischen Magistrate

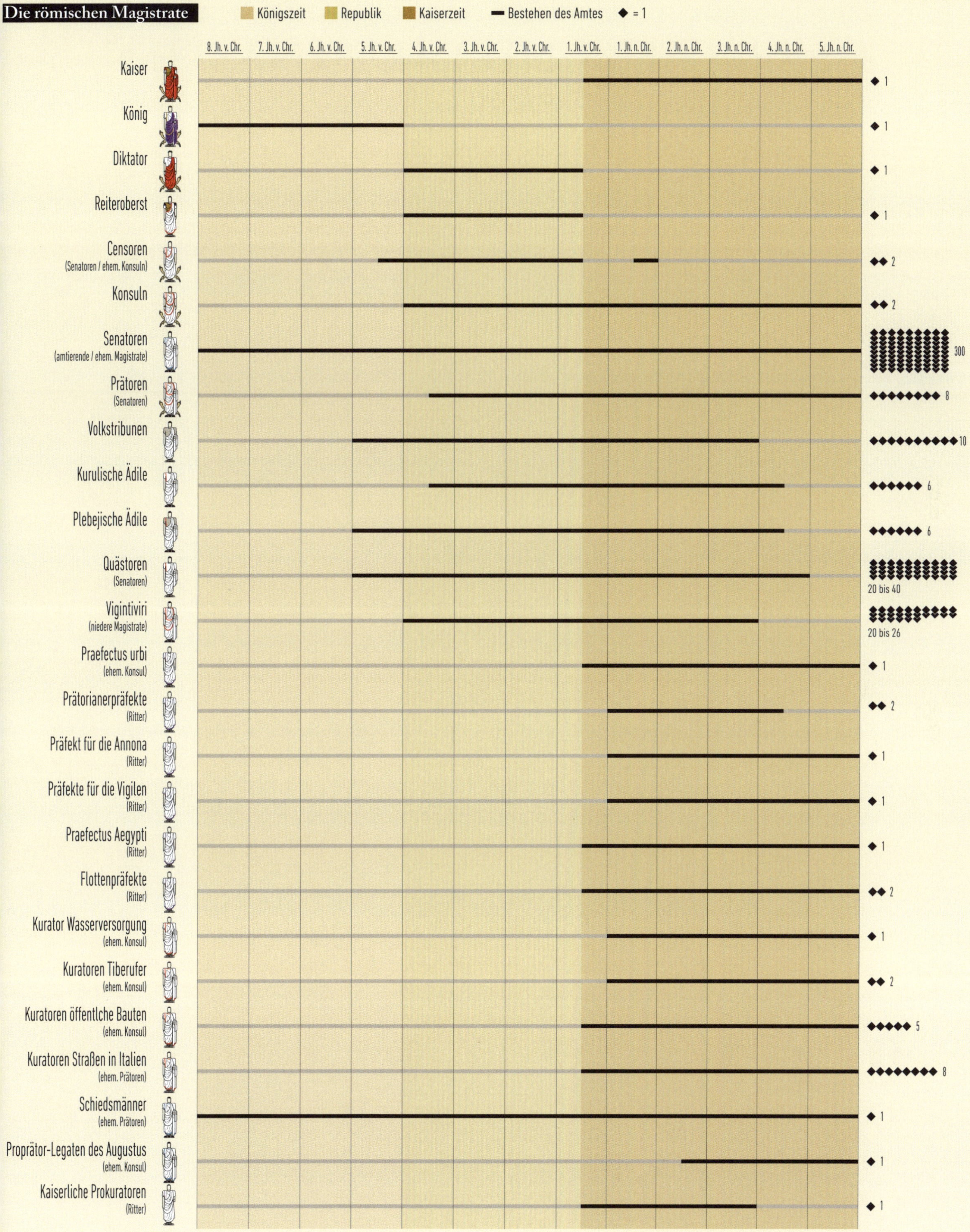

DER KAISER UND DIE DYNASTIEN

I. MACHTBEFUGNISSE UND TITULATUR DES KAISERS

Drei grundlegende Gegebenheiten bestimmen das Amt des Kaisers: die gemeinsame Familienzugehörigkeit und die zivile und militärische Herrschergewalt. Die kaiserliche Titulatur zählt alle diese Elemente ausdrücklich auf. Außer Tiberius, Caligula und Claudius nahmen alle Kaiser denselben Namen an. Er begann mit Imperator Caesar Augustus, wobei Imperator als Vorname diente, Caesar als Familienname und Augustus als Cognomen. Zu diesen Bausteinen fügten sie ihren eigenen Namen und meist den ihres (Adoptiv-)Vaters hinzu. Die Kaiser bildeten damit eine einzige Familie, die sich ununterbrochen an der Macht hielt.

Die übrigen Titel zählten die Machtbefugnisse des Kaisers auf, die ihm durch Gesetz oder Votum der Volksversammlungen übertragen waren. Gewöhnlich wird der Titel des Pontifex Maximus (Oberpriesters im Staatskultus) ausdrücklich genannt, ebenso die tribunizische Gewalt, die Akklamation als Imperator durch die Legionen, das Konsulat, der Ehrentitel eines Pater Patriae, mitunter auch die Censur. Die Tribunicia Potestas wurde jährlich aufs Neue verliehen und war daher nummeriert; sie gab dem Kaiser das Recht, an den Senatssitzungen teilzunehmen, dort Beschlussvorschläge einzubringen und gegen Entscheidungen der Magistrate sein Veto einzulegen. Die Akklamation als Imperator war die Bestätigung seiner militärischen Kommandogewalt; sie wurde von den Legionen wie dem Senat anlässlich seiner Thronbesteigung sowie durch die Armeen nach einem siegreichen Feldzug ausgebracht.

Mit dieser Machtfülle ausgestattet konnte der Kaiser eine eigene Staatsverwaltung neben derjenigen der jährlich gewählten Magistrate errichten. Die Kaiser umgaben sich mit einem Beamtenapparat, an dessen Spitze römische Ritter standen, unterstützt von kaiserlichen Sklaven und Freigelassenen. Geleitet wurde der Apparat von den obersten Ämtern.

Aufzählung der Machtbefugnisse des römischen Kaisers in der Titulatur am Beispiel Traians 116 n. Chr.

Vorname [Praenomen] | Familienname [Gentilicium] | Beiname [Cognomen]

MARCUS ULPIUS TRAIANUS

wird zu

IMPERATOR CAESAR, DIVI NERVAE FILIUS,

NERVA TRAIANUS OPTIMUS AUGUSTUS, GERMANICUS DACICUS PARTHICUS,

PONTIFEX MAXIMUS, TRIBUNICIA POTESTATE XX,

IMPERATOR XIII, PROCONSUL, CONSUL VI, PATER PATRIAE

Imperator Caesar, Sohn des vergöttlichten Nerva, Nerva Trajanus, der großartige Augustus, Sieger in Germanien, Dakien und Parthien, Pontifex Maximus, 20-maliger Inhaber der tribunizischen Gewalt, 13-maliger Imperator, Prokonsul, 6-maliger Konsul, Vater des Vaterlandes

Militär
Oberbefehlshaber

Verwaltung und Rechtswesen
- Regierungsgewalt über Rom und die Provinzen des Reiches
- Oberster Magistrat des Reiches
- Da die Kaiser nicht jedes Jahr ein Konsulat übernahmen, wird die Zahl der Amtsperioden angegeben

Religion
Pontifex Maximus: Leiter der wichtigen Priesterkollegien, ein bedeutendes und angesehenes Amt im römischen Staatskultus

Siege
- Titel nach erfolgreichen Feldzügen vom Senat verliehen
- Öffentliche Akklamation des Kaisers durch die Legionen im Feld

Abstammung
- Caesar: Zugehörigkeit zur gens Caesar
- Divi Nervae filius: Sohn des verstorbenen und vergöttlichten Kaisers Nerva

Ehrentitel
vom Senat einige Monate nach der Thronbesteigung jedem Kaiser verliehen

Die kaiserliche Verwaltung der frühen Kaiserzeit

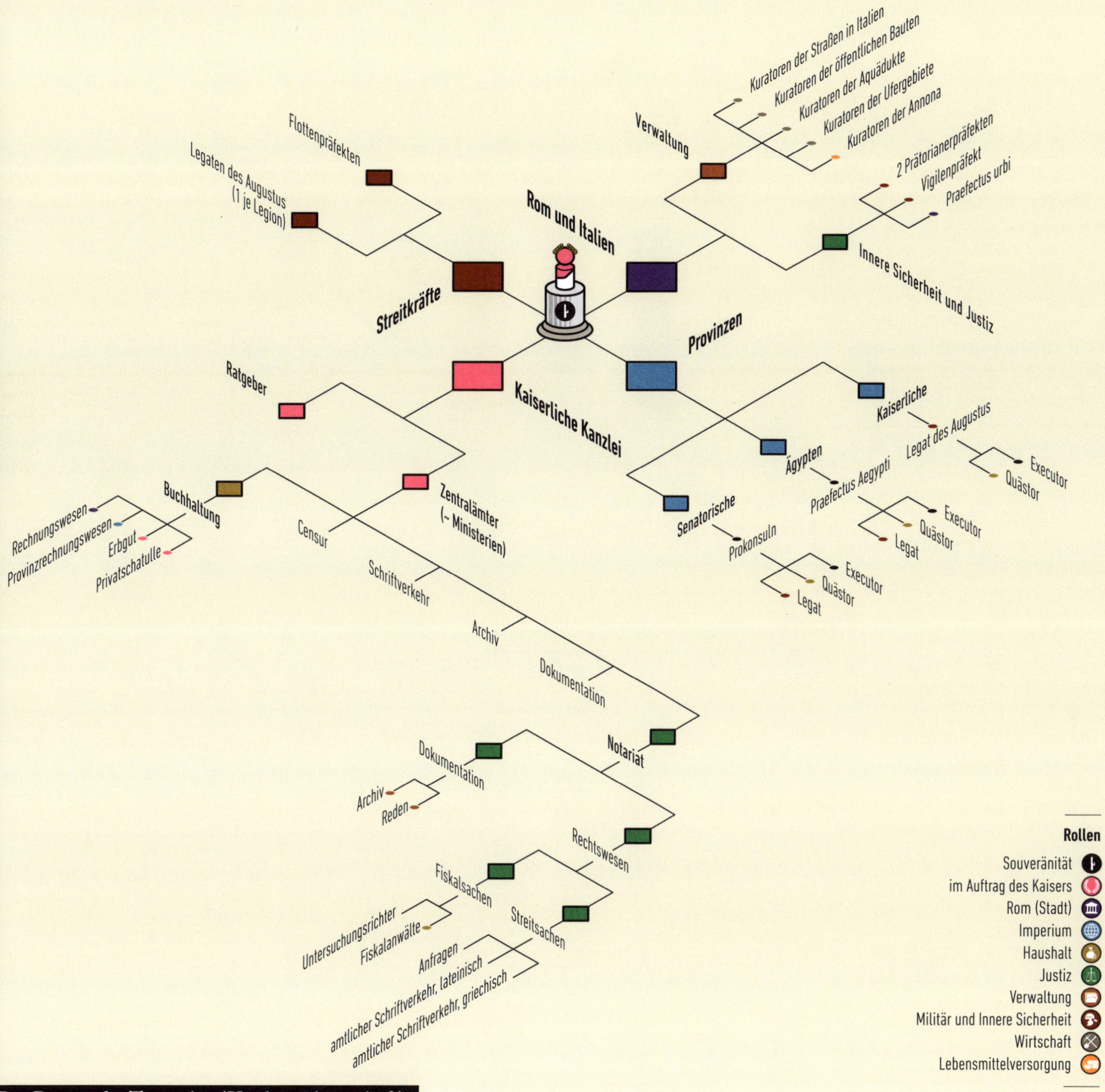

Das Prinzip der Tetrarchie (Vierkaiserherrschaft)

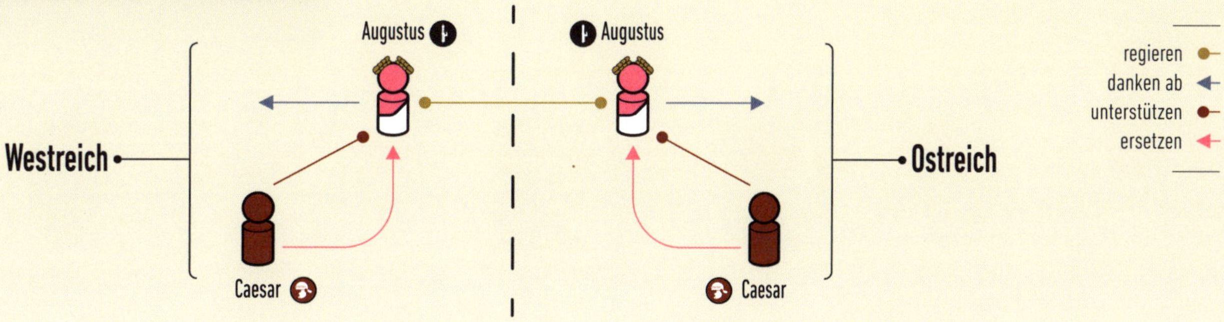

II. DIE PRÄTORIANERGARDE

Die Kohorten der Prätorianergarde, benannt nach der Prätoriumswache in den Legionslagern, wurden von Augustus ohne viel Aufhebens aus der aktiven Truppe aufgestellt und diskret auf die verschiedenen Stadtviertel Roms verteilt. 2 v. Chr. unterstellte er sie dem Kommando von zwei Prätorianerpräfekten aus dem Ritterstand. Im Jahr 23 erhielten die Kohorten eine feste Kaserne außerhalb des Pomeriums auf dem Viminal (nahe dem heutigen Bahnhof Termini). Die Truppe bestand ursprünglich aus neun Kohorten zu je 500 Mann, wurden auf zehn aufgestockt, deren Mannschaftsstärke im 2. Jh. wiederum verdoppelt wurde. Septimius Severus misstraute den Prätorianern und ersetzte sie durch die Legio II Parthica, die er 197 im nahen Alba Longa stationierte. Sie versah den Dienst der Prätorianergarde, bis sie Mitte des 3. Jh. an den nahöstlichen Kriegsschauplatz verlegt wurde. Nach diesem Zeitpunkt hört man fast nichts mehr über die Prätorianergarde, obwohl sie weiterbestand. Diocletian senkte die Anzahl der Kohorten, und Konstantin der Große löste sie 312 schließlich auf.

Die Soldaten der Prätorianergarde wurden in Italien und den Provinzen rekrutiert, aber die Centurionen waren entweder junge römische Ritter oder beförderte Mannschaftsdienstgrade. Es gab im Unterschied zur Legion innerhalb der Kohorten weder Centurien noch einen Primipilus. Den Prätorianerpräfekten unterstand ein *princeps* als Stabschef, und ein *trecenarius* befehligte die *speculatores*. Die Prätorianerkohorten führten als einzige Kampfeinheiten keine Adler als Feldzeichen und waren eher leicht bewaffnet. Kommandiert wurden sie von Tribunen. Neben der Prätorianergarde unterhielten die julisch-claudischen Kaiser auch noch eine Leibwache aus germanischen Reitern, die seit Traian von 1000 *equites singulares* (»hervorragenden Rittern«) abgelöst wurde. Auch diese Leibwache löste Konstantin 312 auf und ersetzte sie durch *scholae* der Kavallerie.

In Rom stationierte Sicherheitskräfte
23 n. Chr.

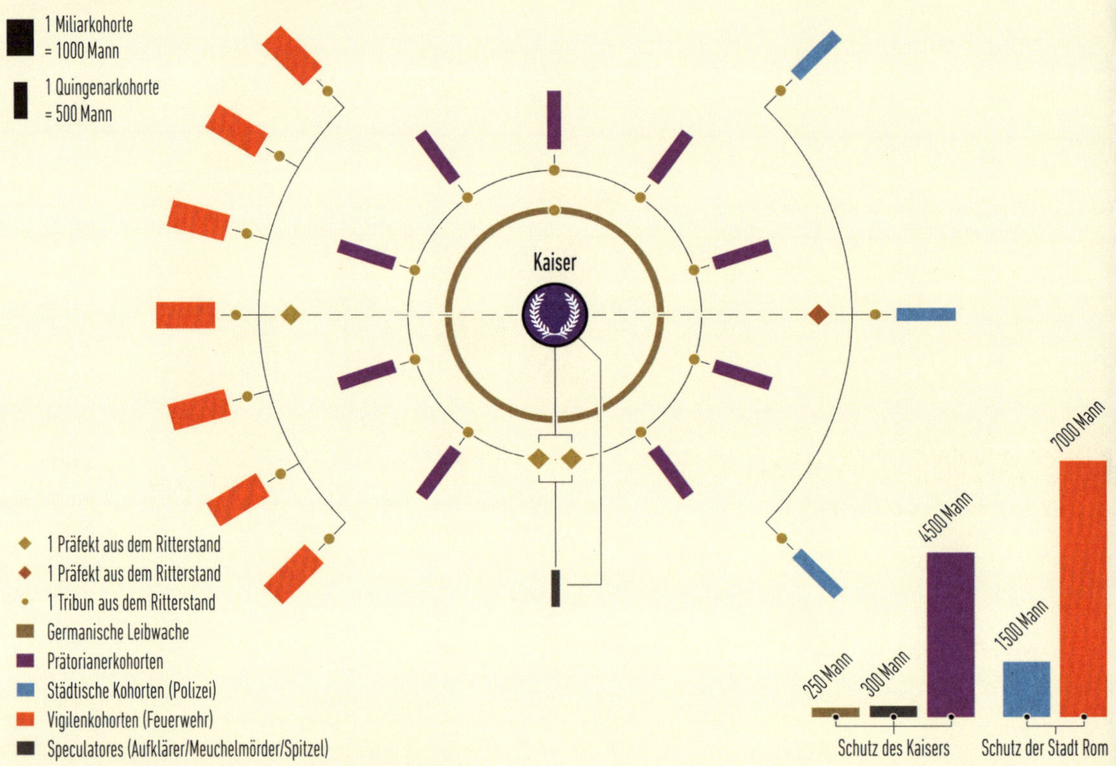

Mannschaftsstärke der Prätorianergarde

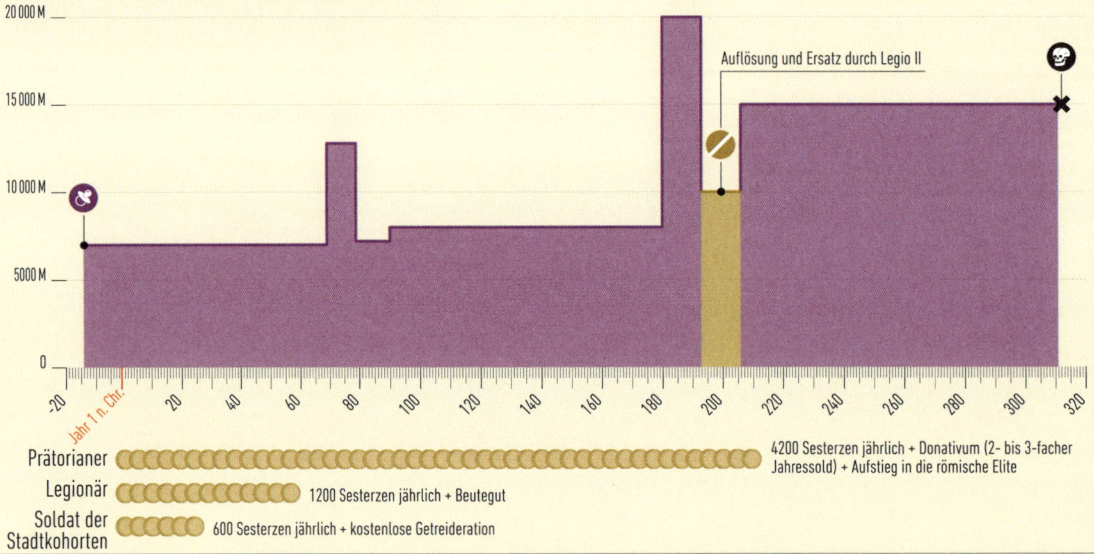

Kampfeinsatz 1. Jh. n. Chr. — **Kampfeinsatz** 2. Jh. n. Chr. — **Kaiserliche Leibwache** 1. Jh. n. Chr. — **Kampfeinsatz** 3. Jh. n. Chr. — **Städtische Kohorten** 1. Jh. n. Chr.

III. DIE KAISERLICHEN RESIDENZEN

Anzahl der Provinzen des Reiches

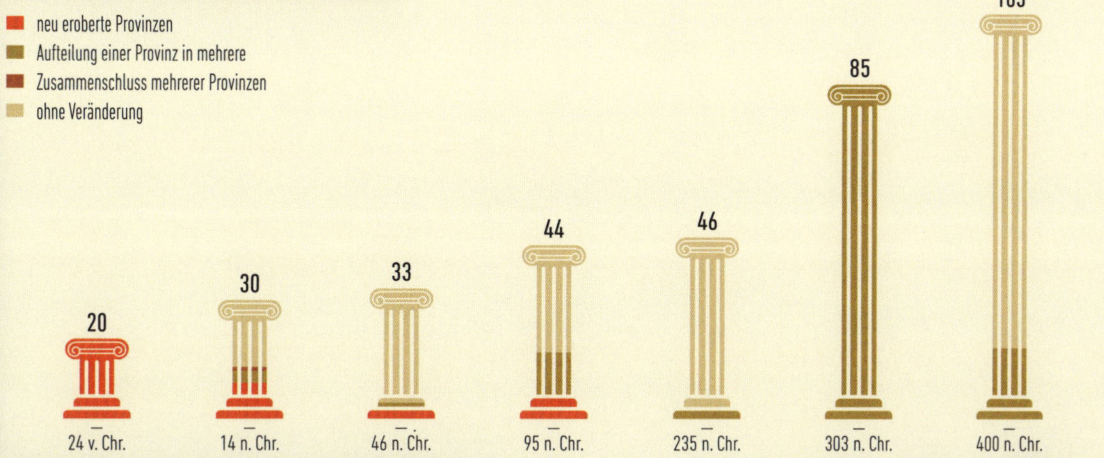

Aufenthalte des Kaisers in den Residenzen
in Prozent der Regierungszeit

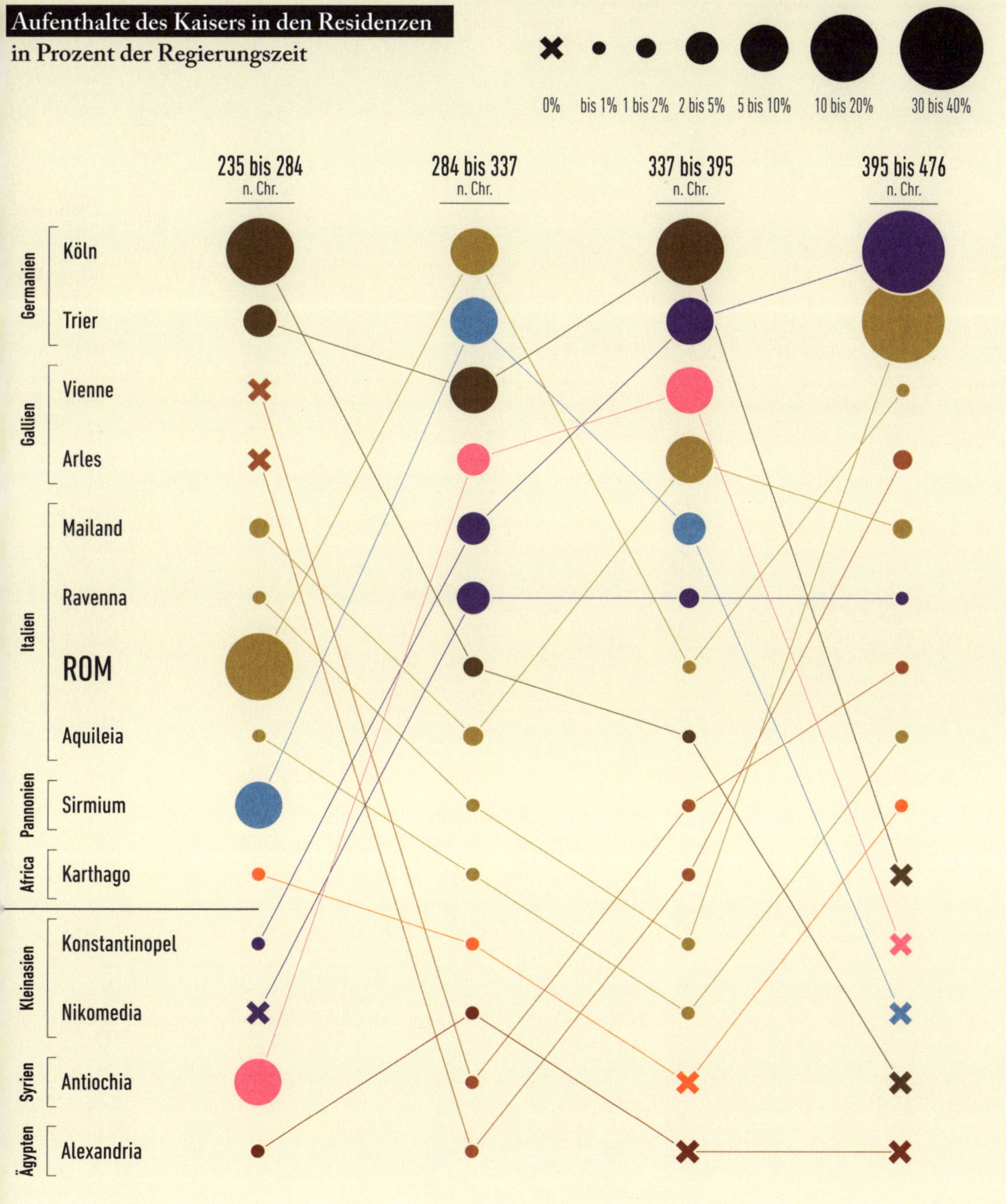

Von Augustus bis zu den Severern befand sich der offizielle Sitz des Kaisers in Rom, wo auf dem Palatin seit dem Beginn der Kaiserzeit und später unter Domitian und den Severern ein beeindruckender Palastkomplex mit Audienzsälen und den Büros der obersten kaiserlichen Ämter entstand. Seit Ende des 3. Jh. und der Errichtung der Tetrarchie bildeten sich feste Residenzen heraus: Nikomedia (Bithynien) und Antiochia (Syrien) für Diocletian, Sirmium (Pannonien) für Galerus, Mailand und Trier für Maximian bzw. Konstans I.

Unter Konstantin I. änderte sich dieses System. Schon 313/314 residierte er in Arles, wohin er auch die Münzstätte verlegte und wo er 314 ein Konzil abhielt. 316 verließ er Trier endgültig und kehrte 326 zur Feier seiner *vicennalia* (des 20-jährigen Regierungsjubiläums) nach Rom zurück. Den Winter 326/327 verbrachte er in Sirmium, um die Sarmaten im Auge zu behalten. Ende 327 inspizierte er die Donaugrenze und nahm sein Winterquartier in Nikomedia. Den Winter 329/330 verbrachte er wieder in Sirmium, bis er schließlich 330 bis 337 in Konstantinopel blieb, das damit eine der festen Residenzen wurde.

Konstantins Söhne benutzten im Großen und Ganzen bis 360 dieselben Residenzstädte. Danach richteten sich die Caesaren und Augusti jeweils dort ein, wo es für ihre Feldzüge am günstigsten war. Julian zum Beispiel, Caesar in Gallien, verbrachte den Winter 356/357 in Vienne, zog 357 nach Straßburg, überwinterte 357/358 und 358/359 in Lutetia, 360/361 in Vienne, zog 361 in Konstantinopel ein und residierte schließlich ab 362 in Antiochia, um den Krieg gegen die Perser vorzubereiten.

Mit der Reichsteilung 395 wurde Konstantinopel zur Hauptstadt des Ostreichs, während im Westen unter Honorius ab 402 bis zum Ende des Kaisertums im Westen 476 Ravenna diese Würde von Mailand und Rom übernahm.

1. Das julisch-claudische Haus
27 v. Chr. bis 68 n. Chr.

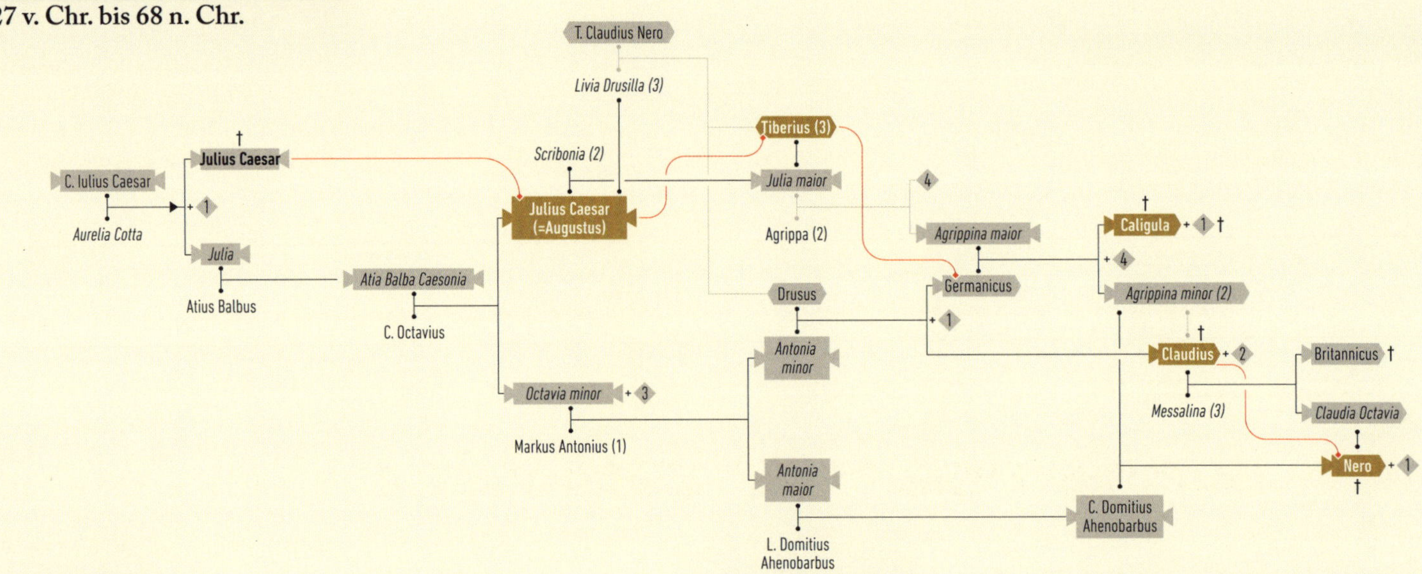

2. Die Flavier
69 bis 96 n. Chr.

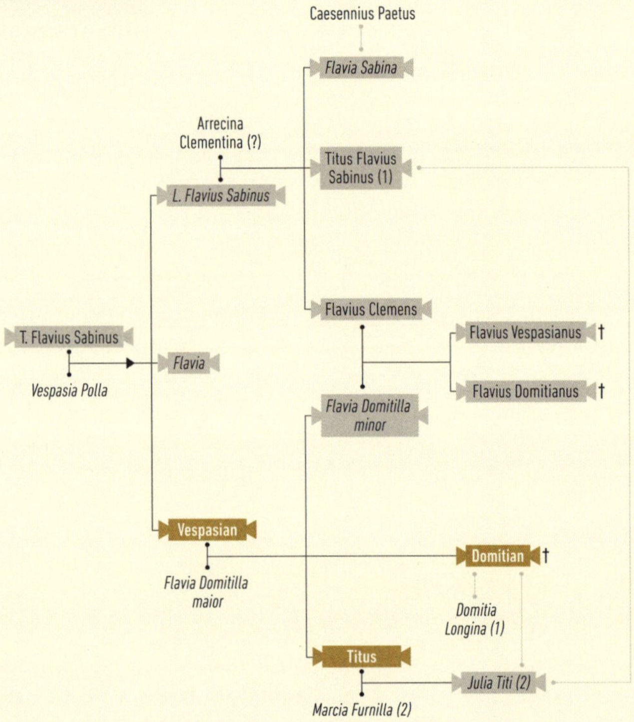

3. Die Antoninen
96 bis 192 n. Chr.

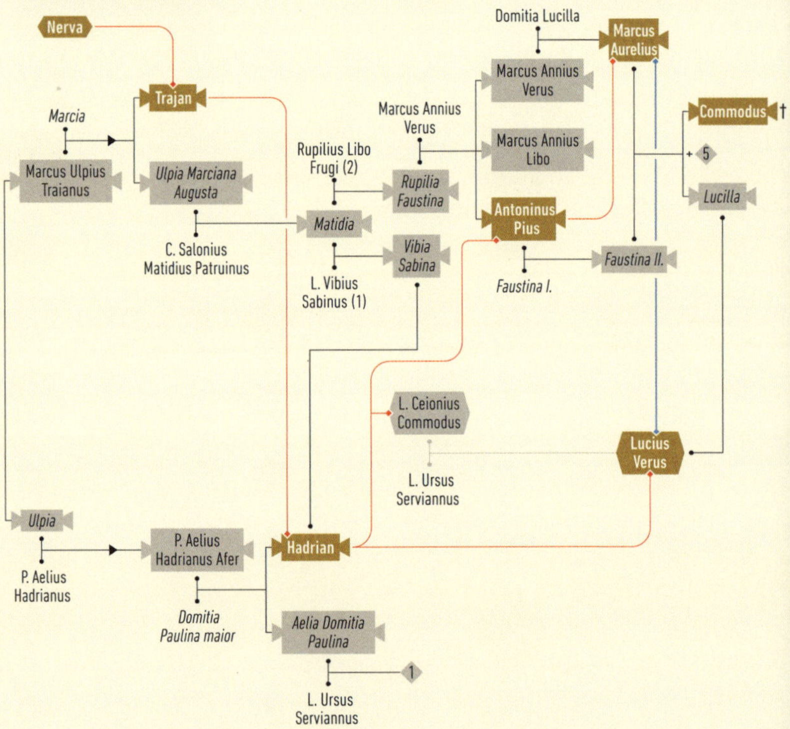

IV. DIE DYNASTIEN

Auch wenn die Kaiserwürde formell durch eine Reihe staatlicher Akte, Gesetze oder Wahlen verliehen wurde, hing sie in erster Linie von der Zugehörigkeit zu einer bestimmten Familie ab. Octavian setzte schon seit den ersten Jahren des Triumvirats seine Verwandtschaft zu Julius Caesar politisch ein und fügte 39 v. Chr. seinem Namen ein *divi filius* »Sohn des Vergöttlichten (Julius)« bei. Auch seiner Frau ließ er Vorrechte und besondere Ehren verleihen und machte wichtige Weggefährten durch Heirat zu Verwandten (zum Beispiel seinen Schwager Agrippa). Auch die Adoption an Sohnes statt war ein wichtiges Mittel, um Familienzugehörigkeit zu schaffen.

Die erste Kaiserdynastie wird heute als julisch-claudisches Haus bezeichnet, weil sie aus der Versippung der Julier (Nachkommen Julius Caesars) und der Claudier (durch Tiberius, den Schwager des Augustus) hervorgegangen ist. Bis 68 wurde der Kaiser jeweils aus diesem Clan gewählt. Nachdem keine männlichen Erben mehr zur Verfügung standen, übernahm nach zwei Jahren Bürgerkrieg mit Kaiser Vespasian eine neue Dynastie den Thron, die Flavier. Seine beiden Söhne, Titus und Domitian, folgten ihm nacheinander als Princeps.

Das unter Augustus begründete System ermöglichte also einen Dynastiewechsel, wenn auch um den Preis eines Bürgerkriegs. Zum ersten Mal ging damit außerdem die Macht an eine Familie von Italikern über, die nicht aus Rom stammte, mit Traian und seinen Nachfolgern dann sogar eine, die von römischen Kolonen in Hispania

4. Die Severer
193 bis 235 n. Chr.

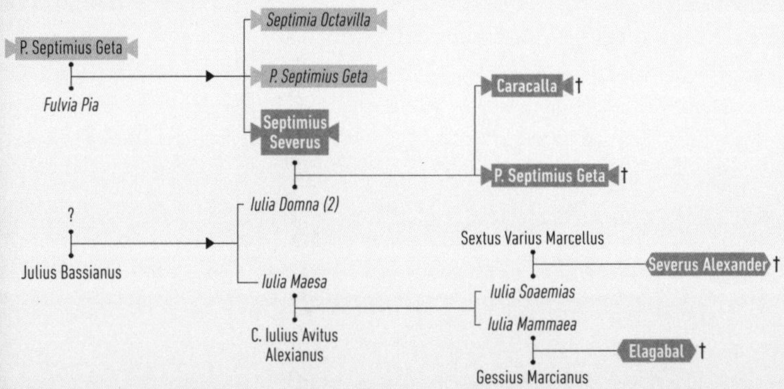

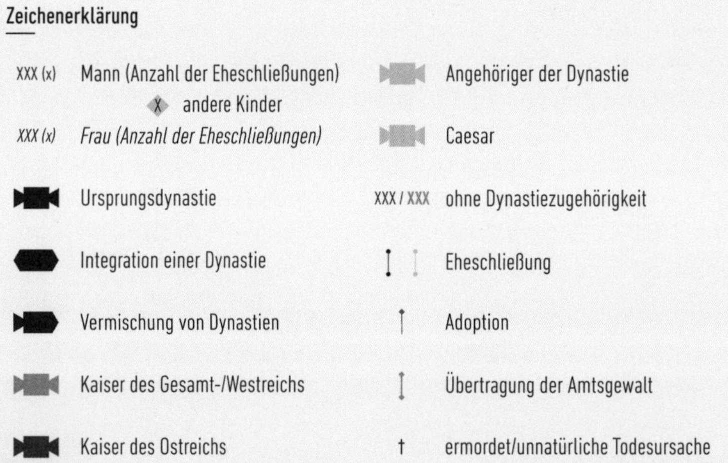

5. Die Konstantiniden und die Familien Valentinians I. und Theodosius' I.
284 bis 457 n. Chr.

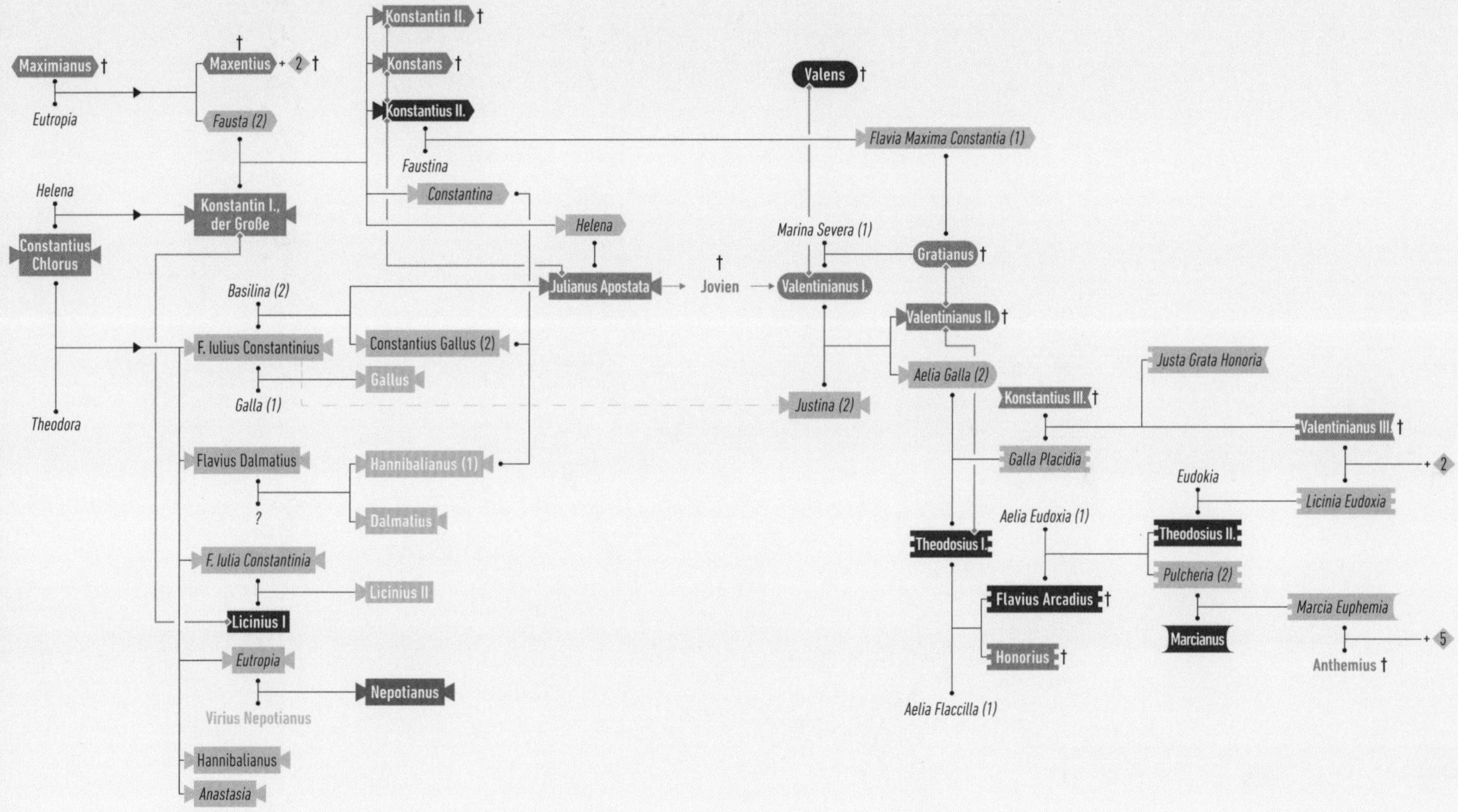

abstammte, während eine römische Familie aus Libya und Kleinasien, die Septimier, nach ihrer Übersiedlung nach Rom die Dynastie der Severer begründete. Seit der Zeit der Tetrarchie rekrutierten sich die Kaiser dann aus Soldatenfamilien bescheidener sozialer Herkunft aus dem Donauraum. Mit Konstantin dem Großen wurden diese Soldatenkaiser dann von einer neuen Dynastie abgelöst, die sich durch Heiraten konstituierte. Auch die letzte Kaiserdynastie, die Nachkommen Valentinians I., setzte sich nach diesem Prinzip fort.

Gewalt war immer ein Faktor neben der Erbfolge. Wenn die Opposition im Senat zu mächtig wurde und ein Kaiser sich allzu sehr danebenbenahm und als Tyrann profilierte, wurde er, wie 41 Caligula, gewöhnlich durch eine Verschwörung beseitigt und die Kaiserwürde einem anderen Mitglied seiner Familie verliehen. Schwerere Krisen entstanden insbesondere beim Auftreten mehrerer Thronprätendenten, von denen keiner dynastische Legitimität besaß, und endeten erst, wenn sich einer davon militärisch oder politisch durchsetzte und eine neue Dynastie begründete. So kamen 96 die Antoninen auf den Thron, die selbst 193 von den Severern abgelöst wurden, allerdings noch bis 197 brauchten, um die Kämpfe um den Thron zu beenden. Sie konnten sich bis 235 an der Macht halten. Es folgte ein halbes Jahrhundert ununterbrochener Kriege und Kämpfe. Das System der Vierkaiserherrschaft (Tetrarchie), das wieder einigermaßen Frieden stiftete, bestand anfangs aus einer künstlich gebildeten Familie: Zwei Augusti, als Brüder bezeichnet, ernannten je einen Caesar, den sie als Sohn adoptierten oder zu ihrem Schwiegersohn machten und der den Thron von ihnen übernahm. Die Dynastiebildung durch Adoption und Einheirat setzte sich von da an fort bis praktisch zum Ende des Westreichs.

V. DIE RÖMISCHEN KAISER

Zwischen dem Sieg Octavians im Bürgerkrieg 30 v. Chr. und dem Fall des Westreichs 476 n. Chr. folgten sieben große Dynastien aufeinander. Das julisch-claudische Haus, die Flavier, die Antoninen und die Severer haben dabei bis 235 das Reich der Provinzen Roms befriedet und vergrößert. Gleichzeitig bauten sie eine Zentralverwaltung auf, mit der sie die enorme Ansammlung von *civitates* regieren konnten, und begründeten ein einheitliches bürgerliches Recht, das beträchtlich zur Befriedung der römischen Welt beitrug.

Unter dem *julisch-claudischen Haus* (30 v. Chr. bis 68 n. Chr.) endeten die Bürgerkriege wie die Eroberungsfeldzüge, die vorläufig an Rhein und Donau und in Syrien zum Stehen kamen, während in Rom innenpolitische Reformen durchgeführt und eine kaiserliche Verwaltung eingerichtet wurde. Die *Flavier* (70 bis 96) bauten diese Verwaltung weiter aus und stabilisierten die Rhein- und Donaugrenze, bis die *Antoninen* (96 bis 193) sie nördlich der Donau und in Arabien vorübergehend weiter vorschoben.

Nach einem Bürgerkrieg versuchten die *Severer* (193 bis 235) die Grenze wieder stabil an den Euphrat, die Donau und den Rhein zu legen. Die Ära der Antoninen und Severer gilt als Goldenes Zeitalter Roms. Sie endete 235 mit 35 düsteren Jahren voller Bürgerkriege und Angriffe von außen. Diese heillosen Zustände sollten mit dem neuen Konzept einer verteilten Herrschaft, der Tetrarchie, bekämpft werden. Tatsächlich kehrte wieder Frieden ein, aber das Reich

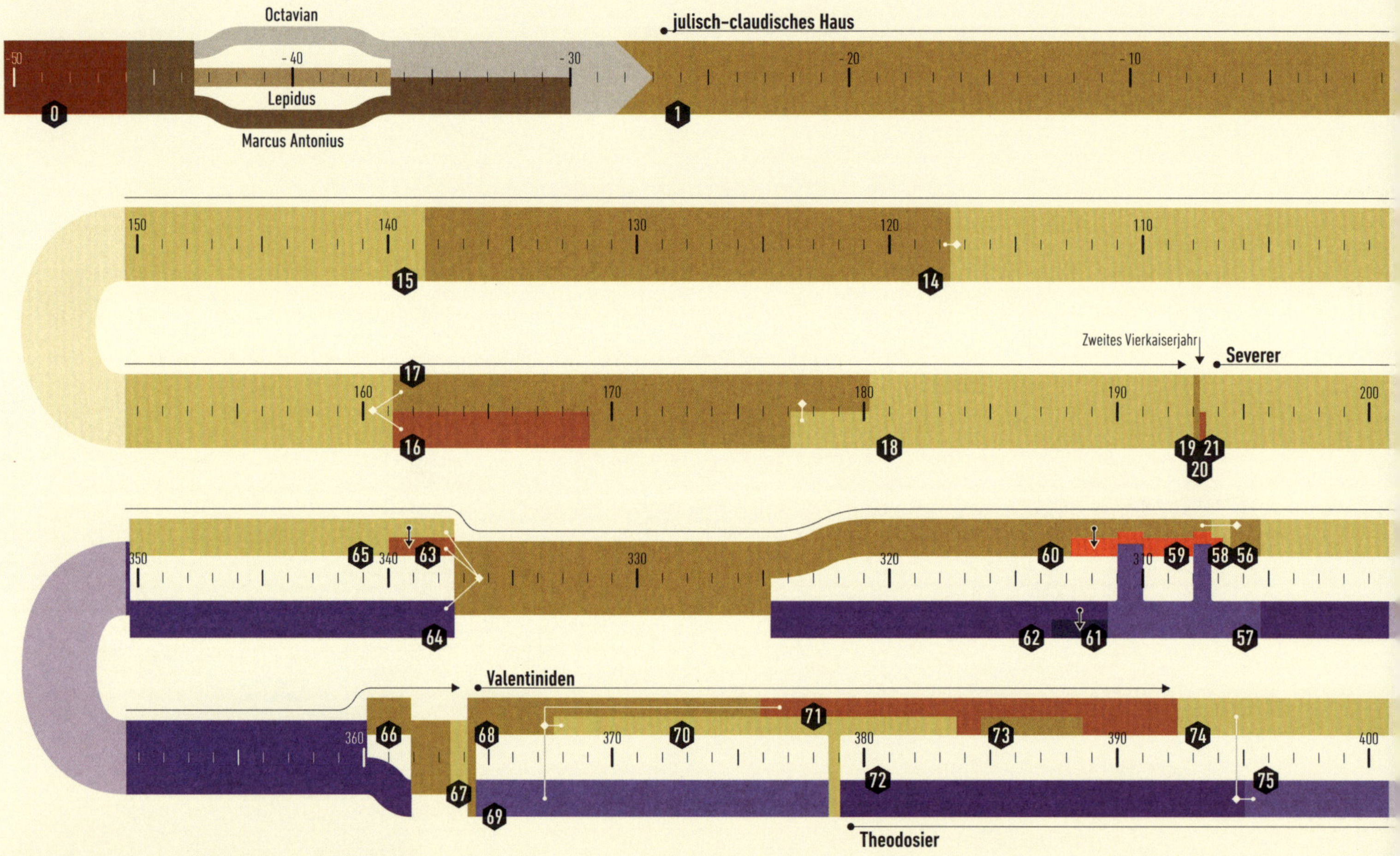

Einzelheiten zur Biografie der Kaiser

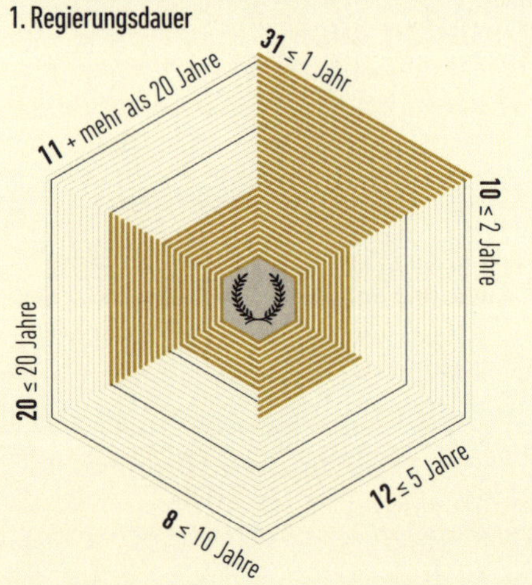

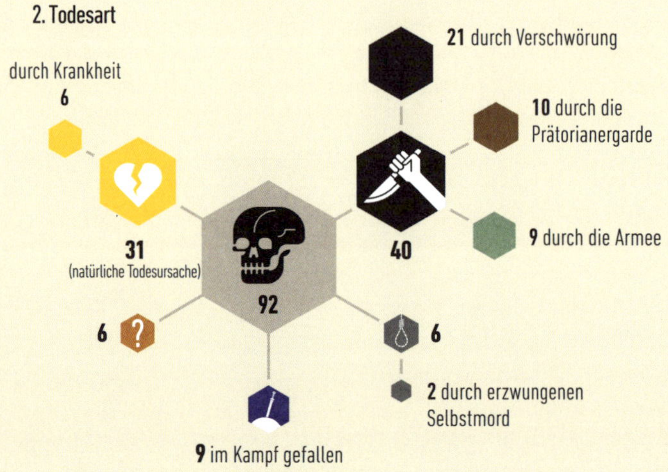

wurde durch die Doppelstruktur des Vierkaisersystems in zwei Hälften geteilt.

Mit Constantins I. Sieg über Maxentius 312 begann eine neue Reichseinheit unter den *Konstantiniden* 312 bis 363.

Unter den *Valentiniden* (364 bis 455) wurde die Armee – zuerst die Kampftruppe, dann auch die Feldherren – zunehmend von Germanen gestellt. Neue Einfälle von Barbarenstämmen suchten das Reich heim, das im Westen immer weiter zerfiel, während sich das Ostreich stabilisieren konnte. Nach Valentinian III. herrschten im Westen nur noch Marionettenkaiser der germanischen Stammesherzöge und Feldherren, bis der Ostgote Odoaker 476 den letzten weströmischen Kaiser Romulus Augustulus absetzte und sich zum König Italiens ausrief.

Zeichenerklärung

- Gebietseroberungen
- Gebietsverluste
- Politische oder Verwaltungsreform
- ermordet/durch die Prätorianer/die Armee
- Selbstmord
- im Kampf gefallen
- gestürzt
- Christentum
- antike Kulte
- Damnatio memoriae
- Gesamtreich, später Westreich
- Ostreich
- Republik/Rom/Thronvakanz
- Sohn/Bruder/Adoptivsohn u. a.
- schaltet aus

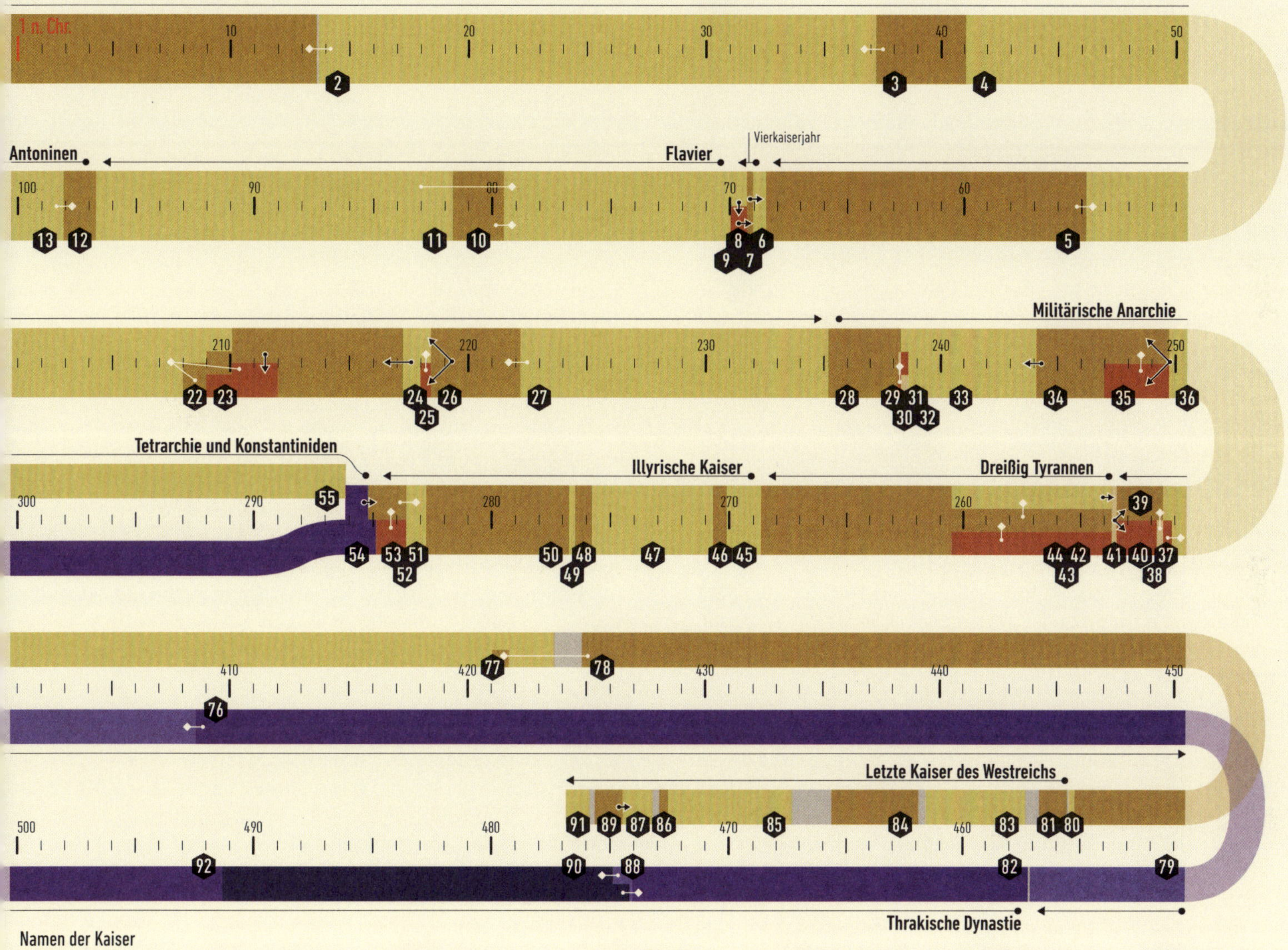

Namen der Kaiser

0. Julius Caesar
1. Octavian Augustus
2. Tiberius
3. Caligula
4. Claudius
5. Nero
6. Galba
7. Otho
8. Vitellius
9. Vespasian
10. Titus
11. Domitian
12. Nerva
13. Trajan
14. Hadrian
15. Antoninus Pius
16. Lucius A. Verus
17. Marcus Aurelius
18. Commodus
19. Pertinax
20. Didius Julianus
21. Septimius Severus
22. Caracalla
23. Geta
24. Macrinus
25. Diadumenius
26. Elagabal
27. Severus Alexander
28. Maximinus Thrax
29. Gordian I.
30. Gordian II.
31. Maximus Pupianus
32. Balbinus
33. Gordian III.
34. Philippus Arabs
35. Philippus II.
36. Decius
37. Herennius Etruscus
38. Hostilianus
39. Trebonianus Gallus
40. Volusianus
41. Aemilianus
42. Valerianus
43. Gallianus
44. Saloninus
45. Claudius II. Gothicus
46. Quintillus
47. Aurelian
48. Tacitus
49. Florianus
50. Probus
51. Carus
52. Numerianus
53. Carinus
54. Diokletian
55. Maximianus Hercules
56. Constantius Chlorus
57. Galerus
58. Severus II.
59. Maxentius
60. Konstantin I.
61. Maximinus II.
62. Licinius
63. Konstantin II.
64. Konstantius II.
65. Konstans I.
66. Julian Apostata
67. Jovianus
68. Valentinian I.
69. Valens
70. Gratien
71. Valentinian II.
72. Theodosius I.
73. Maximus
74. Flavius Honorius
75. Flavius Arcadius
76. Theodosius II.
77. Konstantius III.
78. Valentinian III.
79. Marcianus
80. Petronius Maximus
81. Avitus
82. Leo I.
83. Maiorian
84. Severus III.
85. Anthemius
86. Olybrius
87. Glycerius
88. Leo II.
89. Julius Nepos
90. Zenon
91. Romulus Augustulus
92. Anastasius I.

RELIGIONEN

Wie in allen Gemeinden der römischen Welt gab es auch in der Stadt Rom eine Vielfalt von Religionen und religiöser Gemeinschaften. Erst mit der Verbreitung des Christentums setzte sich eine Universalreligion durch. Jede *civitas* hatte ihre eigene Staatsreligion, die Stadt Rom ebenso wie die zwei- bis dreitausend anderen *civitates* der römischen Welt, und ebenso wie jede Familie und jede private Körperschaft (Sodalitas, Zunft usw.). Man entschied sich nicht selbst für eine Religion, sondern gehörte durch Geburt, Erwerb des Bürgerrechts (etwa durch Militärdienst in den Auxiliareinheiten) oder Freilassung dem Staatskultus an. Als Privatperson gehörte man durch Geburt, Einheirat, Adoption oder Kauf einer Familie automatisch auch dem jeweiligen Familienkultus an. Nur der Beitritt zu einer religiösen Bruderschaft (Sodalitas, Collegium) war eine freiwillige Entscheidung.

Diese Kulte bauten nicht auf Offenbarung, heiligen Schriften oder Dogmen auf, sondern auf den Traditionen der Ahnen und den Entscheidungen der Leiter des jeweiligen Kults. Sie betrafen im Wesentlichen die Pflichtrituale, mit denen die Götter als Partner in allen diesseitigen Unternehmungen an das römische Volk gebunden werden sollten. Die Seele und ihr jenseitiges Heil waren nicht Gegenstand solcher Kulte. Die Einhaltung der Vorschriften und Tabus, die Überwachung der Riten und die Bewahrung des Erbteils der Götter lagen beim Staatskultus in den Händen der Priester. Die hauptsächlichen Offizianten der Rituale waren Konsuln, Prätoren und später Kaiser und bestimmte Priestergruppen.

Alle auswärtigen Städte, Gemeinden und Stämme hatten ihre eigene Religion. Ein Zugereister, der sich in einer anderen *civitas* ansiedelte, wurde in den Kultus seiner neuen Heimat aufgenommen. Städte mit einer längeren Tradition als Rom, etwa die griechischen und kleinasiatischen, bewahrten gewöhnlich nach der Eroberung durch Rom ihren eigenen Kultus, während in den nordeuropäischen Stammesgemeinschaften rasch dem römischen ähnliche Kulte entstanden, auch wenn man hier nicht von »Übertritt« sprechen kann. Die Götter Roms wurden durch römische Kolonisten und Soldaten in den Provinzen weithin verbreitet, während umgekehrt auswärtige Gottheiten von Reisenden und Händlern oder sogar als Kriegsbeute nach Rom gebracht wurden.

Der öffentliche Kultus des römischen Volkes diente der Gesamtheit der Bürgerschaft. Die Rituale wurden daher zum Wohl des römischen Volkes begangen, also zum Wohl des Staates und später zum Wohl des Kaisers. Sie wandten sich an offiziell anerkannte Gottheiten und folgten einem offiziellen Festkalender. Der öffentliche Kultus umfasste Opferriten und Wahrsagerituale. Die Opfergaben reichten von einigen Gramm Weihrauch und Votivbildchen zu großen Statuen, Altären und Tempeln. Die häufigste Form des Opfers war das Festgelage, zu dem die Götter eingeladen waren. Bei diesem Ritual wurde ein Tier oder eine Nutzpflanze der betreffenden Gottheit geweiht, dann getötet bzw. zerlegt. Der Anteil der Gottheit wurde auf einem Altar verbrannt, der Anteil der Menschen von den Gästen des Festgelages verzehrt. Bei Ritualen zur Anrufung der Unterweltgötter wurden die Opfergaben jeweils vollständig verbrannt, weil kein lebender Mensch mit diesen Gottheiten gemeinsam feiern konnte. Die Rituale wurden an regulären oder außerordentlichen Festtagen begangen und waren oft mit öffentlichen Spielen verbunden (Wagenrennen, Theateraufführungen, Schaujagden).

Die Wahrsagerituale bestanden aus Auspizien (Vogelschau) oder Orakelbefragungen. Bei der Vogelschau wurden Flug und Verhalten bestimmter Vögel beobachtet und ausgelegt, in Rom selbst durch die Auguren, bei Magistraten, die dienstlich außerhalb Roms unterwegs waren, durch Haruspices. Die vor Tagesanbruch angestellte Vogelschau hieß das Vorhaben des Magistrats für den betreffenden Tag gut – oder auch nicht. Ein echter Orakeltext in Rom waren die drei Sibyllinischen Bücher, Schriftrollen mit griechischen Hexametern, deren sichere Verwahrung, Geheimhaltung und Befragung einem eigenen Priesterkollegium anvertraut war, den Decemvirn (später Quindecimvirn). Diese suchten bei Anfragen einen oder zwei zutreffende Verse heraus, aus denen sie ein griechisches Akrostichon zusammenstellten, das sie wiederum dem Senat mitteilten, der es auslegte. Angewandt wurde der Spruch von den Konsuln.

Die Gottheiten des Staatskults waren latinischer, später auch mittelitalischer, großgriechischer, griechischer oder afrikanischer Herkunft, entsprechend der Erweiterung des Gesichtskreises und Machtbereichs der Römer. In der Kaiserzeit fügten die *principes* gelegentlich weitere hinzu, meist in Erfüllung eines Gelübdes vor Feldzügen – Augustus führte Apollo und Mars Ultor ein, Vespasian Isis und Serapis, Aurelian 274 Sol Invictus, wohl infolge eines siegreichen Feldzugs gegen Palmyra.

Zu diesen offiziellen Kulten kam seit Caesars Tod derjenige der *Divi*, der vergöttlichten Toten. Schon lange spekulierten die Philosophen, dass herausragende Menschen nach ihrem Tod unter die Unsterblichen aufgenommen würden. Diese poetische Sichtweise wurde in ein Ritual umgewandelt, das die Leichenfeiern griechischer Sagenhelden mit den Mythen von Herkules und Aesculapius kombinierte, den beiden einzigen Menschen, die noch als Lebende unter die Götter aufgenommen worden waren. Insbesondere der Mythos der Apotheose des Herkules diente als Vorbild, weil bei der Kremierung eines verstorbenen Kaisers bezeugt wurde, die Gestalt oder zumindest der Lebensgeist *(animus, anima)* des Kaisers, der gerade verbrannt und bestattet worden war wie ein griechischer Heros oder Stadtgründer, habe sich in den Himmel aufgeschwungen. Von da an war er ein Divus, ein Vergöttlichter.

Die häuslichen Kulte unterschieden sich von den öffentlichen weder in ihren Ritualen noch ihren Gottheiten. Außer den spezifischen Familiengottheiten, wie dem Genius des Familienvaters (seinem göttlichen Doppelgänger), und den Laren und Manen der verstorbenen Angehörigen verehrten die einzelnen Familien je nach ihrer Vorgeschichte auch diese oder jene römische Gottheit. Natürlich nahmen sie auch am öffentlichen Kultus teil und waren berechtigt, außerhalb der öffentlichen Opferzeremonien in den Tempeln Opfer zu bringen. Die in Rom – oder einer anderen *civitas* – ansässigen Fremden hatten das Recht, ihren Heimatkultus privat zu pflegen. Die Priestercollegien und Sodalitäten wiederum hatten ihre eigenen Festkalender und Rituale. Alle diese Privatkulte bildeten jeweils ein autonomes Ganzes, dessen Autorität und Zelebrant der Familienvater oder der jährlich gewählte Magister der Sodalitas waren.

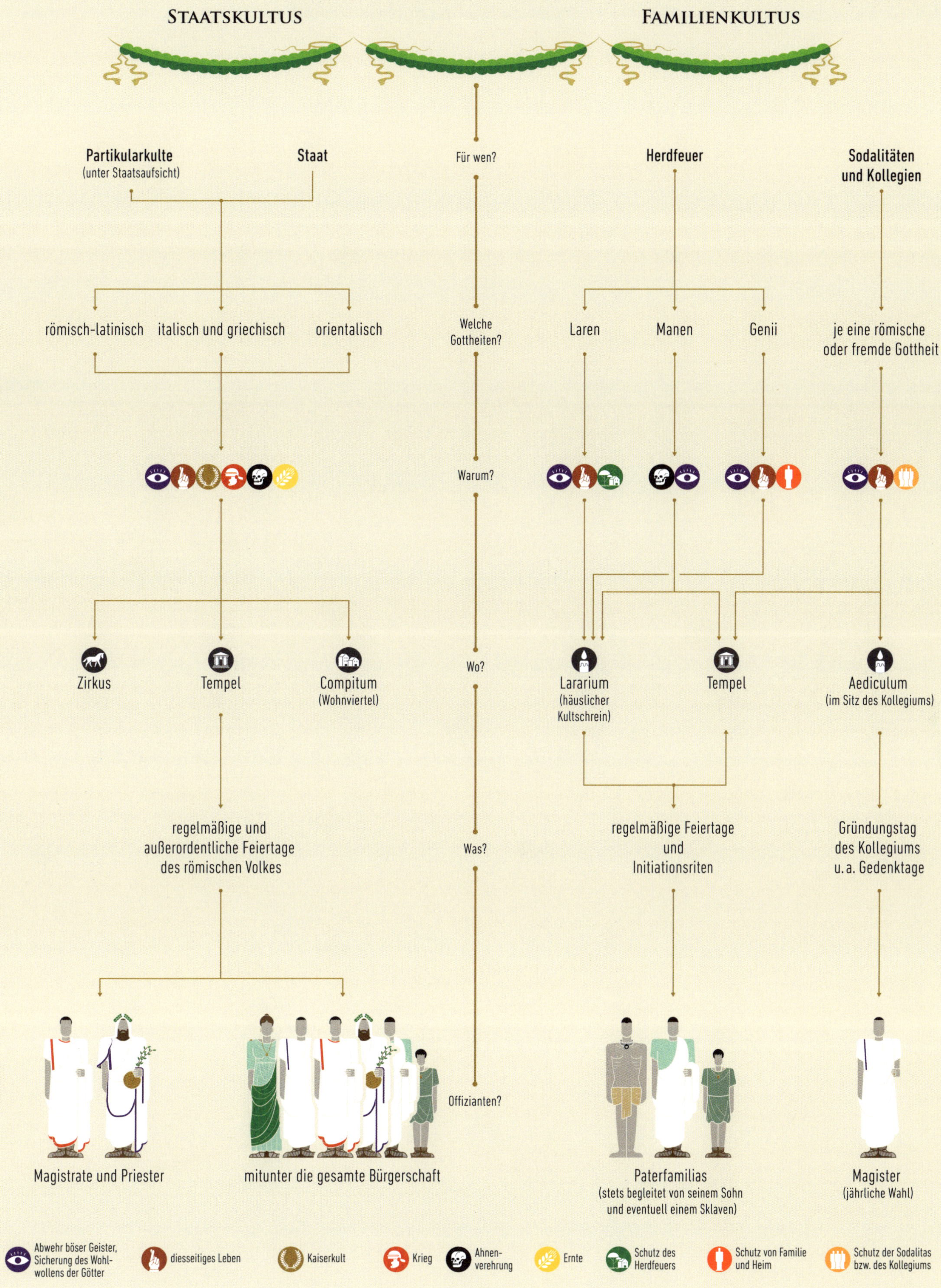

Staatskultus
Familienkultus
Partikularkulte
(unter Staatsaufsicht)
Staat
Für wen?
Herdfeuer
Sodalitäten und Kollegien
römisch-latinisch
italisch und griechisch
orientalisch
Welche Gottheiten?
Laren
Manen
Genii
je eine römische oder fremde Gottheit
Warum?
Zirkus
Tempel
Compitum
(Wohnviertel)
Wo?
Lararium
(häuslicher Kultschrein)
Tempel
Aediculum
(im Sitz des Kollegiums)
regelmäßige und außerordentliche Feiertage des römischen Volkes
Was?
regelmäßige Feiertage und Initiationsriten
Gründungstag des Kollegiums u. a. Gedenktage
Offizianten?
Magistrate und Priester
mitunter die gesamte Bürgerschaft
Paterfamilias
(stets begleitet von seinem Sohn und eventuell einem Sklaven)
Magister
(jährliche Wahl)
Abwehr böser Geister, Sicherung des Wohlwollens der Götter
diesseitiges Leben
Kaiserkult
Krieg
Ahnenverehrung
Ernte
Schutz des Herdfeuers
Schutz von Familie und Heim
Schutz der Sodalitas bzw. des Kollegiums

Die wichtigsten römischen Gottheiten, ihr Zuständigkeitsbereich und ihr erstes Auftreten

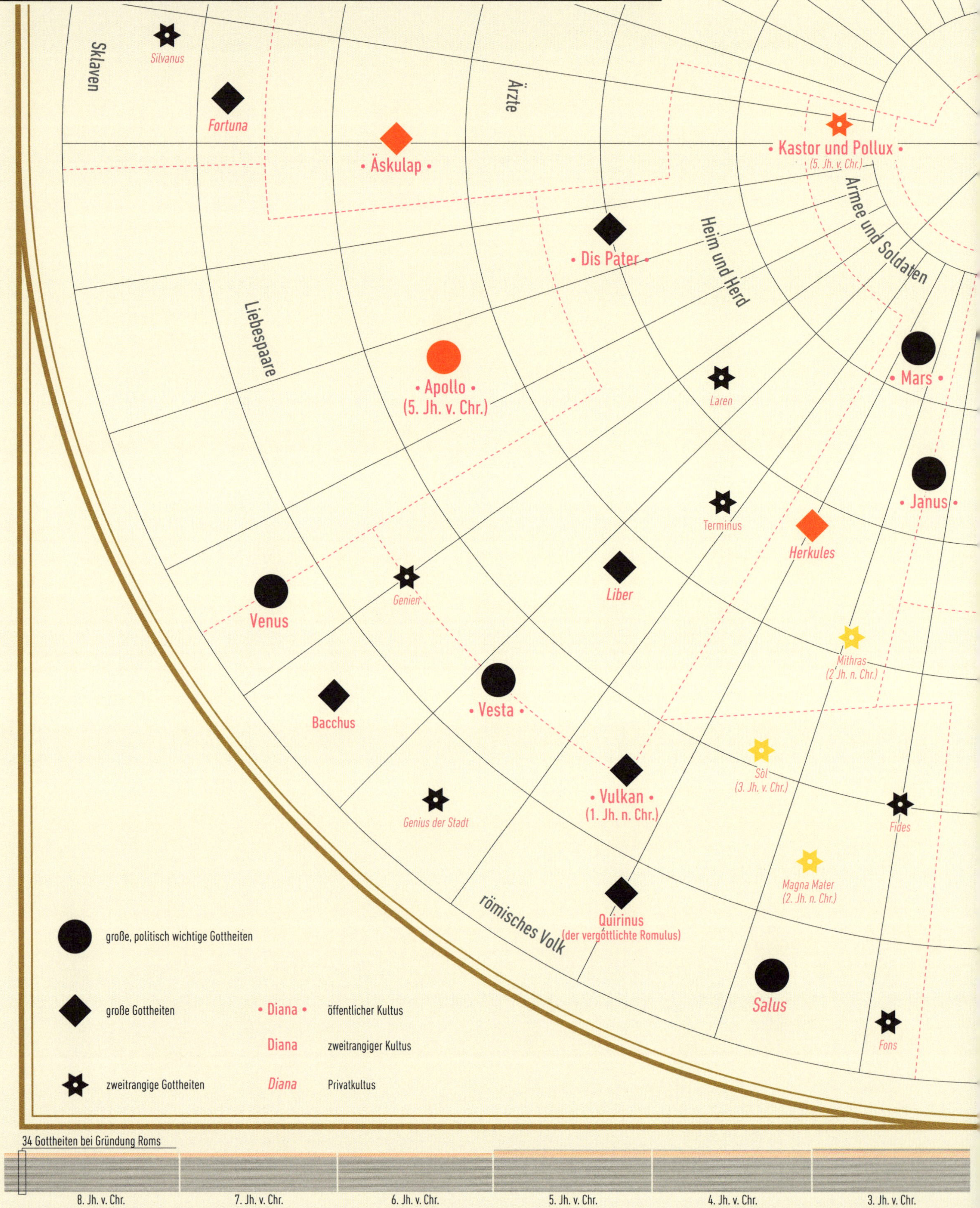

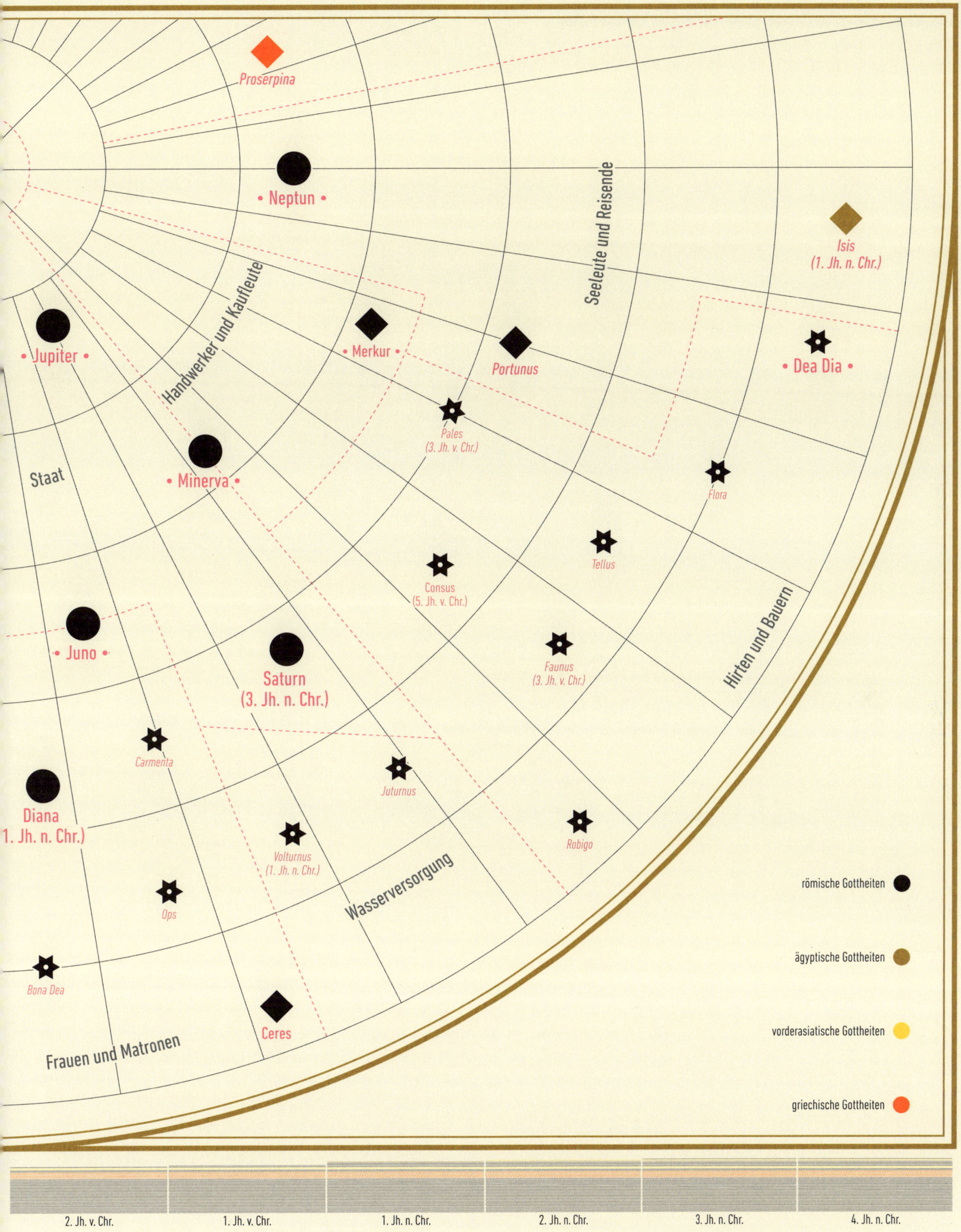
Proserpina
Neptun
Seeleute und Reisende
Isis
(1. Jh. n. Chr.)
Handwerker und Kaufleute
Jupiter
Merkur
Portunus
Dea Dia
Pales
(3. Jh. v. Chr.)
Staat
Minerva
Flora
Tellus
Consus
(5. Jh. v. Chr.)
Juno
Saturn
(3. Jh. n. Chr.)
Faunus
(3. Jh. v. Chr.)
Hirten und Bauern
Carmenta
Juturnus
Diana
1. Jh. n. Chr.)
Volturnus
(1. Jh. n. Chr.)
Robigo
Wasserversorgung
Ops
römische Gottheiten
ägyptische Gottheiten
vorderasiatische Gottheiten
griechische Gottheiten
Bona Dea
Ceres
Frauen und Matronen
2. Jh. v. Chr.
1. Jh. v. Chr.
1. Jh. n. Chr.
2. Jh. n. Chr.
3. Jh. n. Chr.
4. Jh. n. Chr.

Die beiden wichtigsten Typen römischer Tempelbauten

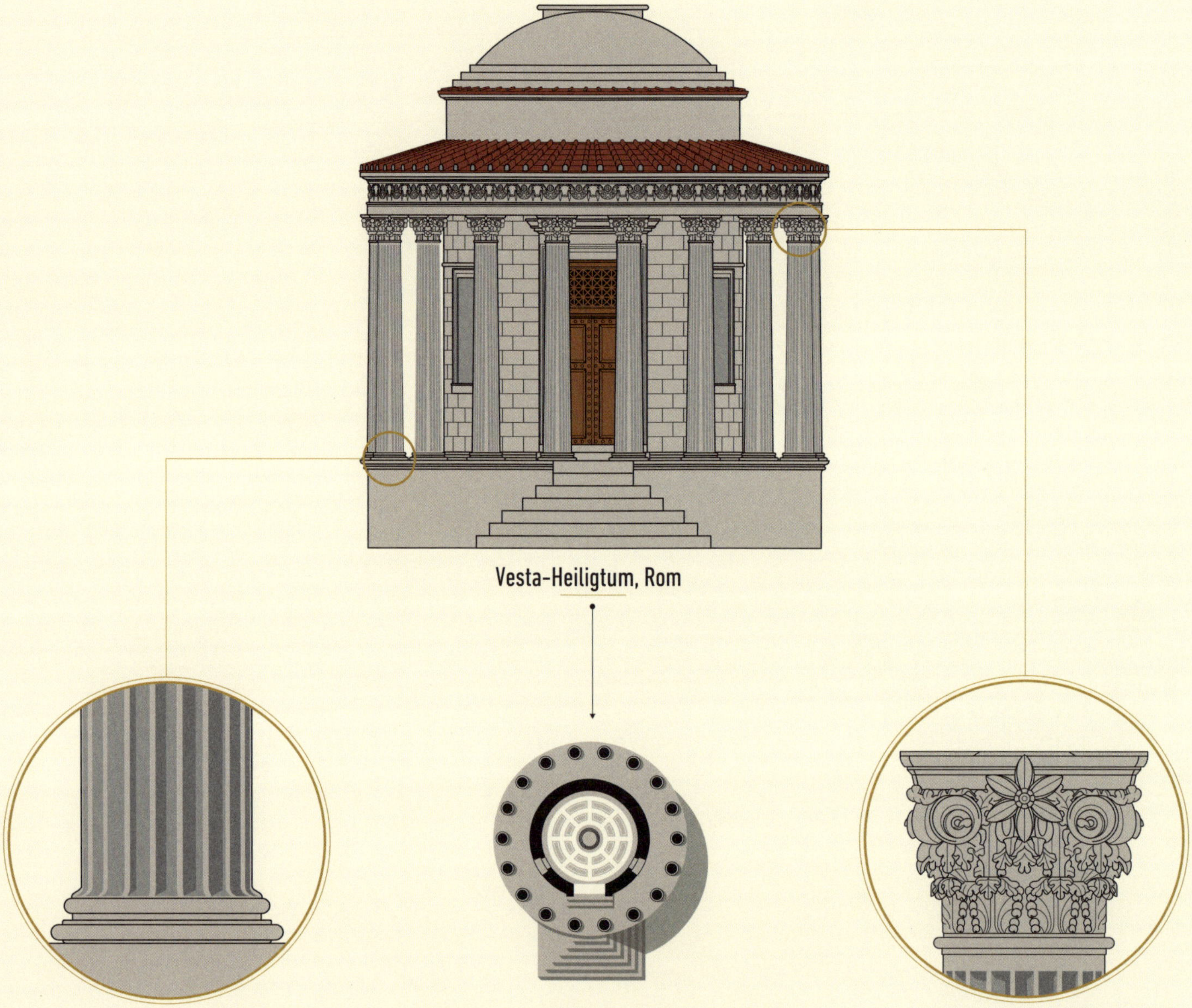

Vesta-Heiligtum, Rom

I. KULTORTE UND OFFIZIANTEN

Die Gottheiten, deren Schutz und Wohlwollen sich der römische Staat sichern wollte, erhielten eine Residenz auf Erden, einen geweihten Raum. Dieser konnte aus einem Altar unter freiem Himmel, aus einem Ädikulum oder einem regelrechten Tempel bestehen. Er war möglicherweise von einem heiligen Hain umgeben oder verfügte über einen heiligen Brunnen.

Die wichtigsten Tempel standen auf den Foren oder in der Nähe, andere waren auf verschiedene Stadtviertel und allgemein im ganzen Stadtgebiet verteilt. Die Tempel waren gewöhnlich rechteckige Bauten und setzten die Form des *templum* fort, des geweihten Bezirks, den der Augur als passend für öffentliche Versammlungen abgegrenzt hatte, daher ihr Name. Sie bestanden aus einem inneren, geschlossenen und erhöhten Kultraum *(cella)*, umgeben von Säulengängen und mit einer Säulenhalle als Eingangsbereich *(pronaos)*, von der wiederum eine Freitreppe hinunterführte. Manche Tempel (etwa der des Jupiter Capitolinus) konnten bis zu drei Cellae haben, die jeweils verschiedenen Gottheiten geweiht waren. Der Altar für die Kulthandlungen stand vor dem Tempel. Der Bereich um den Tempel war mitunter von einem heiligen Hain ausgefüllt. Der gesamte heilige Bezirk war Sterblichen verboten, außer zu Kultfeiern und zum Unterhalt der heiligen Stätten. Eingerahmt war der

Jupitertempel, Ostia

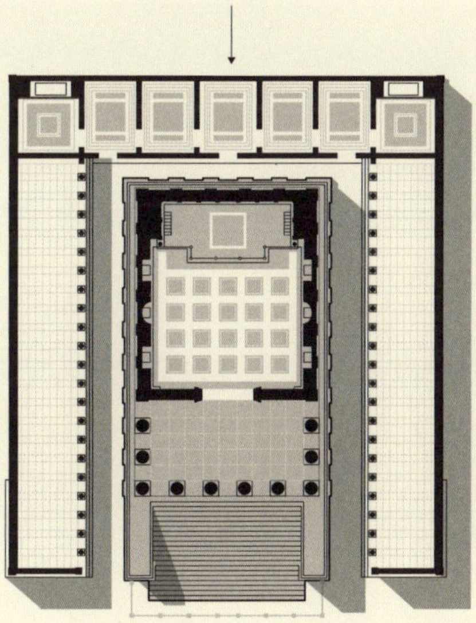

verbotene Bezirk daher oft von Portiken als Unterstand für die Kultteilnehmer und Ort des Opfermahls. Die Portiken waren profan und allgemein zugänglich. Tempel fremder Gottheiten hatten oft besondere Elemente, etwa ein Isis-und-Serapis-Tempel, der einen Brunnen mit »Nilwasser« aufwies.

Auf dem Forum Romanum erhob sich das runde Heiligtum *(aedes)* der Vesta, die das heilige Herdfeuer der Stadt hütete und in gewisser Weise allen öffentlichen Opfern zustimmen musste, denn es scheint, als sei ein Stück jeden öffentlichen Opfers auch auf diesem heiligsten Herdfeuer verbrannt worden. Rundtempel gab es auch noch andere, etwa den des Herkules Invictus im griechischen Stil auf dem Forum Boarium. Der größte bekannte Rundtempel ist das Pantheon, das den zwölf Hauptgöttern geweiht war. In den Militärlagern gab es eine kleine »Kapelle« für die Soldaten.

Die privaten Kultorte waren einfacher gestaltet. In den Wohnhäusern gab es jeweils ein Lararium für die Laren (daher der Name) und die Genien des Familienvaters und der Mutter. Es handelte sich dabei um einen Schrein mit kleinen Kultfiguren oder eine Wandmalerei mit einem Altar davor. Die Ahnenaltäre der Familie, an denen die Manen verehrt wurden, lagen dagegen außerhalb der Stadt.

Bei den Zusammenkünften der Priesterkollegien fand die Kultfeier gewöhnlich vor einem Ädikulum statt. Wiederum ihre eigene Form hatten die Kultorte der auswärtigen Gemeinden, etwa die jüdischen Synagogen.

Die wichtigsten römischen Priester

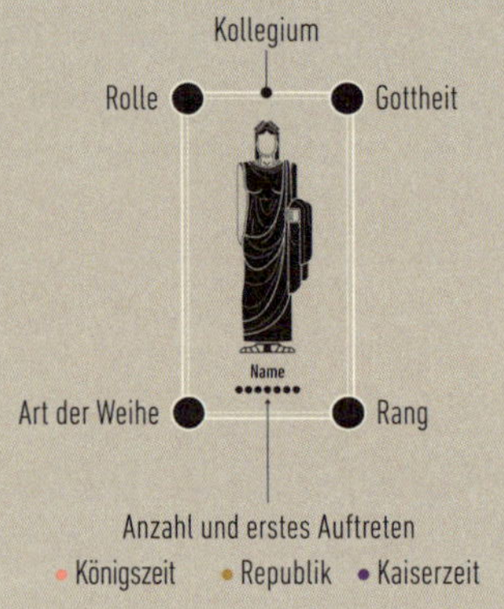

ernennt die Priester

Diplomatie

Vogelschau und Auslegung göttlicher Zeichen

Anwendung und Überwachung der religiösen Gesetze/Überwachung der auswärtigen Kulte

Verehrung eines einzigen Gottes/eines Gottes pro Angehörigen des Kollegiums

Wahl/Zuwahl (Kooptierung)

Feier eines Kultes (seit der Vorzeit/römischer Zeit/Kaiserzeit)

Rang: Ritter, senatorisch, patrizisch, aristokratisch

ÖFFENTLICHE KULTE UND GROSSE PRIESTERKOLLEGIEN

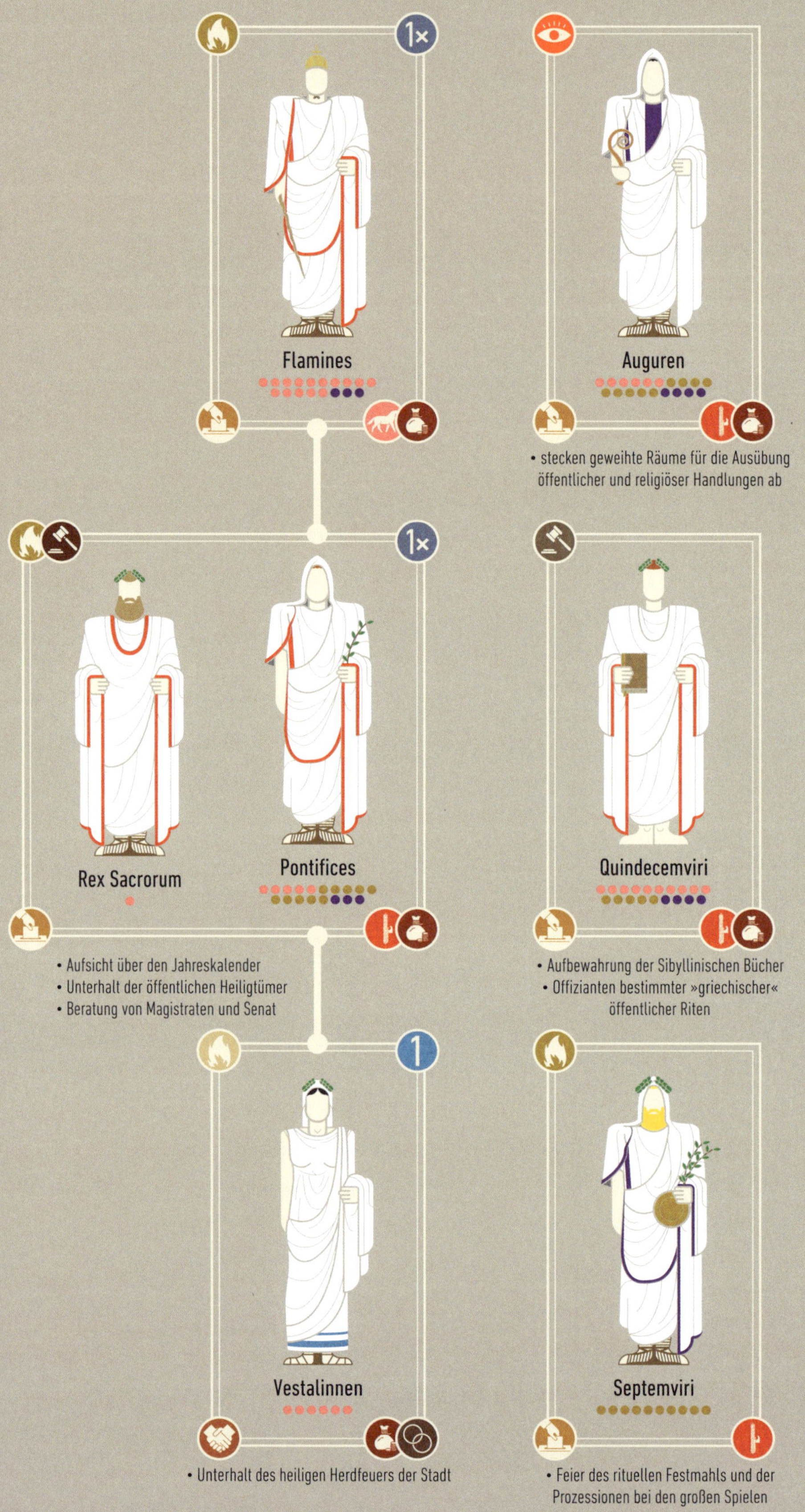

Der römische Festkalender

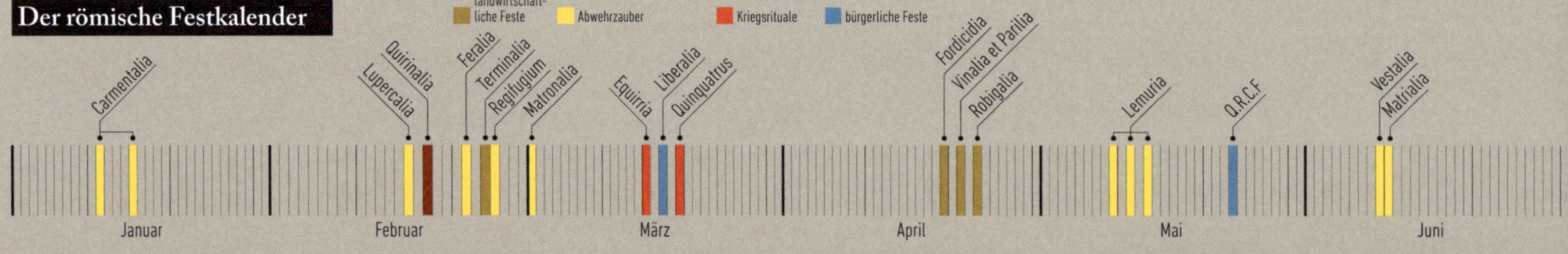

ÖFFENTLICHE KULTE UND KLEINERE PRIESTERKOLLEGIEN

Sodales Augustales

Sodales Titii

Arvalbrüder

Fetialen

- förmliche Beziehungen des römischen Volkes und seiner Götter mit Fremdvölkern
- Feier der Riten bei Kriegserklärung und Friedensschluss

Luperci (x2)

Salierbrüder (2 Sodalitäten) (x2)

- Aufbewahrung des Schildes des Mars
- Ausführung bestimmter Kriegsrituale

PRIVATE UND AUSWÄRTIGE KULTE

Haruspex

Priester/Leiter eines auswärtigen Kults
(hier als Beispiel: jüdischer Rabbiner)

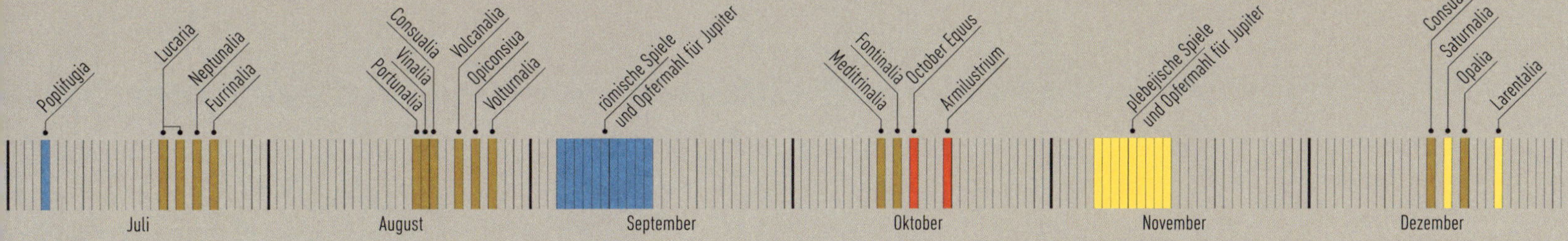

II. ABLAUF EINES GROSSEN FESTES AM BEISPIEL DER SÄKULARFEIER

Die Sibyllinischen Bücher empfahlen nach einem ungünstigen Vorzeichen die Wiedereinführung der frühzeitlichen Säkularfeier, mit der die Ablösung einer Generation *(saeculum)* abgeschlossen und ihren Nachfolgern das Wohl der Götter gesichert werden sollte.

Die Feier wurde von den Quindecimvirn und ausgewählten Matronen unter Anteilnahme aller Römer begangen. Nach verschiedenen Vorbereitungszeremonien begannen die Spiele in der Nacht vom 31. Mai auf den 1. Juni an einem alten Kultort (Terentum oder Tarentum genannt) in der Nähe des Tempels der Unterweltgötter Dis Pater und Proserpina. Auf alle drei Tage der Spiele folgte je eine nächtliche Zeremonie, mit der das Abtreten der vergangenen Generation gefeiert werden sollte, und eine Zeremonie am Tage, die den Auftritt der neuen begrüßte. Bei den drei Nachtzeremonien opferten die Quindecimvirn den Parzen (den drei Schiksalsgöttinnen), den Ilythien (Geburtsgöttinnen) und der Mutter Erde; alle diese Opfer wurden vollständig verbrannt, ohne Opfermahl für die Lebenden. Nach dem Opfer begaben sich die Priester jeweils in ein hölzernes Theater auf dem Terentum, um dort an szenischen Spielen teilzunehmen. Währenddessen feierte vor der Juno-Cella des Jupitertempels auf dem Kapitol die Gattin des Kaisers gemeinsam mit 109 von den Priestern ausgewählten Matronen jede Nacht ein Opfermahl

Ablauf der Säkularfeier
204 n. Chr.

Biga
Zweirädriger Rennwagen, zweispännig

Victimarius
Opferpriester

Zeichenerklärung:

- Vorbereitung der Opfer
- Opferung
- Opfermahl
- Kultaufführung
- Pantomimus
- Wagenrennen
- Schaujagden auf exotisches Wild
- Gebet/Fürbitten
- Vortrag der Säkularhymne
- Verordnungen und Bekanntmachungen
- Zusammenkunft der Quindecimvirn
- Auslosung durch die Priester
- Vorbereitung
- Belohnung für die Kinder, die die Säkularhymne vortragen

- Jupiter Optimus Maximus
- Juno
- Minerva/Diana
- Apollo
- Mars
- Divus Augustus
- Parzen (3 Schicksalsgöttinnen)
- Mater Magna
- Mutter Erde
- Herkules
- Ilythien (3 Geburtsgöttinnen)

- Kaiser
- Quindecimvirn
- Kaiserin Iulia Domna und 109 Matronen
- Vestalinnen
- 27 Jungen und Mädchen
- Zirkusakrobaten, Pantomimen und Priester
- nehmen teil

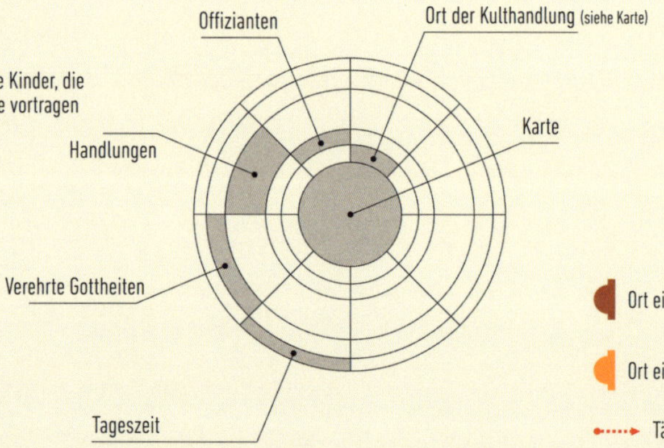

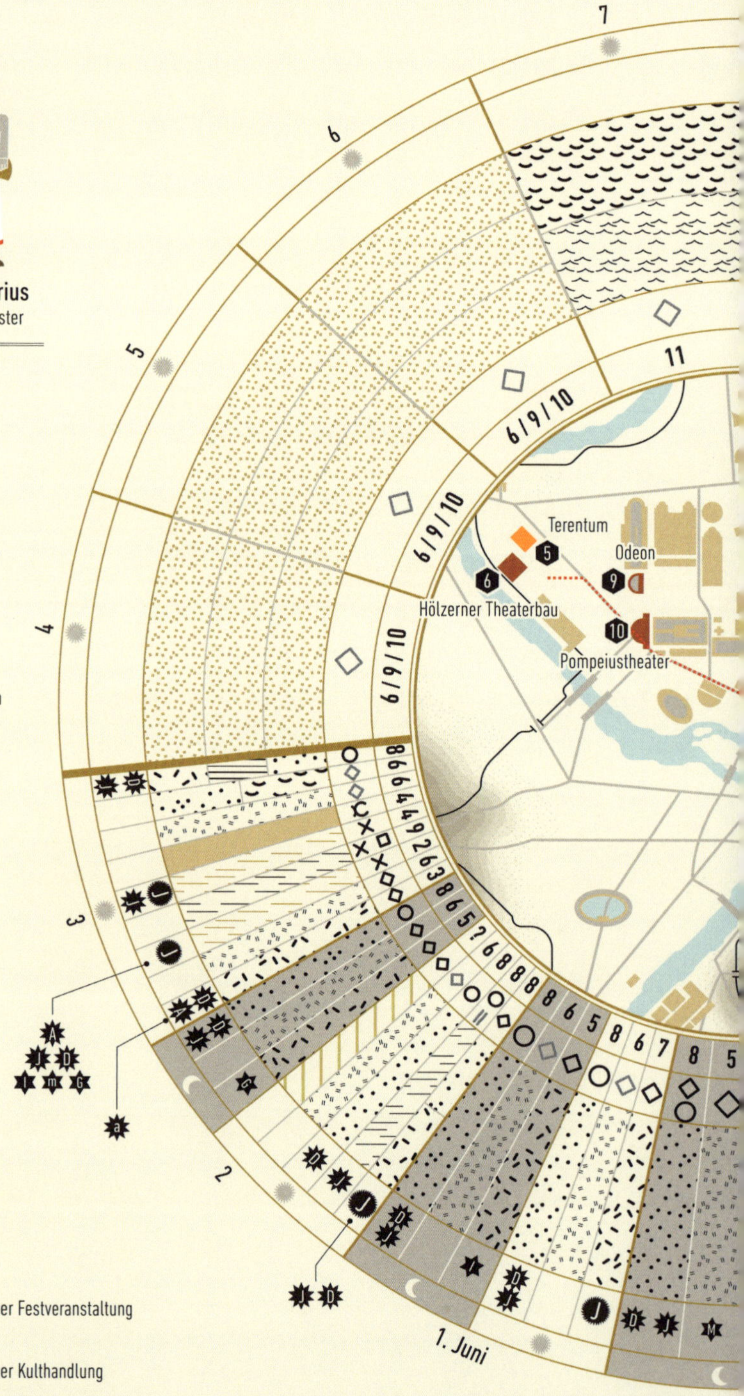

- Ort einer Festveranstaltung
- Ort einer Kulthandlung
- Täglicher Prozessionsweg

(sellisternum) für Juno und Minerva. Am Morgen nach jeder der drei Nächte opferten die Quindecimvirn jeweils auf dem Kapitol: am 1. Juni dem Jupiter, am 2. Juni der Juno und der Minerva, und am 3. Juni auf dem Palatin dem Apollo und der Diana. Jeden Tag nahmen sie außerdem im hölzernen Theater an zwei kultischen Aufführungen teil, während auf dem Kapitol die 109 Matronen ein weiteres Opfermahl für die beiden Göttinnen feierten. Am zweiten Tag führte der Kaiser die Matronen in der Begleitung zweier Vestalinnen bei einem Bittgang zur Juno. Am Morgen des 3. Juni kehrten die Priester nach weiteren Opfern und kultischen Aufführungen zum Tempel des Apollo und der Diana zurück, wo 27 Jungen und 27 Mädchen die Säkularhymne vortrugen. Danach begaben sie sich mitsamt den Knaben und Mädchen sowie den Akrobaten und Pantomimen der abschließenden Kultaufführungen auf das Kapitol, wo die Kinder die Säkularhymne vor dem Jupitertempel erneut vortrugen. Nachdem die Kinder ihre Belohnung erhalten hatten, schlossen die Priester die Kultaufführungen ab und leiteten anschließend ein Wagenrennen in einem provisorischen Zirkusbau nahe dem Holztheater. Währenddessen opferten die 109 Matronen wieder der Juno und der Minerva, und während des Opfermahls trugen die Kinder auch ihnen die Säkularhymne vor und erhielten erneut Belohnungen, diesmal von den Matronen. Zwei zusätzliche Kultaufführungen fanden am 4. und 6. Juni statt, woraufhin die Festspiele am 7. Juni mit Wagenrennen und Schaujagden schlossen.

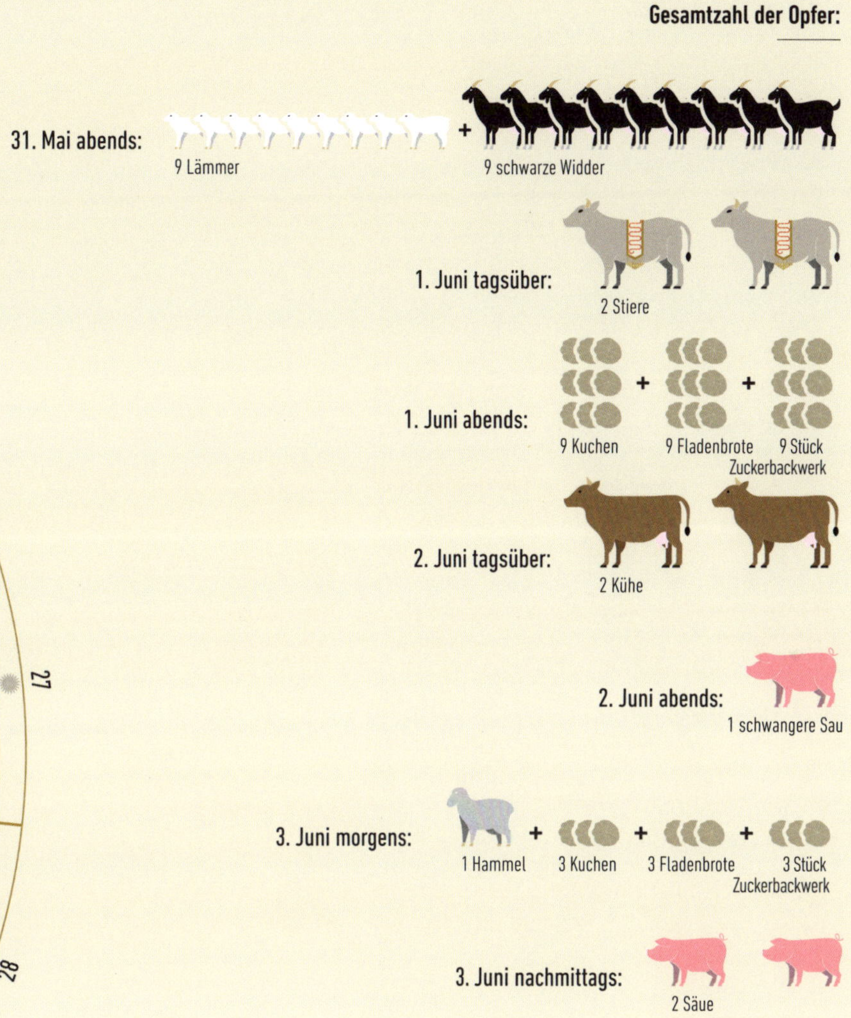

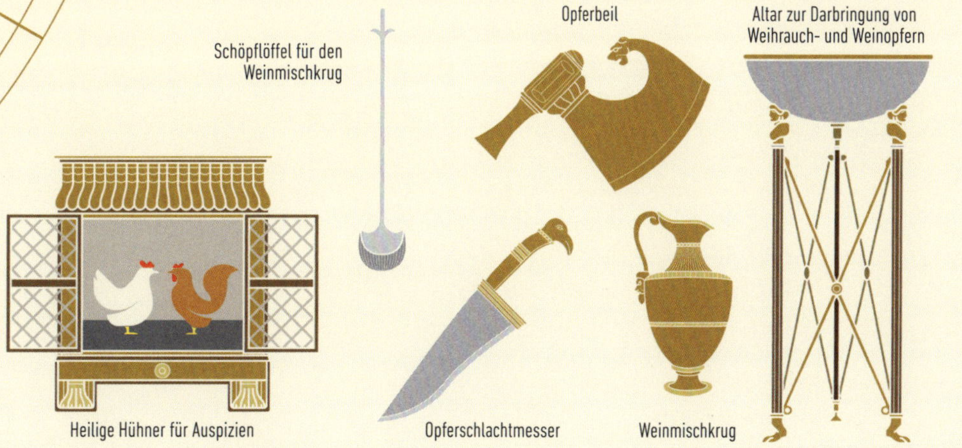

III. DIE JÜDISCHEN GEMEINDEN UND DIE AUSBREITUNG DES CHRISTENTUMS

Seit dem 1. Jh. v. Chr. gab es in Rom wie auch in zahlreichen anderen Städten jüdische Gemeinden, die wie andere fremde Religionen das Recht hatten, ihre Kulthandlungen zu feiern und nach ihrem religiösen Gesetz zu leben. Der Aufstand der Judäer gegen die römischen Besatzer ab 65 n. Chr. endete mit einer Katastrophe: 70 n. Chr. wurde der jüdische Tempel in Jerusalem zerstört, was das Judentum für immer veränderte. Von der Staatsreligion eines Königreichs, mit Priesterstand und Tempel, wurde es zur Religion eines kleinen Teils der römischen Bevölkerung. Ab dem Jahr 71 beschränkte es sich auf die Synagogen, in denen die Gemeinden zu Gebeten, Lesungen, Ritualen und Festen zusammenkamen, und auf Privathäuser.

Anfang des 1. Jh. breitete sich die jüdische Reformbewegung des Wanderpredigers Jesus von Nazareth in Judäa aus. Auf Betreiben der Tempelpriester ließ der römische Präfekt in Judäa den Wanderprediger festnehmen und hinrichten. Dank der Missionare, wie Paulus von Tarsus, der Jude und römischer Bürger war, starb der Kult der Christen jedoch nicht aus, sondern gründete neue Gemeinden überall im Römischen Reich, vor allem in den Großstädten. Im Jahr 90 trennte sich das Christentum vom Judentum, aber erst Anfang des 2. Jh. wird ausdrücklich der Begriff Christen genannt, nämlich bei Tacitus in seiner Schilderung der Niederschlagung des jüdischen Aufstands 70 n. Chr. Plinius der Jüngere, damals Statthalter in Bithynien und Pontus, ging in einem dienstlichen Brief an Kaiser Trajan genauer auf die Ausbreitung der Bewegung und die Haltung der Römer ihr gegenüber ein. Die Beschuldigung, Christ zu sein, genügte für ein Todesurteil; Trajan bremste den Eifer der Denunzianten, indem er sie zur selben Strafe verurteilte, falls sie ihre Anschuldigung nicht beweisen könnten. Trotz vereinzelter Kampagnen wurden die Christen jedoch nie planmäßig und dauerhaft verfolgt. Im Allgemeinen wurden nur Provokateure, die es ablehnten, den staatlichen Kaiserkult zu zelebrieren, wegen Majestätsverbrechen angeklagt und hingerichtet, sofern sie nicht öffentlich ihrer Religion abschworen.

Trotz aller Anfeindungen breitete sich das Christentum immer weiter aus. Eine Umwälzung in der Haltung Roms zur neuen Religion ergab sich durch die Krisenzustände im späteren 3. Jh., als der Staat die Christen teilweise brutal verfolgte. Der neue (christliche) Kaiser Konstantin verkündete dann 312 den Kirchenfrieden. Die Kirche wandelte sich im Lauf eines Jh.s von einer Untergrundbewegung zur Staatsreligion mit großen Basiliken und Kirchenbauten, spaltet sich dabei aber bereits in ideologische und regionale Konfessionen und Teilkirchen auf.

Menorah
(jüdisch)

Fisch und Kreuz
(christlich)

Ausbreitung des Christentums (in Prozent der Gesamtbevölkerung des Römischen Reichs)

1. 177 Christenverfolgungen im Römischen Reich
2. 202 Verbot aller christlichen und jüdischen Missionstätigkeit
3. 250 Christenverfolgungen (Tod des hl. Cyprian)
4. 260 Toleranzedikt für die Christen
5. 301 Armenien nimmt mit der Bekehrung König Tiridates' IV. durch Gregor I. Illuminator als erste Nation das Christentum als Staatsreligion an.
6. 303 Erneute Christenverfolgungen
7. 311 Edikt von Kaiser Maximianus Galerius (Toleranz für die Christen)
8. 312 Christenfeindliches Edikt des Maximinus II. Daja
9. 313 Toleranzedikt von Mailand
10. 331 Das Inventar der heidnischen Tempel wird beschlagnahmt.
11. 341 Erstes Verbot heidnischer Opferfeiern
12. 356 Im Oströmischen Reich werden heidnische Opfer verboten und die Tempel geschlossen.
13. 361 Wiedereinführung des Heidentums und Maßnahmen gegen die Christen
14. 381 Zweites Konzil von Konstantinopel: Erneuerung des Verbots heidnischer Opfer
15. 382 Der Polytheismus wird als Staatsreligion abgeschafft. Aus dem römischen Senat wird der Altar der Victoria entfernt.
16. 385 Verbot heidnischer Opfer und der Eingeweideschau
17. 386 Zerstörung der Tempel in Syrien, Ägypten und Nordafrika
18. 391 Verbot des traditionellen Privatkults in Rom
19. 392 Verbot des traditionellen polytheistischen Kults im ganzen Reich
20. 399 Zerstörung der heidnischen Tempel auf dem Lande und des Tempels der Dea Caelestis
21. 435 Erneuerung des Verbots heidnischer Opferfeiern

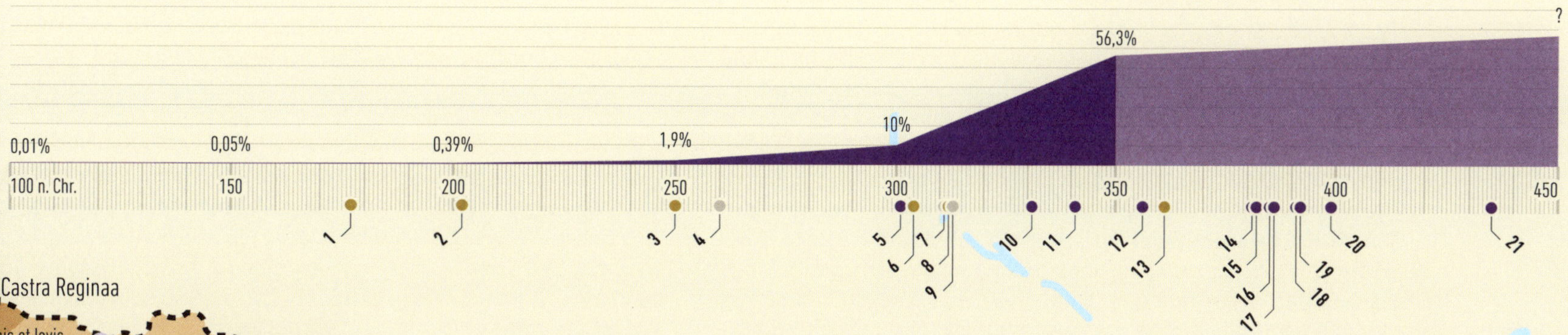

DIE RÖMISCHE

Mit den Kriegen in der republikanischen Epoche war es Rom gelungen, zunächst das westliche und anschließend, im 2. und 1. Jh. v. Chr., auch das östliche Mittelmeerbecken und die umgebenden Länder zu erobern und zu befrieden. Dadurch konnte man ab etwa der Zeitenwende ungefährdet im gesamten Reich herumreisen, von Gibraltar bis zum Schwarzen Meer, von Schottland und von Rhein und Donau bis in die Sahara. Daraus entstand, wenn man den Begriff mit dem gebührenden Vorbehalt gebraucht, die erste Weltwirtschaft, die sich zwei Jahrhunderte lang weiterentwickeln konnte, bis sie Mitte des 3. Jh. durch politische Krisen und Einbrüche von außen wieder unterging. Auch nach der Rückkehr stabiler und relativ friedlicher Zustände Anfang des 4. Jh. blühte die römische Wirtschaft nie wieder so auf wie zuvor, weil germanische und andere Wandervölker von Rhein und Donau her das Reich unter steten Druck setzten und sich die Hauptstadt in die reichere Hälfte des Imperiums, nach Konstantinopel, verlagerte. Ab dem 5. Jh. zerfiel das Westreich, und seine Wirtschaftsleistung ging rapide zurück.

Die antike Wirtschaft als Ganzes ist seit langem Gegenstand theoretischer Diskussionen, vor allem wegen der Unergiebigkeit der Quellen. Literarische Texte sind gewöhnlich unklar, was wirtschaftliche Zusammenhänge angeht. Rohe Fakten liefert uns zwar die Archäologie in immer stärkerem Maße, aber ihre Auslegung bleibt schwierig. Wem gehörten die ausgegrabenen Wirtschaftsunternehmen? Wie wurden Güter bewirtschaftet und Werkstätten betrieben? Welche Gewinne warfen sie ab? Die besterhaltenen Zeugen, keramische Gefäße aller Art, werfen andere schwierige Fragen auf: Waren sie Produktion erster Wahl oder Ausschuss? Stellen die Amphoren, die man zu Tausenden in Schiffswracks und Ausgrabungsstätten

I. DIE FUNKTIONSWEISE DER RÖMISCHEN WIRTSCHAFT

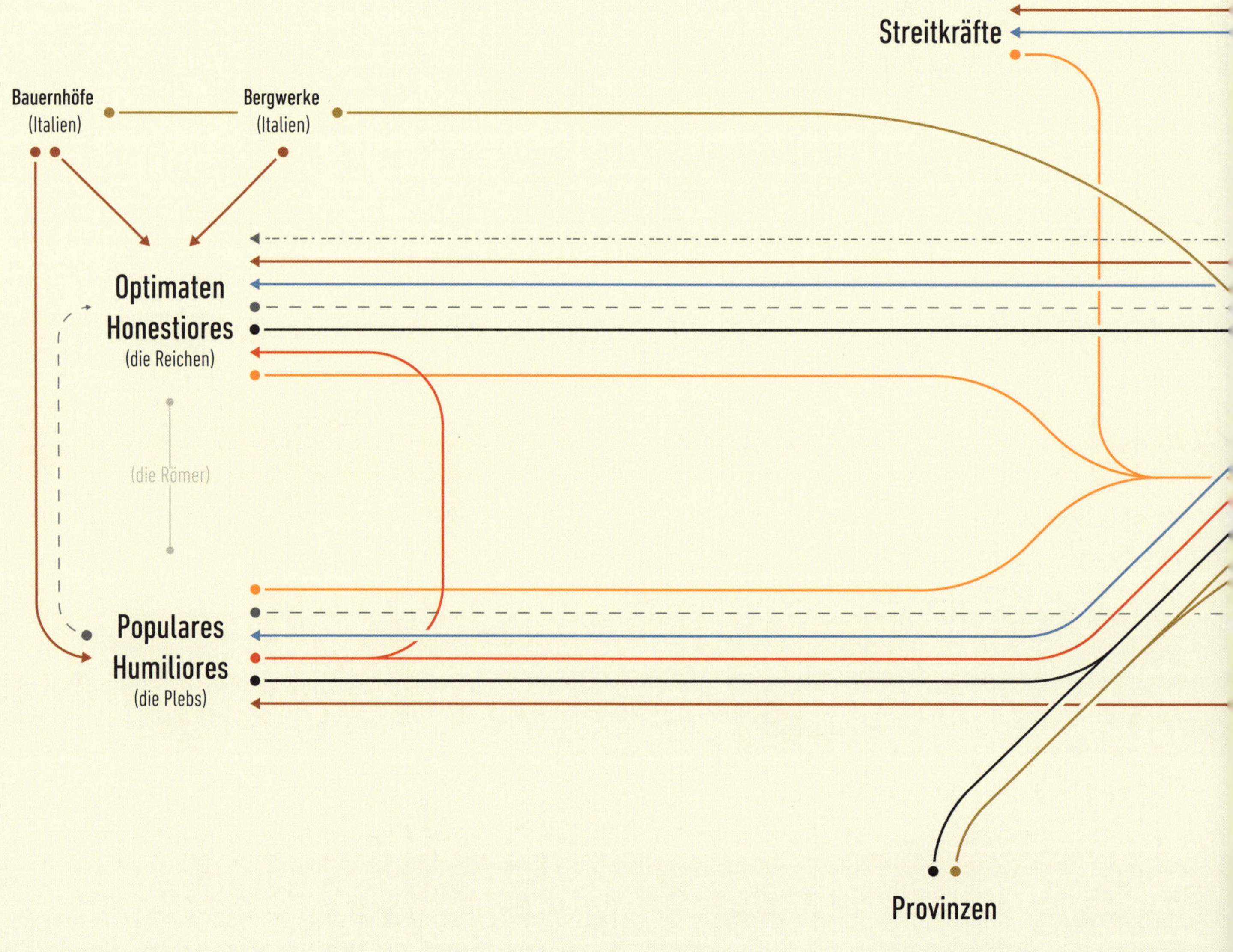

WIRTSCHAFT

findet, ein verwertbares Zeugnis für den Umfang des Wein- und Olivenanbaus dar? Das glaubte man lange Zeit für den Weinbau, bis sich herausstellte, dass die Römer auch hölzerne Fässer kannten, die kaum je erhalten sind.

Grund und Boden waren im Altertum mit fast 6% Rendite die beste Geldanlage, aber die antiken Schriften zeigen, dass die Landwirtschaft nicht besonders rationell organisiert war. Außerdem kamen ihre Produkte zum Großteil nicht in den Handel, sondern dienten der Selbstversorgung (Subsistenzwirtschaft). Handel und handwerkliche Produktion hatten nach unseren Kenntnissen immer einen marginalen Anteil am Wirtschaftsaufkommen, und lediglich Herstellung und Vertrieb von Luxusgütern (Edelsteine, Perlen, Parfüms, Gewürze) brachten vermutlich einen hohen Gewinn ein. Bei der Grundversorgung – Öl, Wein, Geschirr – gab es nur selten Umsatzsteigerungen, etwa gegen Ende der republikanischen Zeit, wie auch zu Beginn der Kaiserzeit, als große Gebiete in Nordafrika und Westeuropa urbar gemacht wurden. So bleiben viele Fragen unbeantwortet, noch ohne die Grenzen zu erwähnen, die uns chronologische und geografische Überlieferungslücken setzen. Die theoretischen Positionen der Studien zur antiken Wirtschaft schwanken zwischen einer primitivistischen Auffassung (M. Finley, P. Garnsey), in der sich die Wirtschaft völlig der Kultur und der Politik unterordnet, und einer modernistischen, die die antike Ökonomie wie einen modernen Wirtschaftsraum analysieren will. Mit den Arbeiten von C. Nicolet und P. Veyne hat sich ein dritter Weg herausgebildet, der die grundsätzlich andere Denkweise der Menschen in der Antike anerkennt, aber Bedarf und Produktion trotzdem in konkrete Zahlen fassen will.

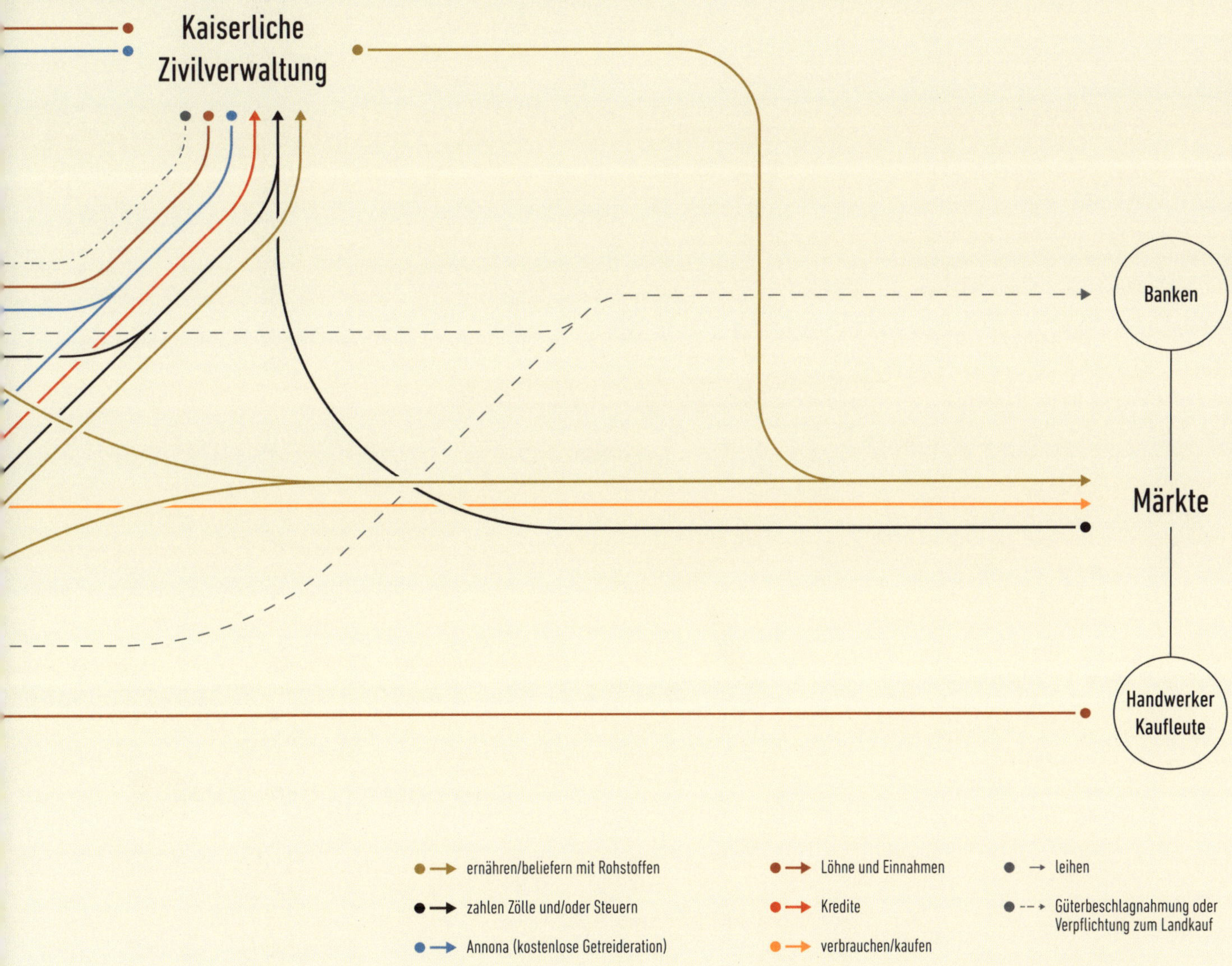

II. DER BEDARF ROMS, ITALIENS UND DES REICHES

Die Wirtschaft der republikanischen Zeit beruhte im Wesentlichen auf der Befriedigung vorhandener Bedürfnisse, insbesondere in der Nahrungsbeschaffung. Die Versorgung Roms mit Lebensmitteln war ein politisches Problem; jede größere Störung konnte zu Aufständen der Plebs führen. Ein Teil der wirtschaftlichen Aktivität richtete sich daher auf die Verteilung von Weizen und später auch Öl außerhalb des regulären Handels. Die Annona genannte kostenlose Getreideverteilung an die Armen Roms wurde vom Staat und der Aristokratie finanziert. Wie wichtig die Annona für das kaiserzeitliche Rom war, sieht man am raschen Bevölkerungsschwund in der alten Hauptstadt nach der Gründung Konstantinopels im 4. Jh. Ähnliche Einrichtungen gab es für andere große Städte im Reich, jeweils vom örtlichen Adel organisiert, der die Versorgung durch seine eigenen Güter und kostenlose Verteilung an seine jeweilige Klientel sicherte.

Die römische Wirtschaft kannte kein freies Spiel der Kräfte. Traten Krisen auf, griff in der Republik der Senat, später der Kaiser von Fall zu Fall ein. Die Kaiser gewährten den Händlern und Reedern, die Getreide nach Rom verschifften, fiskalische und rechtliche Privilegien. Ein Großteil des Bedarfs an handwerklichen Erzeugnissen wurde lokal und regional von ansässigen Handwerkern gedeckt, aber bestimmte Erzeugnisse – Keramikgefäße, Mauer- und Dachziegel, Metalle, Marmor – wurden weit transportiert und verweisen auf wirtschaftliche Vernetzungen, ohne uns jedoch unbedingt über die wirklichen Warenströme oder Handelsrouten zu informieren. Dach- und Mauerziegel konnten z. B. während einer Seereise als Ballast dienen; wenn sich etwa Ziegel, die als Nebenprodukt auf einem großen Gut in Latium gebrannt wurden, in Nordafrika verbaut wiederfinden, heißt das nicht, dass es einen florierenden Ziegelexport aus Italien nach Nordafrika gegeben hätte. Zum Beispiel sagen uns die Kennmarken auf den Ziegeln, dass die Legionen sie in großer Menge für ihren eigenen Bedarf und die öffentlichen Gebäude in den Nachbarstädten der Garnisonslager selbst herstellten. Ab dem Ende des 1. Jh. n. Chr. waren die Ziegellieferungen hauptsächlich für die großen kaiserlichen Bauten in Rom bestimmt (Thermen, Tempel, Foren, Portiken), wozu rasch sämtliche Ziegeleien in Beschlag genommen wurden. Am meisten in den Fernhandel kamen wohl Marmor, Granit und Metalle, aber die besten Sorten dienten fast ausschließlich öffentlichen Bauprojekten, und Steinbrüche und Bergwerke waren oft kaiserlicher Besitz.

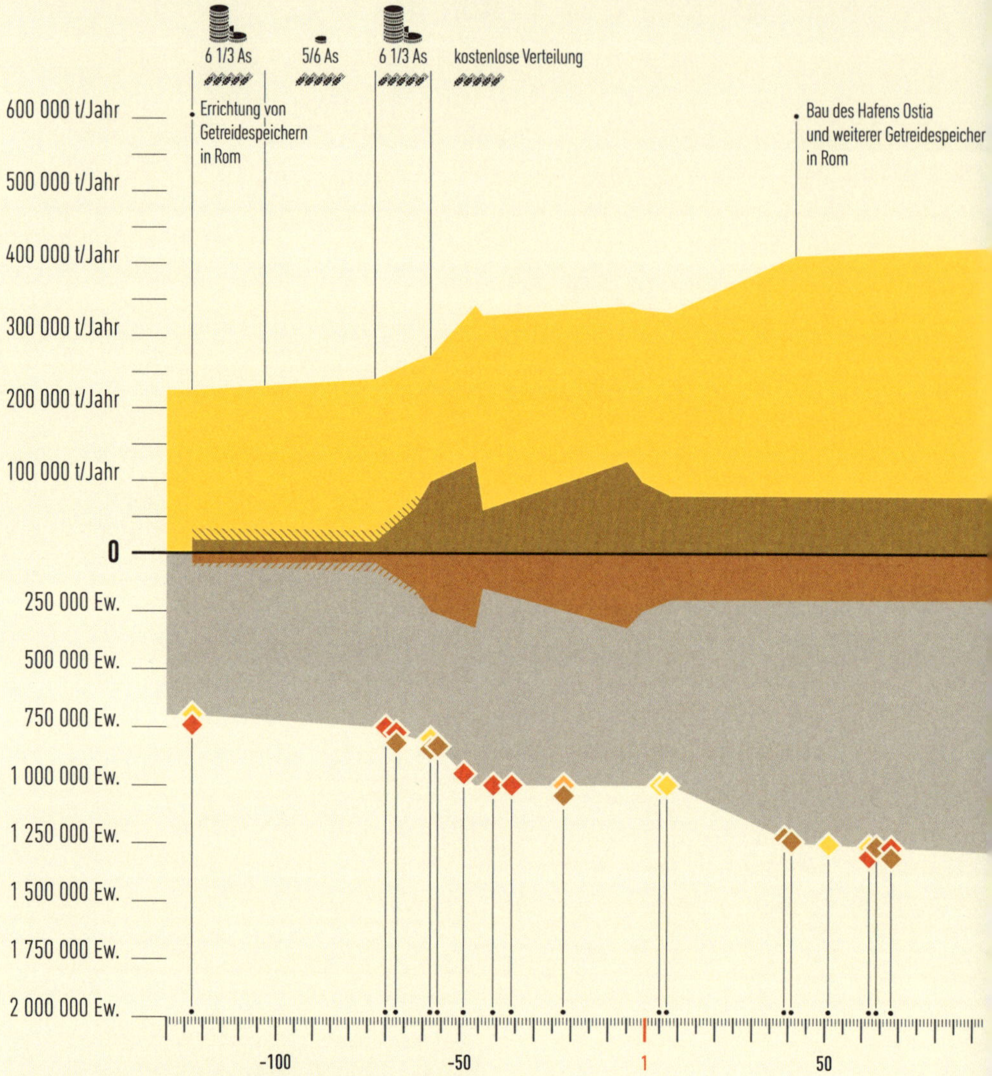

Wichtige Getreidelieferungen nach Rom
am Beispiel Siziliens 73 v. Chr.

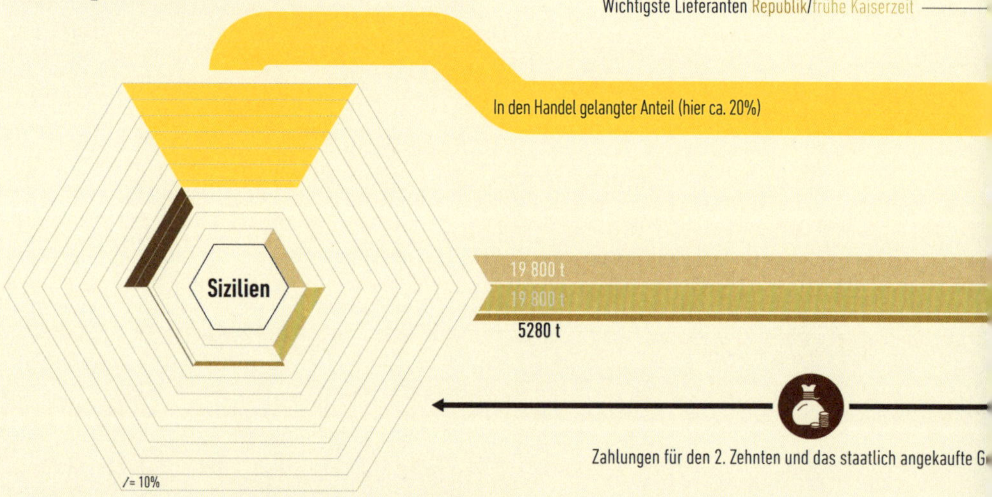

Verteilung der Getreideproduktion Siziliens (geschätzt)

- 1. Zehnt/Zoll (10%)
- 2. Zehnt/Preis 3 Sesterzen/Modius (10%)
- staatlicher Ankauf/Preis 3,5 Sesterzen/Modius (2,5%)
- Abschöpfung durch Präfekten (ca. 0,7%)
- als Saatgut zurückbehalten (ca. 12,5%)
- in den örtlichen Verkauf/als Reserve eingelagert/in den Export (ca. 6

Der Getreidebedarf Roms (geschätzt)

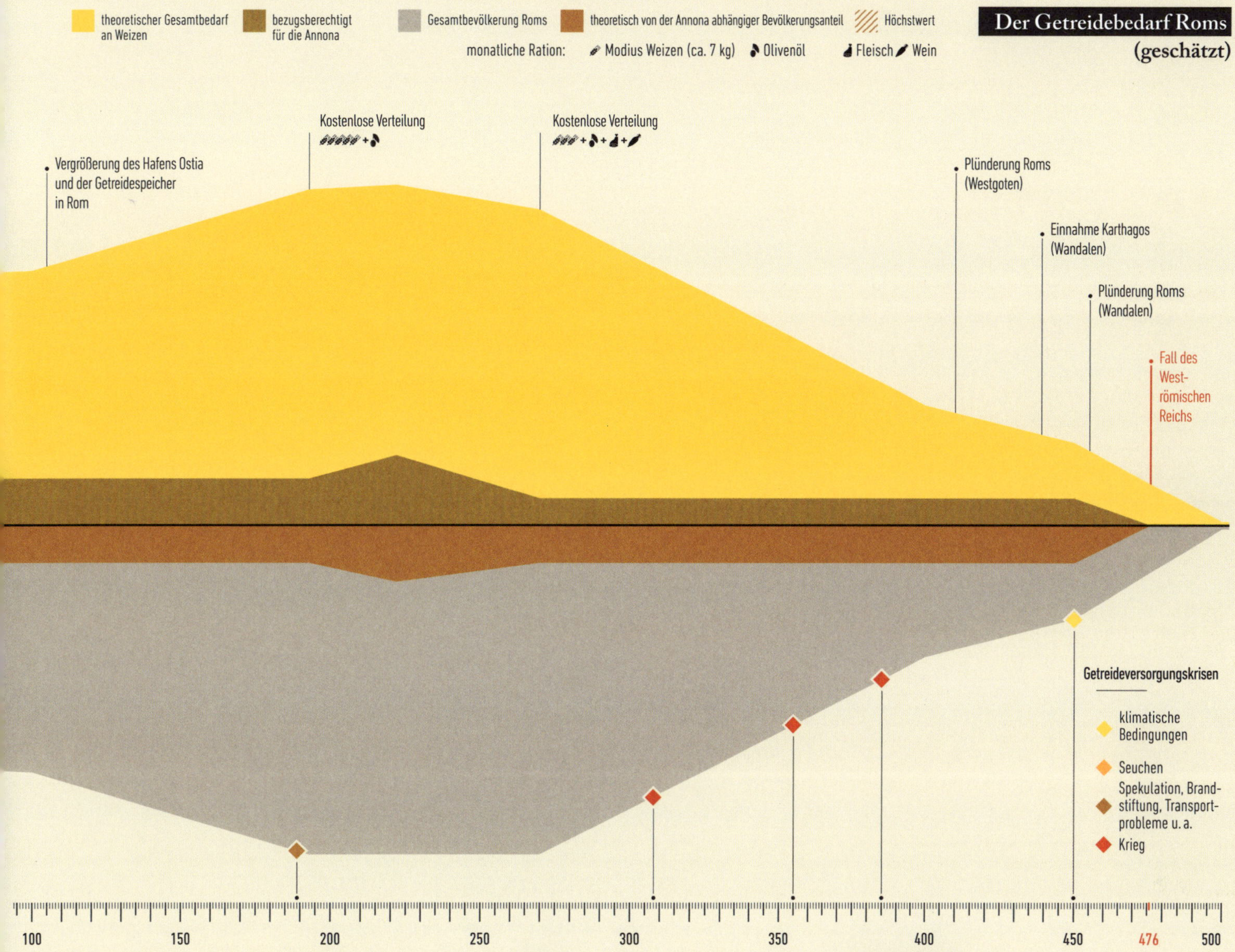

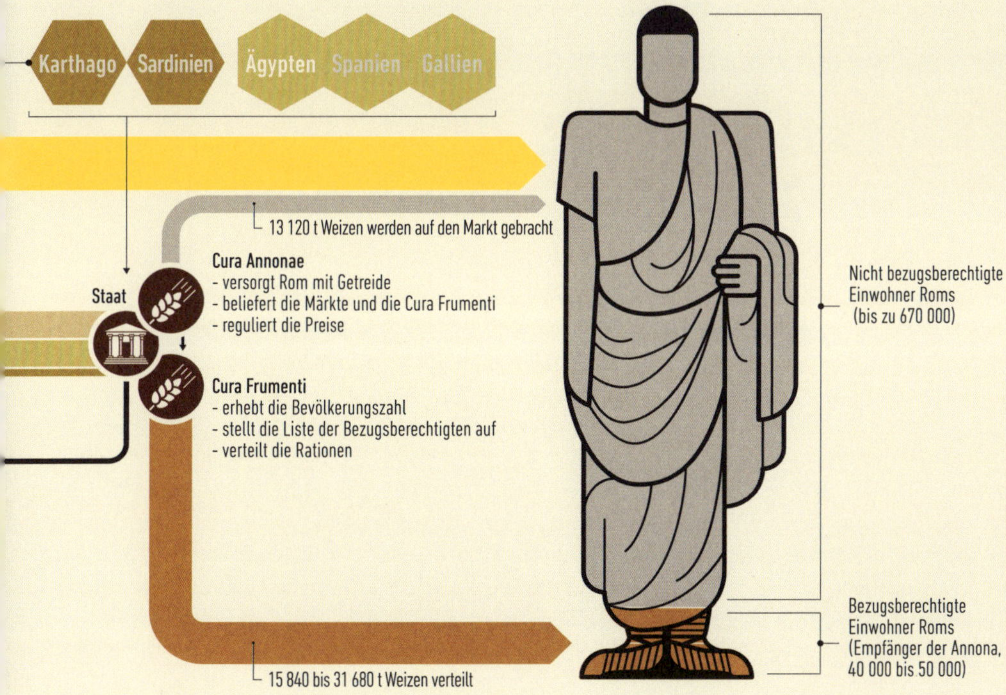

Bodenertrag
je 135 kg Saatgut

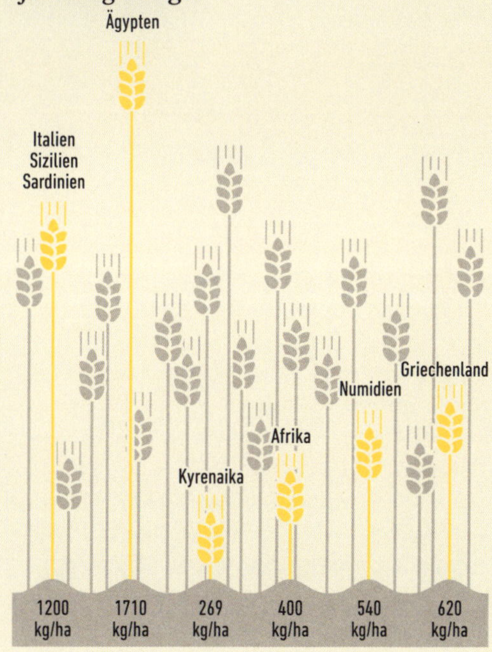

Zwei Phasen des römischen Geldsystems

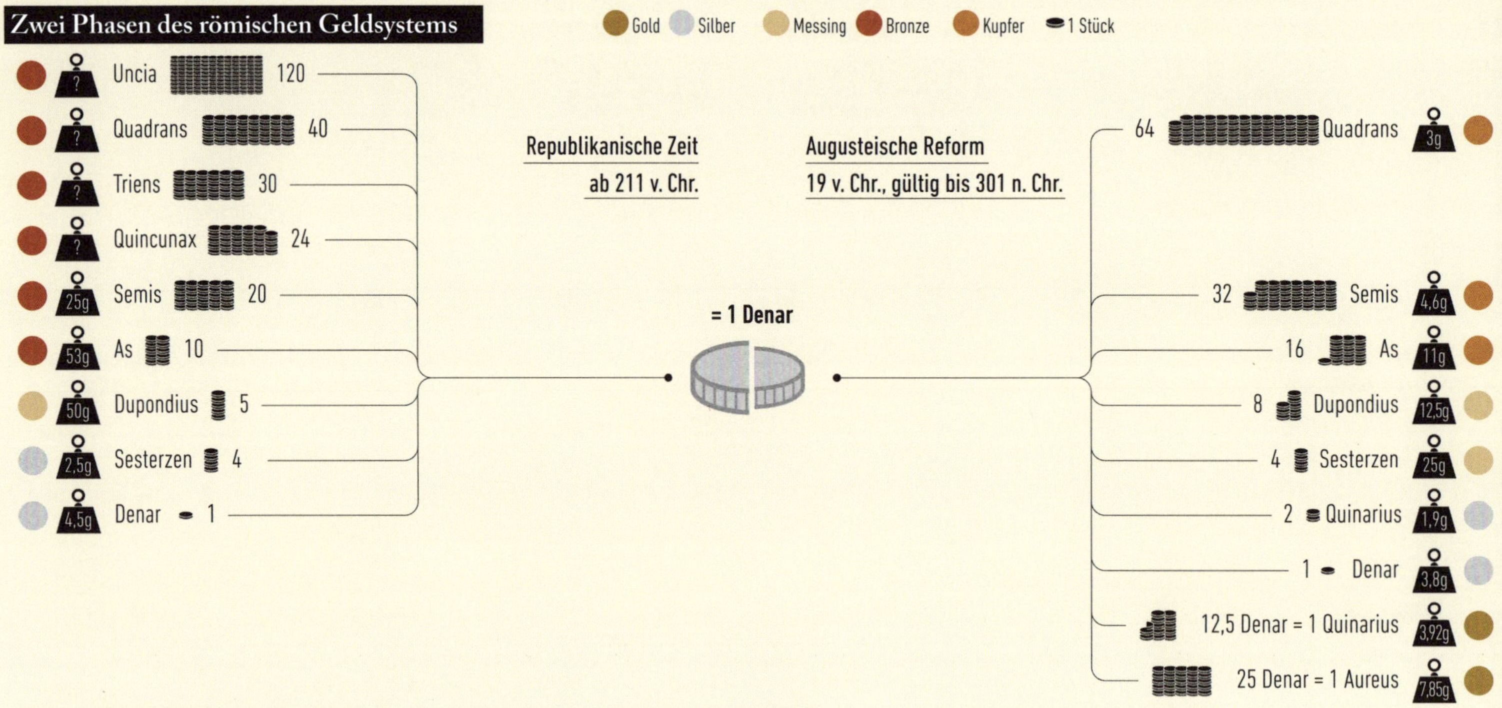

Geldentwertung und Geldverschlechterung am Beispiel des Silberdenars
(Gewicht und Silberanteil der einzelnen Münze)

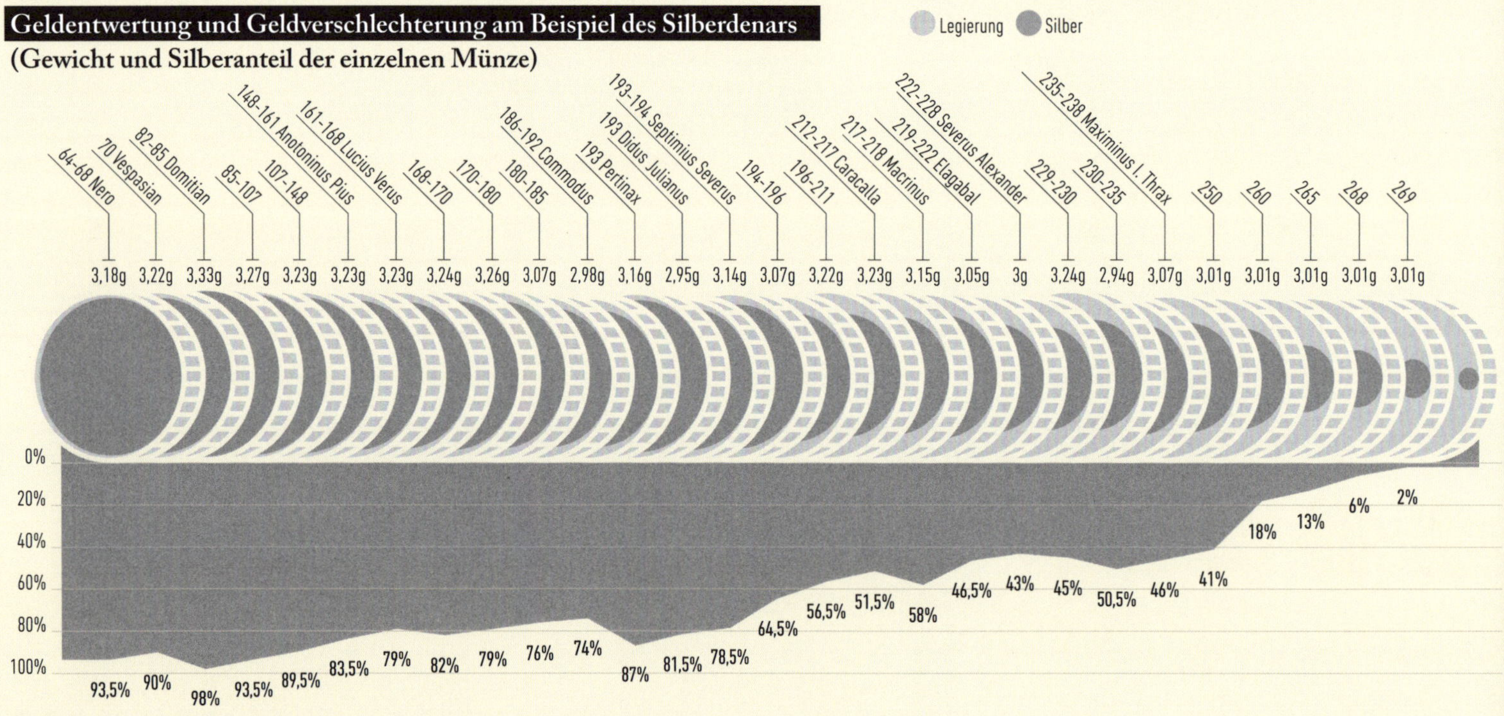

Das römische Währungssystem durchlief vier wichtige Phasen. Bis zum 4. Jh. v. Chr. liefen Rohbronzebarren als Geld um, danach gegossene Bronzestücke mit figürlichen Darstellungen, sogenanntes Schwergeld *(aes grave)*, die in Pfund gemessen wurden. Ende des 3. Jh. v. Chr., während des 2. Punischen Kriegs, gab sich Rom, um Soldzahlungen leisten zu können, ein Währungssystem mit Silber- und Bronzemünzen nach griechischem Vorbild. Die dritte Phase umfasst die ersten drei Jahrhunderte der Kaiserzeit, in denen das System nach einer Reform 19 v. Chr. stabil blieb. Die Silber- und die von Cäsar eingeführten Goldmünzen wurden durch eine Reihe von Münzen mit Bruchteilen ihres Nennwertes in weniger edlen Metallen ergänzt. Bronze als Münzmetall wurde aufgegeben. Der Sesterz, in der Republik eine kleine Silbermünze, wurde nun in einer messingähnlichen Kupfer-Zink-Legierung geprägt, das As in reinem Kupfer. Der Sesterz wurde zur grundlegenden Wertangabe in der römischen Wirtschaft, während der Denar hauptsächlich zur Sold- und Zensusklassenberechnung diente.

Im Lauf der Zeit griff jedoch Geldentwertung um sich, die immer rascher zunahm. Unter Septimius Severus sank der Silbergehalt des Denar von 70% auf 50%. Caracalla führte 215, um seinen Truppen die versprochene Solderhöhung auszahlen zu können, eine neue Münze ein, den Antoninianus im Gewicht von anderthalb Denar und 50% Silbergehalt. Der Antoninianus verlor laufend an

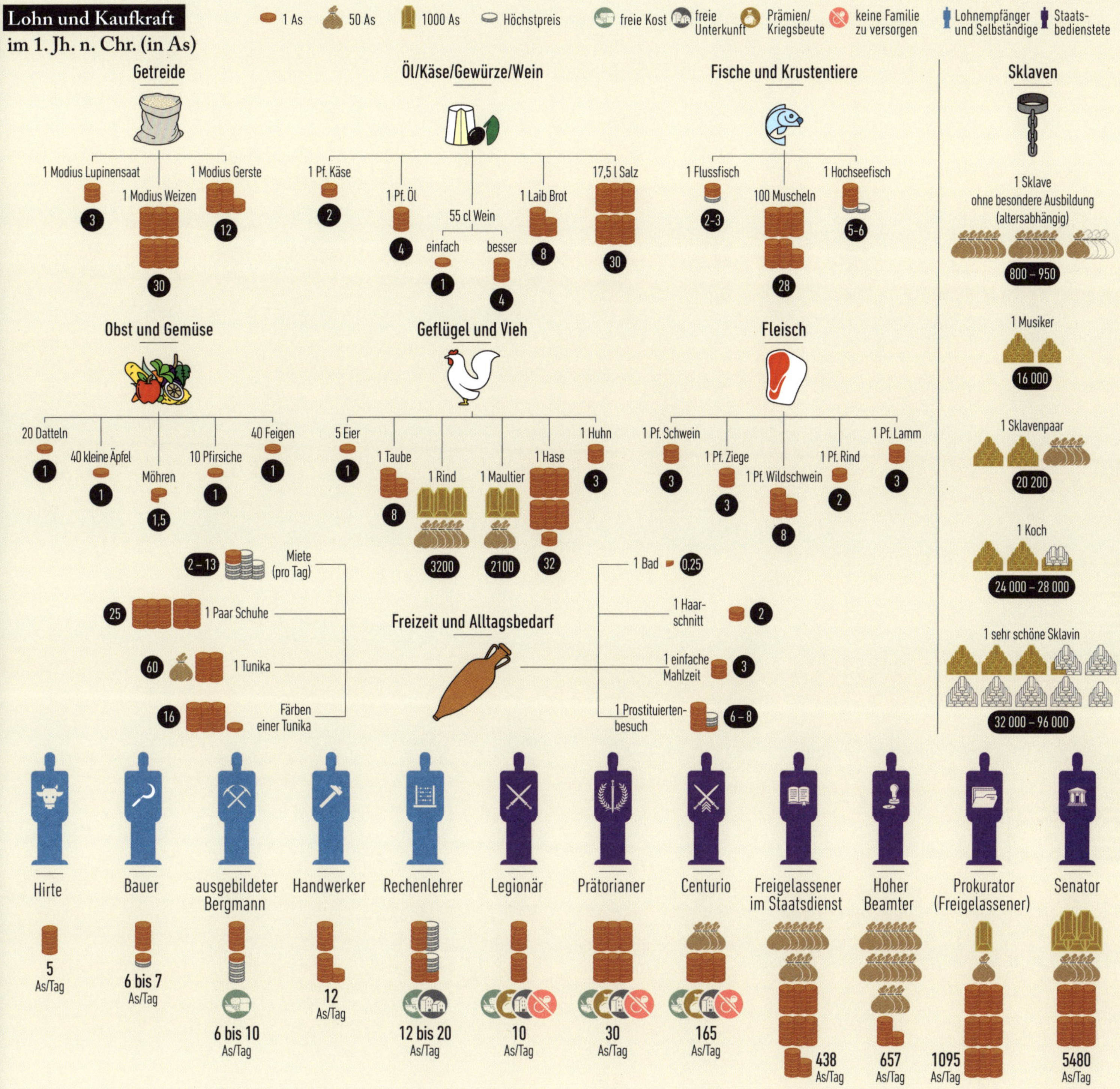

Metallwert, bis er unter Claudius Gothicus (268–270) nur noch 3% bis 4% Silber enthielt und damit praktisch zur Bronzemünze wurde. Der Sesterz im Wert eines Achtel-Antoninian, wurde kaum noch geprägt.

Ende 294 reformierte Diokletian das Währungssystem und führte neue Einheiten ein: den Argenteus oder Silberdenar, der in Gewicht und Silbergehalt wieder dem alten Denar Neros entsprach, und drei Bronzemünzen, darunter eine große mit geringem Silbergehalt, den Follis oder Nummus. Der Denar blieb trotz seiner Entwertung die grundlegende Recheneinheit. Konstantin I. führte 311 den Solidus, eine Goldmünze (ca. 4,5 g Feingold), ein, die 324 allgemeine Reichsmünze wurde. Dank der umfangreichen Goldschätze, die der Staat in den heidnischen Tempeln beschlagnahmte, blieb der Metallwert dieser in beträchtlicher Menge in Umlauf gebrachten Münze lange erhalten; sie diente im Byzantinischen Reich noch bis ins 11. Jahrhundert als Krisenreserve.

Das römische Geldwesen wurde nicht direkt vom Markt geregelt, sondern in der Republik vom Senat und später vom Kaiser kontrolliert und gesteuert, etwa durch Maßnahmen gegen Wucher und Massenverschuldung und gelegentlich durch Auszahlung von Finanzspritzen. Einer der Vorteile der Eroberung der bekannten Welt durch Rom war die universelle Einführung des Denars als Zähleinheit für Warenpreise und Steuern.

Alle Wege führen nach Rom
Feronia
Mentana
Buxus
Rom
Collatia
Palestrina
Portus
Ostia
Lavinium
Ardea
Produkte des Ostseeraums/Bernstein
Atlantischer Ozean
Narbo
Massilia
Genua
Ravenna
Adria
Rom
Ostia
Tarraco
Cartagena
Gades
Karthago
Messina
Tyrrhenisches Meer
Ionisches Meer
Libysches Meer
Frachtkosten für 1 Scheffel (17,5 l) Massengut in Denar
Spanien 8 20
Gallien 4
Rom 18 16
Sizilien 6 6 10
Karthago 16
Byzantium 12
Karthago
Syrien
Alexandria
Gold/Elfenbein/
Elefanten/Sklaven

Verkehrswege und Handelsgüter des Römischen Reichs
Reichs- und Provinzgrenzen
Hauptstraßen
Überlandwege außerhalb des Reichs
Schifffahrtsrouten
wichtige Häfen
Stiere und Großvieh
Pferde
Hammel
Schweine und Pökelfleisch
Fische und Salzheringe
Obst
Getreide
Honig
Oliven
Öle
Weintrauben
Holz
Kohle
Eisen
Mauersteine
Marmor
Salz
Keramik
Stoffe
Bronze
Schreiner- und Korbwaren
Glaswaren
Aromen und Gewürze
Elefanten und Elfenbein
Zinnober
Zink
Kupfer
Zinn
Blei
Silber
Gold
Der Orienthandel
Costus/Gummiharz/
Baumwolle/Seide/
Indigo/Lapislazuli/
Nerdenöl/Türkise/
Lycium/Reis/Sesam
Weizen/Sklaven
Schwarzes Meer (Pontus Euxinus)
Byzantium
Ephesus
Rhodos
Ägäis
Kreta
Zypern
Antiochia
Mittelmeer
Alexandria
orientalische Spezialitäten
orientalische Spezialitäten
N
NO
O
SO
S
SW
W
NW
0 km
100 km
500 km

Der Staatshaushalt des Reichs unter Augustus (jährliches Budget)

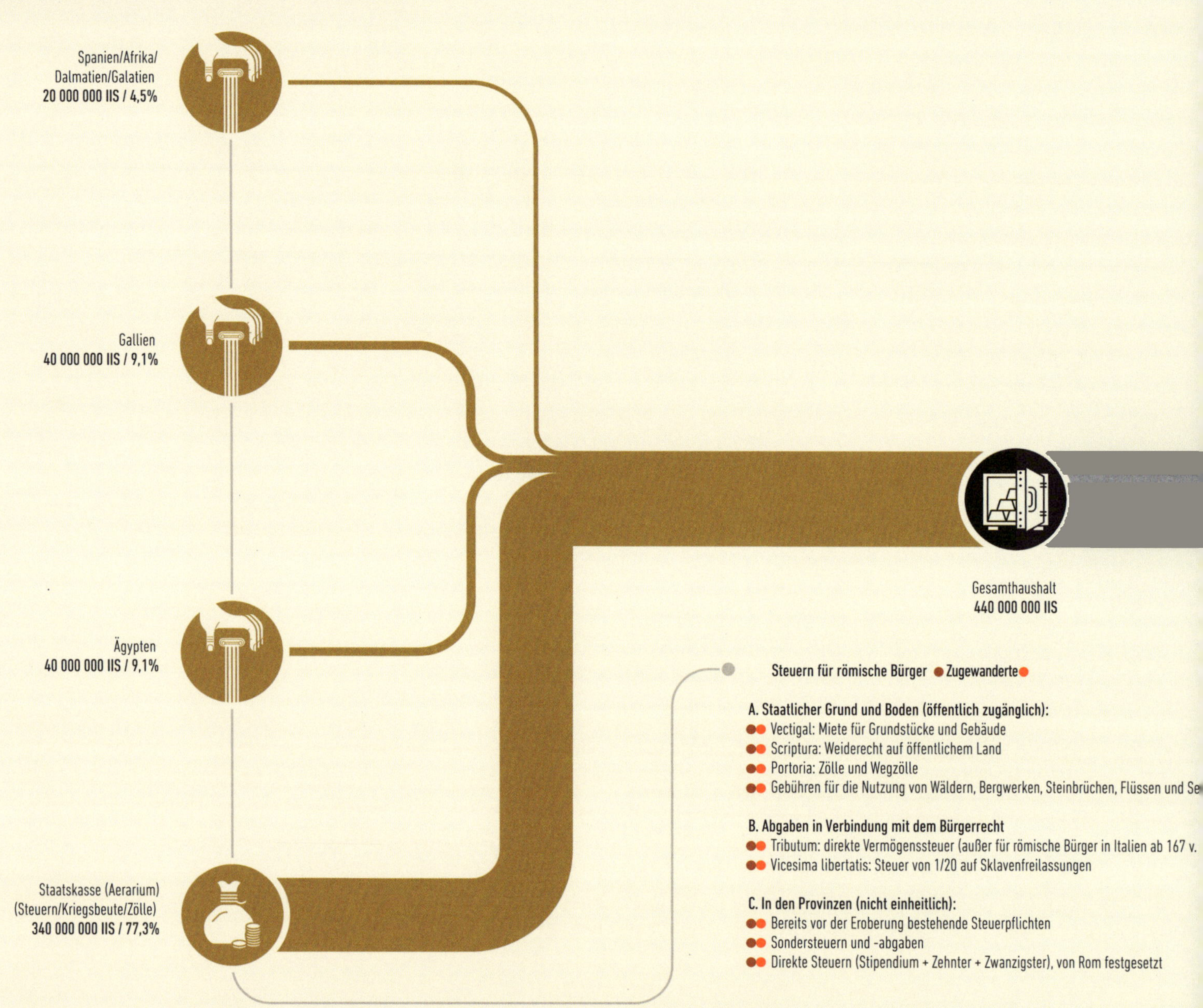

III. EINNAHMEN UND AUSGABEN DES STAATSHAUSHALTS

Außer den Ausgaben für den Unterhalt der Armee bei den jährlichen Feldzügen und später des stehenden Heeres musste Rom vor allem die Getreideversorgung der Hauptstadt decken. In der Kaiserzeit mussten jährlich 150 000/200 000 t bis 270 000/400 000 t Weizen nach Rom und 100 000 t an die Truppe geliefert werden (etwa 1 kg pro Person und Tag), unter den Severern sogar 150 000 t. Dieser Bedarf wurde durch die Steuern und die Einnahmen der kaiserlichen Güter gedeckt. Ab Diokletian kaufte die Armee auch auf dem freien Markt Getreide an. Es scheint, dass die amtlichen Rationen der Annona kaum 60% des Weizenbedarfs (und später des Ölverbrauchs) gedeckt haben und die großen Familien die restlichen 40% von ihren Privatgütern an ihre Klienten und sonstigen Abhängigen zuschossen. Der Anteil des privaten Handels ist unbekannt.

Außer den Steuern aus Ägypten (seit Augustus) nahm der römische Staatshaushalt zahlreiche direkte und indirekte Steuern und Abgaben ein, deren lange und verwickelte Geschichte sich im Zusammenhang mit den Eroberungen abspielte. Ab 167 v. Chr. zahlten die römischen Bürger Italiens keine direkte Steuer *(tributum)* mehr, waren aber weiterhin einer Reihe indirekter Abgaben unterworfen (ab Augustus z. B. 5% auf Sklavenfreilassungen, 4% auf Sklavenverkäufe, 5% auf Erbschaften in indirekter Linie), und sie zahlten gegebenenfalls Miete für Grund und Boden in Staatsbesitz. In den Provinzen blieben sie direkt steuerpflichtig, außer in den wenigen Gemeinden, die italisches Recht genossen, zusätzlich zu sämtlichen weiteren Steuern etwa auf landwirtschaftliche Produkte oder Wegezölle (etwa die 2,5%, die Gallier bei der Überschreitung bestimmter Grenzen, z. B. in den Alpen, zahlen mussten). Diese Abgaben wurden in den Städten von den lokalen Behörden, auf dem Land von römischen Beamten und in der Republik von der Gilde der Steuerpächter *(publicani)* erhoben.

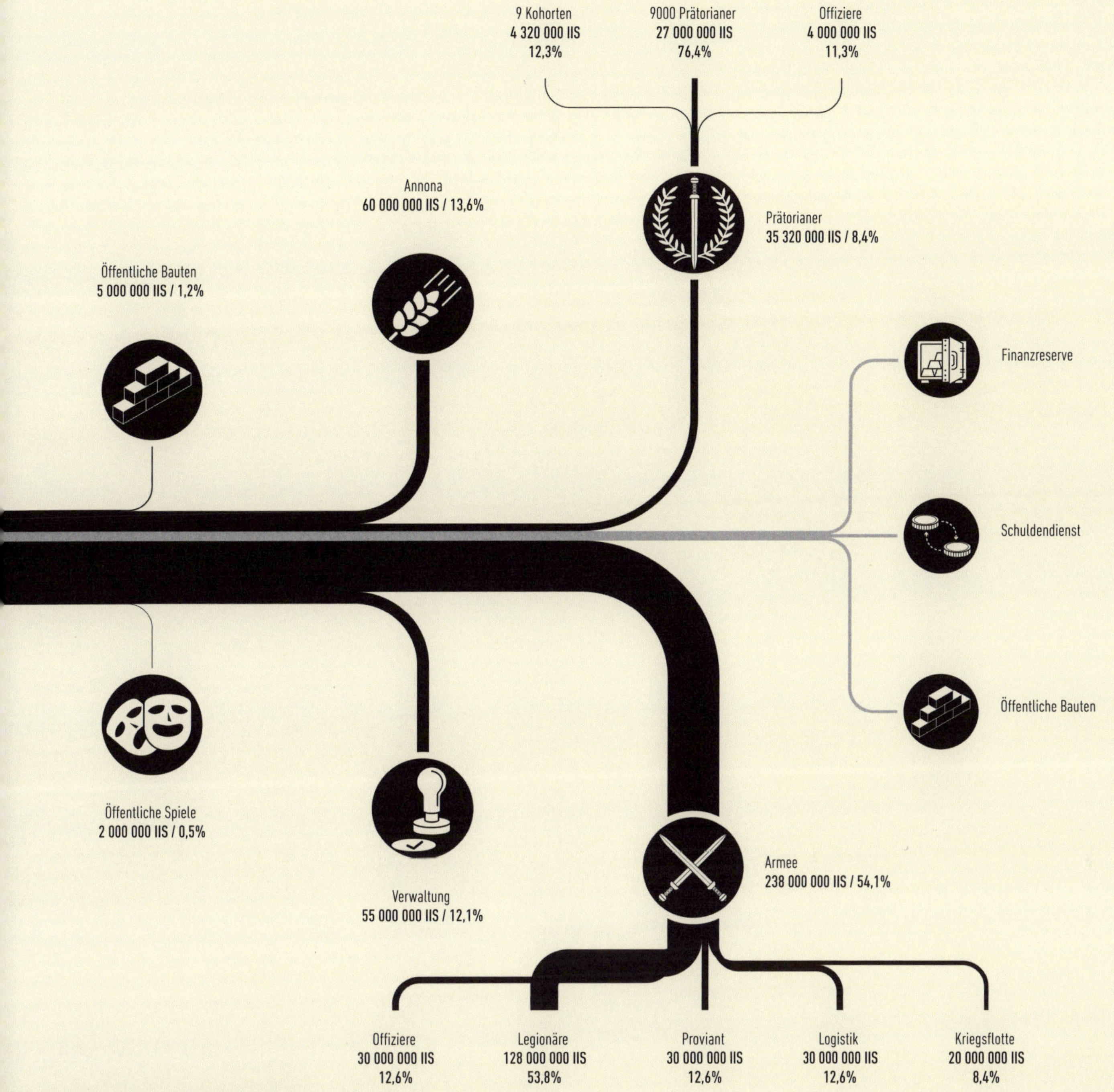

Entwicklung des Staatshaushalts (in Millionen Sesterzen)

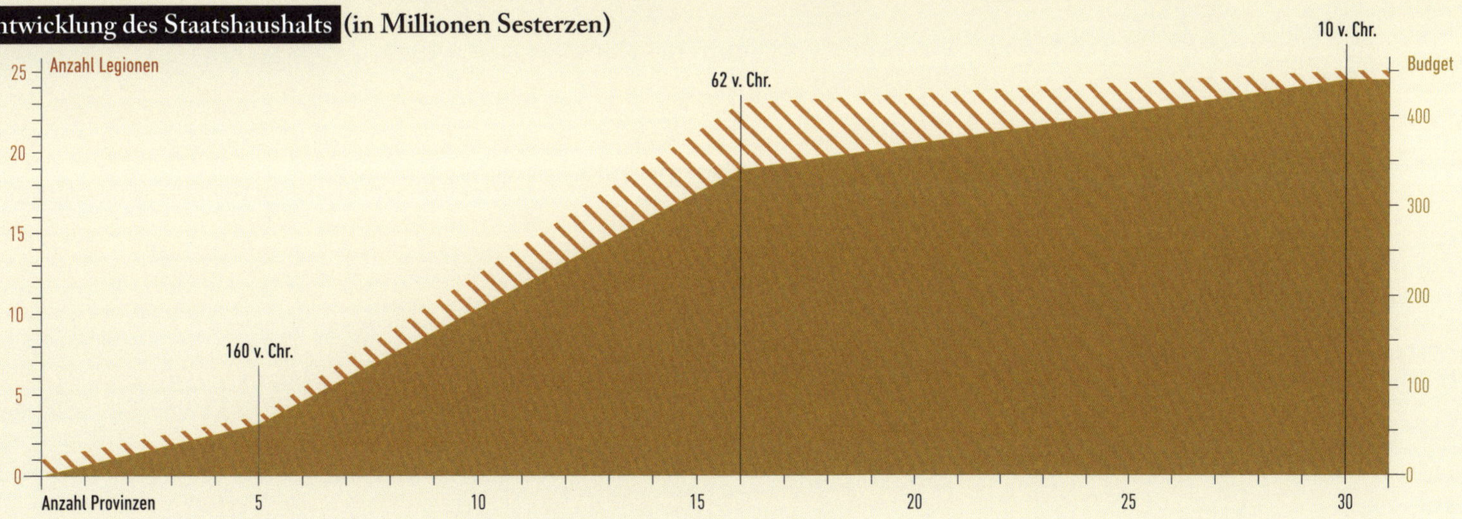

TEIL III

DIE RÖMISCHE MILITÄRMACHT

DIE LEGIONEN, MACHTMITTEL

I. VOM SERVIANISCHEN SYSTEM ZUR ARMEE DER KAISERZEIT

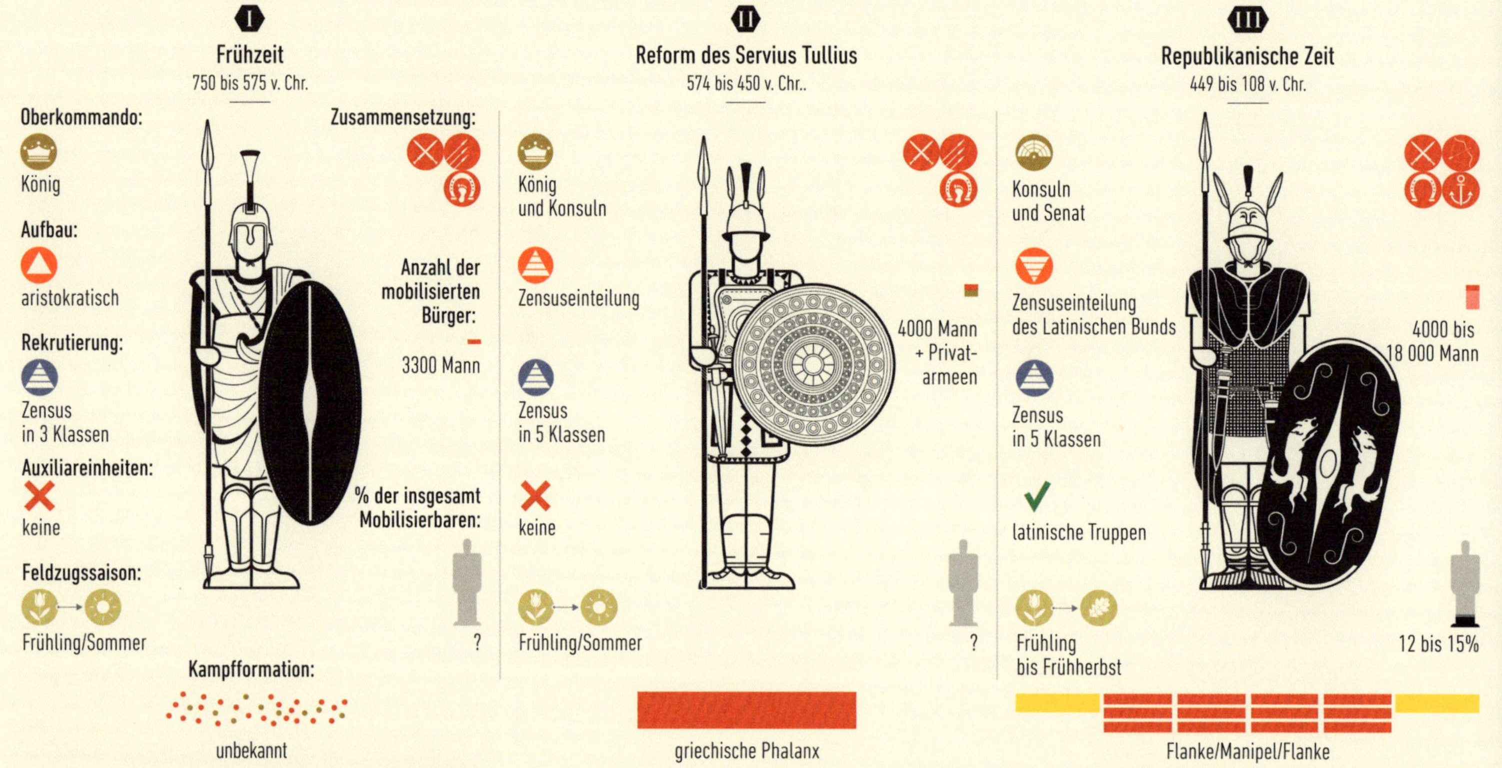

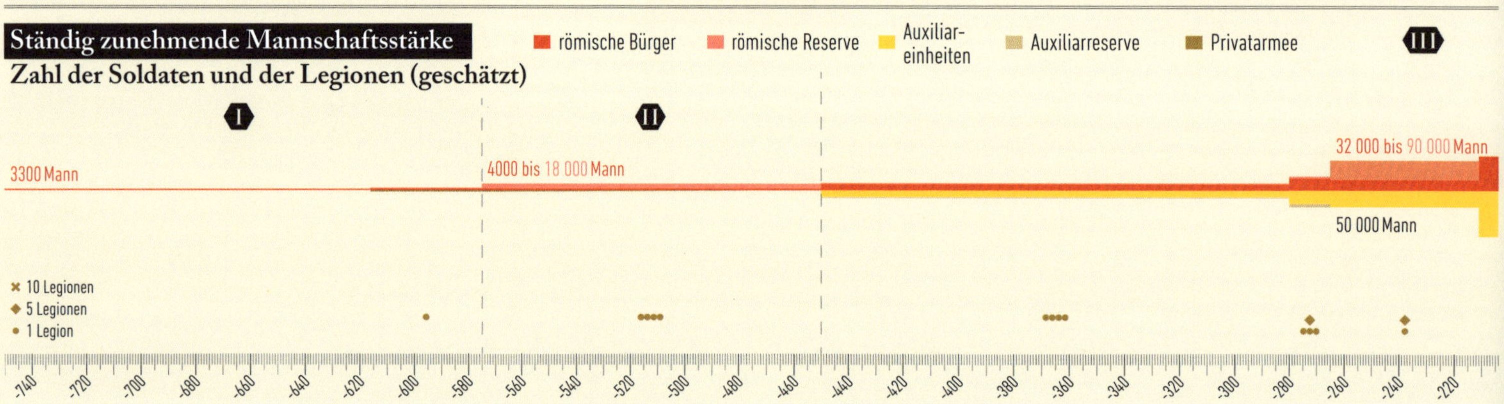

Während der elf Jahrhunderte ihres Bestehens wurde die römische Armee tiefgreifend umgestaltet und weiterentwickelt, sowohl in der Anfangsphase der Eroberungszüge wie später, als sie die Provinzen halten und stabilisieren musste. Sie war übrigens längst nicht so kampfkräftig, wie man sie sich heute meist vorstellt. Auf dem Schlachtfeld war sie den meisten jeweils zeitgenössischen Armeen unterlegen, und zwar sowohl den Söldnertruppen der Karthager und hellenistischen Königreiche wie den Volksheeren der Barbarenstämme, für die Kriegführen zum Alltag gehörte. Dennoch gelang es Rom trotz schwerer Niederlagen, vom 6. bis zum 1. Jh. v. Chr. alle seine Gegner niederzuwerfen und anschließend die Eroberungen vier weitere Jahrhunderte lang zu halten. Diesen Erfolg verdankte die Armee zwei Faktoren. Erstens öffnete sie sich für die Einwohner neueroberter Gebiete und integrierte sie als Bürger. Seit den Punischen Kriegen verfügte Rom damit über eine gewaltige Mobilisierungsreserve, mit der noch in der Kaiserzeit alle Aufstände niedergeschlagen und anfänglich auch die Barbareneinfälle abgewiesen werden konnten. Zweitens erkannten die Römer selbst die Schwächen ihrer Truppen und bemühten sich, sie durch Auxiliareinheiten zu ergänzen, die für den jeweiligen Anlass adäquater ausgerüstet und aufgestellt waren. Diese Einheiten wurden gewöhnlich von Verbündeten Roms gestellt (bis 78 v. Chr., als alle Freien in Italien das volle Bürgerrecht erhielten).

Das alte Rekrutierungssystem nach der Zensuseinteilung der bessergestellten Bürger in fünf Klassen bestand bis Ende des 2. Jh. v. Chr. fort. Weil die Kriegsschauplätze immer weiter von Rom entfernt

DER HERRSCHAFT ROMS

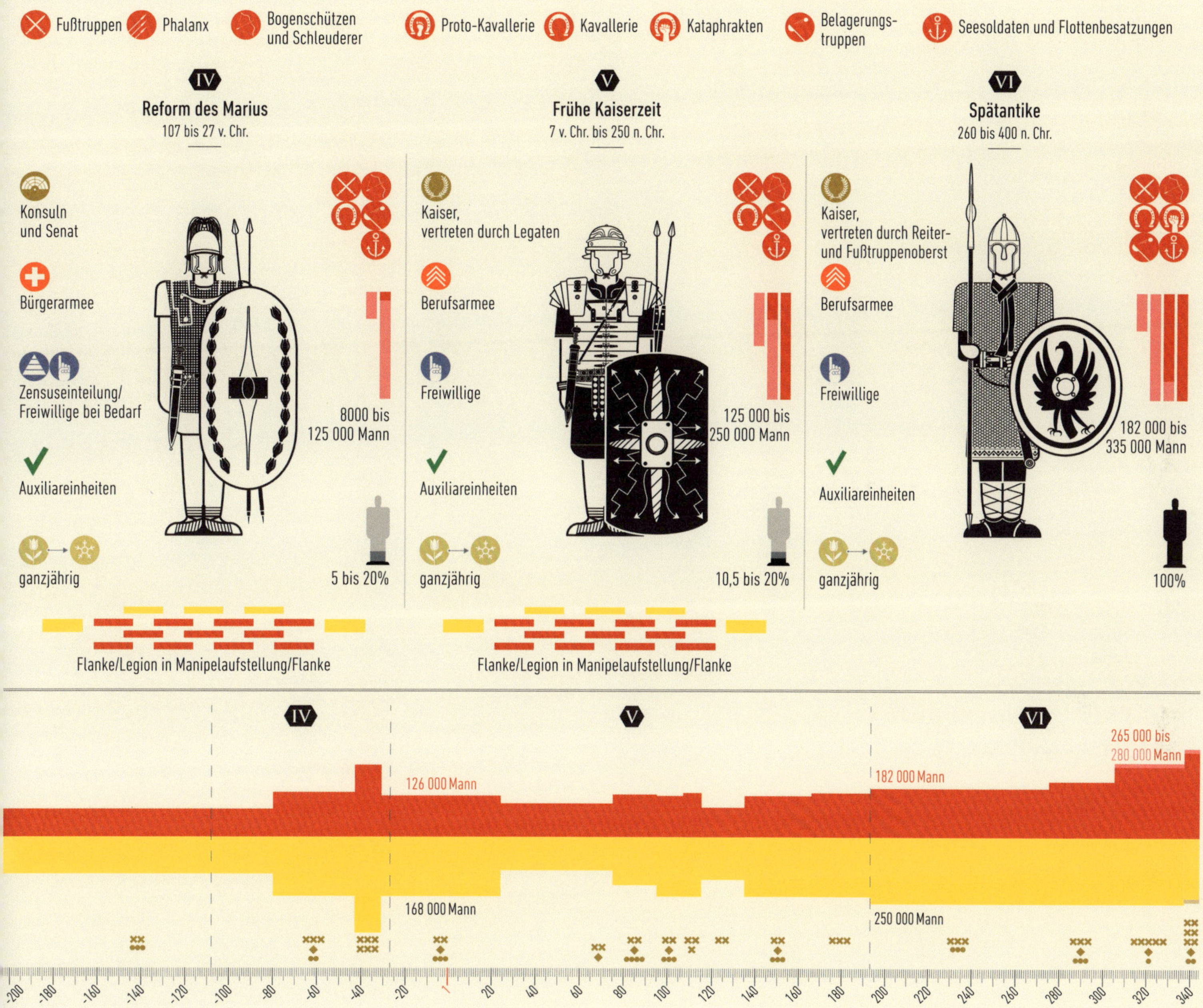

lagen, wurde die Legion (*legio*, »Auslese« der wehrfähigen Bürger) danach zur Berufsarmee umstrukturiert. Sie bestand allerdings weiterhin aus römischen Bürgern, begleitet von Auxiliareinheiten. In der frühen Kaiserzeit wurden die Soldaten vornehmlich in Italien angeworben, in den am stärksten romanisierten Gebieten. Ab etwa 70 n. Chr. kamen die Soldaten dann vermehrt aus den am weitesten romanisierten Provinzen: Narbonensis, Spanien, Afrika. Trajan versuchte, mit einem Schulprogramm für arme Kinder, die später einmal Legionäre werden sollten, wieder mehr Einwohner Italiens für die Armee zu gewinnen, und konnte immerhin vier Legionen in Italien aufstellen. Marc Aurel gelang es dagegen nur noch, zwei italische Legionen auszuheben, die für neue Eroberungen oder die Verteidigung Italiens selbst gegen Barbareneinfälle zur Verfügung standen.

Ab dem 2. Jh. n. Chr. wurden die Legionen dann überall an ihren Standorten angeworben, also an den Grenzen des Reichs. Die Verlagerung der Anwerbung in die Provinzen war eine durchgehende Tendenz: Waren unter den julisch-claudischen Kaisern noch ein Drittel bis die Hälfte der Legionäre Provinzialen, wurden es unter den Flaviern und Trajan bereits drei Viertel. Unter Hadrian bestand die in Afrika stationierte Legio III Augusta zu 93% aus Nordafrikanern. Die Legionen für die Rhein- und Donaugrenze wurden lange Zeit in der Narbonensis, in Spanien und Makedonien angeworben, aber im 3. Jh. kamen bereits so gut wie alle Legionäre aus der Nähe der jeweiligen Garnisonsorte; oft waren es Söhne von Veteranen. Die Mehrheit der Legionäre stammte nun aus den Donau- und Balkanprovinzen.

II. WIE SETZT SICH EINE LEGION ZUSAMMEN?

Die römische Legion wurde vom Beginn der Kaiserzeit bis zum 3. Jh. n.Chr. von einem Legaten des Kaisers *(legatus Augusti)* kommandiert. Sie umfasste zehn Kohorten zu je etwa 500 Fußsoldaten, jeweils unter einem Militärtribun. Diese Militärtribunen wählte der Kaiser unter den Söhnen von Senatoren, den Kandidaten auswärtiger Städte und jungen Angehörigen des römischen Ritterstands aus. Neun der zehn Kohorten umfassen jeweils drei Manipel, die wiederum aus je zwei Centurien zu je etwa 80 Mann bestanden. Die zehnte Kohorte – in der Zählung tatsächlich die erste – hatte doppelte Mannschaftsstärke. Unter den Tribunen der Kohorten und den Centurionen bestand eine interne Hierarchie gemäß Rang und Kampfkraft ihrer Einheit. Der Centurio der ersten Centurie der ersten Kohorte *(centurio primipilus)* gehörte dem Stab des Legionskommandeurs an und war meist der erfahrenste Soldat der Legion.

Zu den Infanterieeinheiten kamen noch vier Kavallerieeinheiten *(turmae)* zu je 30 Reitern unter jeweils einem Decurio. Zusätzlich umfasste die Legion etwa 1400 Trossknechte *(calones),* die sich um Transport und Wartung kümmerten und die Legionäre bei Alltagsarbeiten wie Wasserversorgung oder Zeltaufbau unterstützten.

In der Spätantike vermehrte sich die Zahl der Legionen, während ihre Mannschaftsstärke abnahm. Die eigentlichen Feldarmeen bestanden nun oft aus mobilen Militäreinheiten.

Nomineller Aufbau einer Legion
um 50 n. Chr.

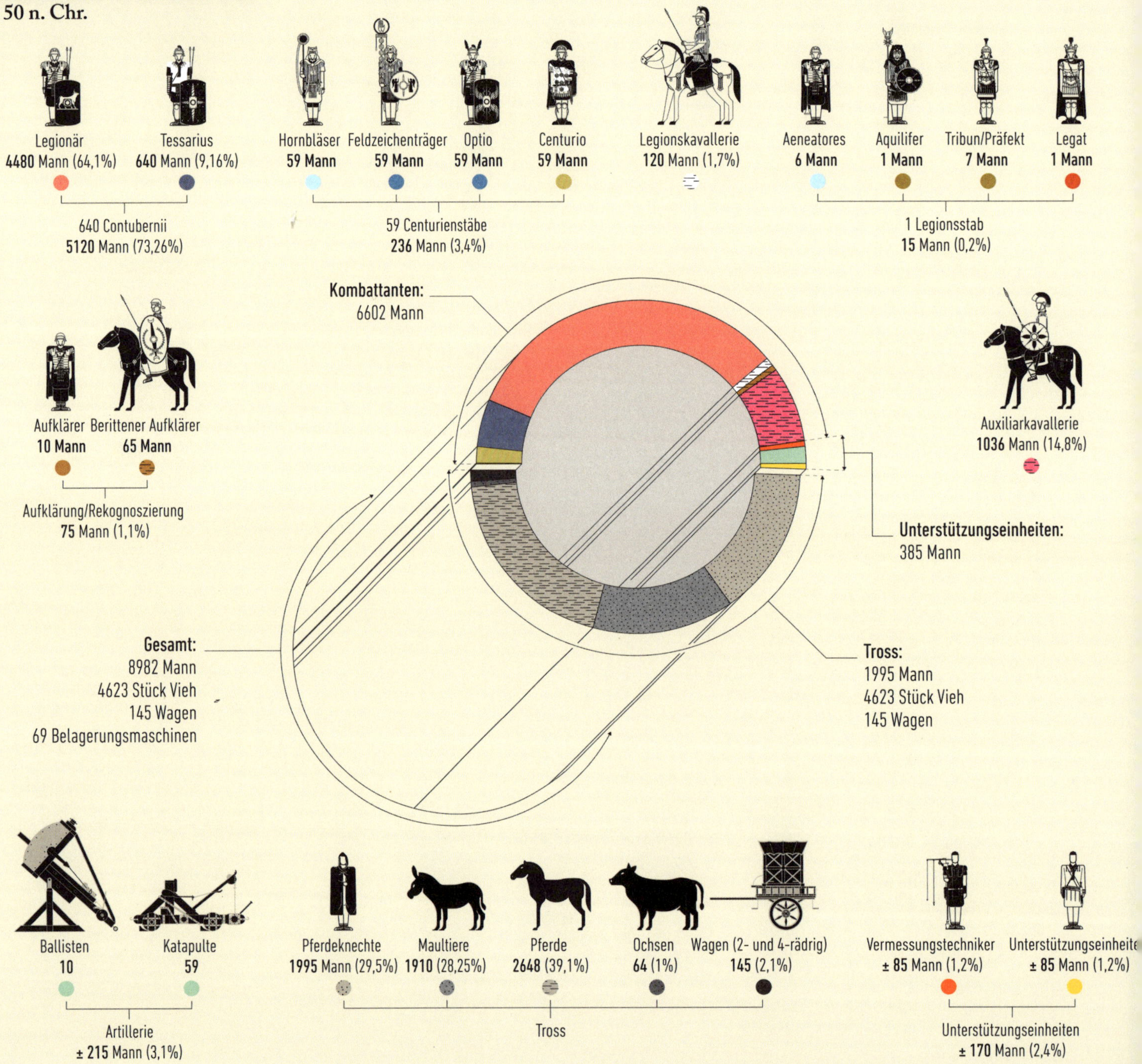

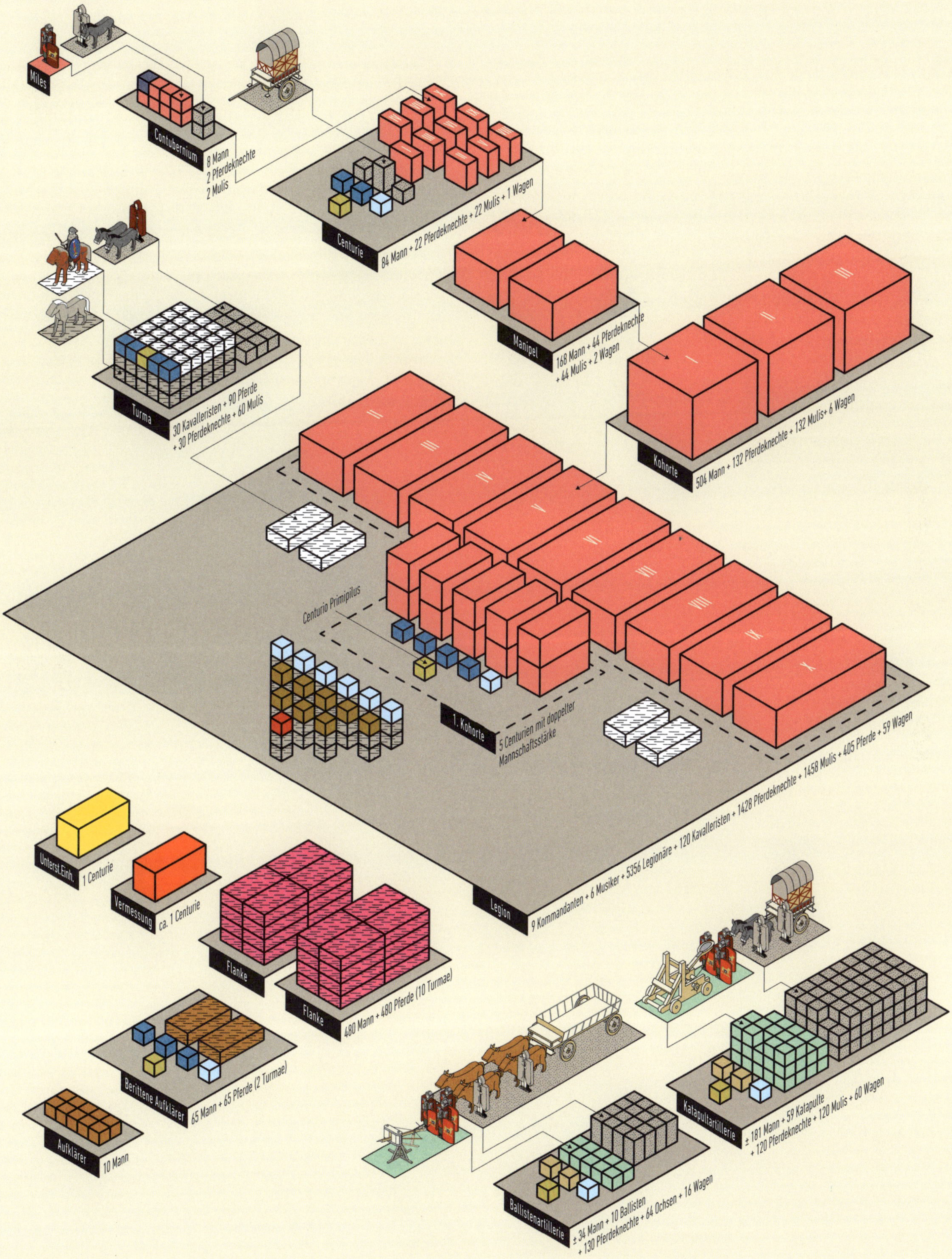
Miles
Contubernium
8 Mann
2 Pferdeknechte
2 Mulis
Centurie
84 Mann + 22 Pferdeknechte + 22 Mulis + 1 Wagen
Manipel
168 Mann + 44 Pferdeknechte
+ 44 Mulis + 2 Wagen
Kohorte
504 Mann + 132 Pferdeknechte + 132 Mulis+ 6 Wagen
Turma
30 Kavalleristen + 90 Pferde
+ 30 Pferdeknechte + 60 Mulis
Centurio Primipilus
1. Kohorte
5 Centurien mit doppelter
Mannschaftsstärke
Legion
9 Kommandanten + 6 Musiker + 5356 Legionäre + 120 Kavalleristen + 1428 Pferdeknechte + 1458 Mulis + 405 Pferde + 59 Wagen
Unterst.Einh.
1 Centurie
Vermessung
ca. 1 Centurie
Flanke
Flanke
480 Mann + 480 Pferde (10 Turmae)
Berittene Aufklärer
65 Mann + 65 Pferde (2 Turmae)
Aufklärer
10 Mann
Ballistenartillerie
± 34 Mann + 10 Ballisten
+ 130 Pferdeknechte + 64 Ochsen + 16 Wagen
Katapultartillerie
± 181 Mann + 59 Katapulte
+ 120 Pferdeknechte + 120 Mulis + 60 Wagen

III. DAS LAGER

Die Legionslager, in denen die Truppe Schutz findet, sind entweder Feldlager, die auf dem Marsch errichtet werden, oder dauerhafte Stützpunkte. Die Feldlager blieben nicht lange besetzt, höchstens für die Dauer der jährlichen Feldzugssaison. Sie entwickelten sich seit dem 3. Jh. v. Chr. kaum noch weiter. Ihre Größe richtete sich nach der Anzahl der Legionen auf dem Marsch mitsamt ihrer jeweiligen Kavallerie und dem Tross. Sie nahmen eine Fläche zwischen 20 und über 50 Hektar ein. Das Lager für eine Legion war nach Pseudo-Hyginus 470 x 700 Meter groß und konnte in jeweils um das 1,5-Fache kleineren Varianten errichtet werden. Der Außenwall war 6 Fuß hoch, also 1,80 Meter. Nahe Hannover ist ein 20 Hektar großes rechteckiges Lager vom Ende des 1. Jh. v. Chr. gefunden worden, das etwa 20 000 Soldaten (drei Legionen mit Tross) beherbergte. Diese Lager, mit ihrem Palisadenzaun, Wall, Graben und den vier bewachten Eingängen wurden in Rekordzeit am Ende jedes Marschtags von einem Teil der Legionäre selbst errichtet, während der Rest Wache stand.

Der Bauplan des Lagers konnte in Einzelheiten abweichen, aber allgemein befand sich in der Mitte das Prätorium mit dem Tempel für die Feldzeichen und dem Büro des Legionsstabs, umgeben von der ersten Kohorte und der Leibwache des Legaten. So konnte der Stab das gesamte Lager leicht überwachen, und Befehle erreichten den Empfänger schnell und zuverlässig. Das Lager bestand aus drei Teilen, die entlang der Längsachse angeordnet waren und von zwei Querstraßen getrennt waren. Die Längsachse selbst bildete die Via praetoria, die beiden Querstraßen waren die Via principalis vor dem Prätorium und die Via quintana hinter dem Prätorium und vor dem Sitz des Zahlmeisters. Via praetoria und Via principalis endeten jeweils mit zwei bewachten Toren in der Außenbefestigung. Die Soldaten kampierten zu je acht Mann (ein *contubernium*) in Zelten von etwa 3 x 3 Metern, vor denen jeweils Platz für die Waffen, die Maultiere und ihre Trossknechte freigehalten wurde. Im Inneren des so abgegrenzten Raums lagerten die Auxiliareinheiten vor und hinter dem Prätorium.

Marschordnung der Legion

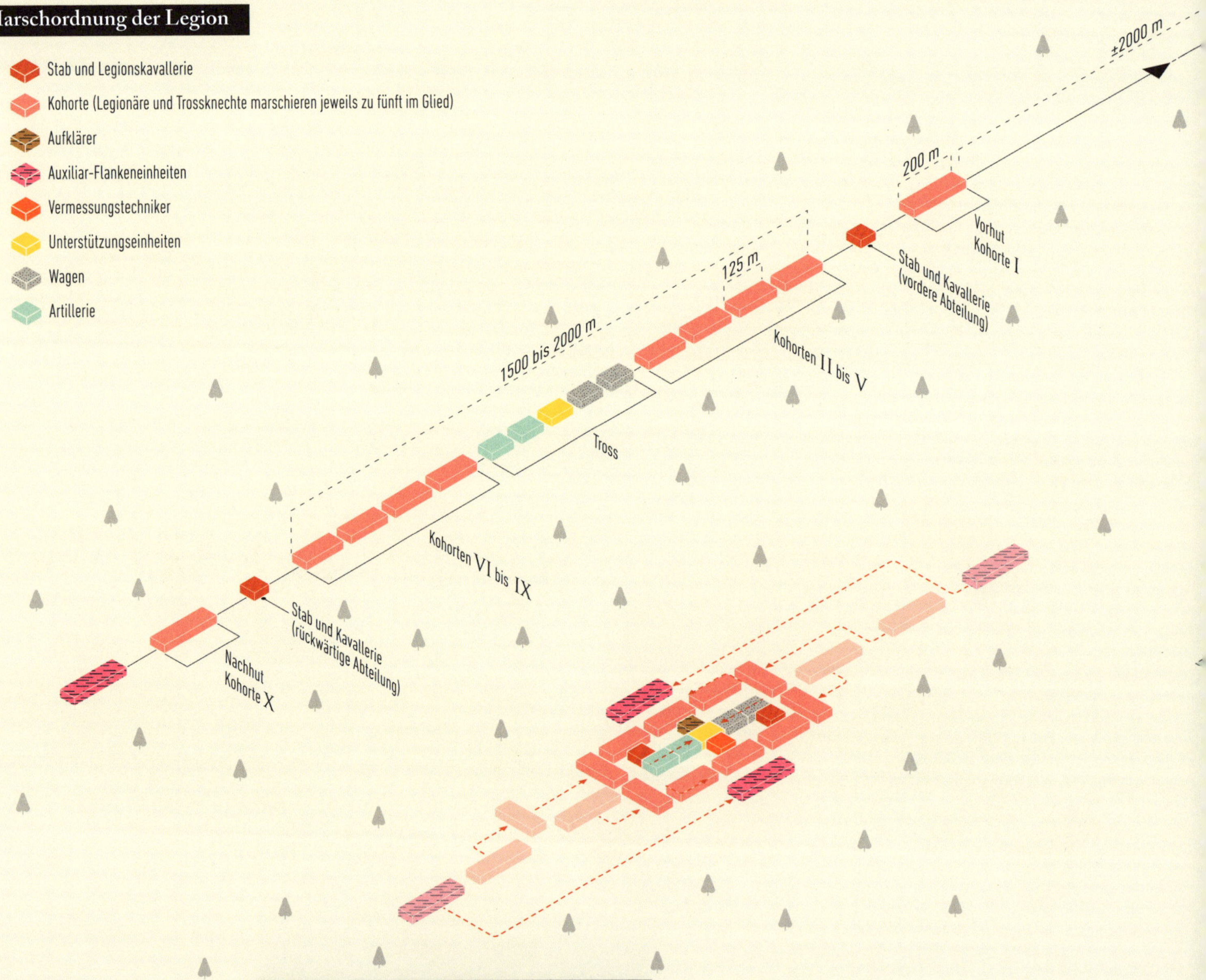

Umgruppierung in Verteidigungsstellung

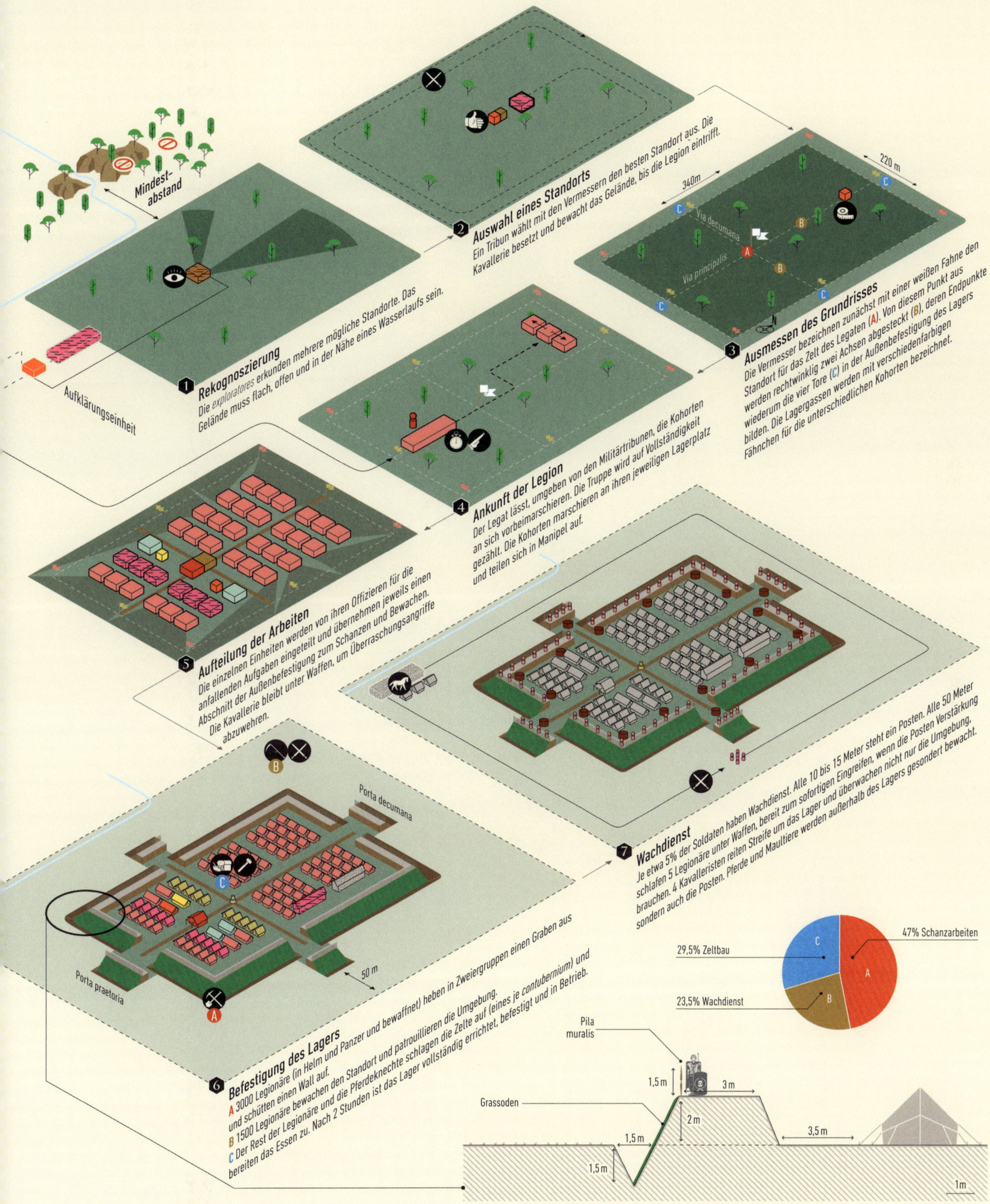
Mindest-
abstand
Aufklärungseinheit
1 Rekognoszierung
Die *exploratores* erkunden mehrere mögliche Standorte. Das Gelände muss flach, offen und in der Nähe eines Wasserlaufs sein.
2 Auswahl eines Standorts
Ein Tribun wählt mit den Vermessern den besten Standort aus. Die Kavallerie besetzt und bewacht das Gelände, bis die Legion eintrifft.
340m
220 m
Via decumana
Via principalis
A
B
C
N
3 Ausmessen des Grundrisses
Die Vermesser bezeichnen zunächst mit einer weißen Fahne den Standort für das Zelt des Legaten (A). Von diesem Punkt aus werden rechtwinklig zwei Achsen abgesteckt (B), deren Endpunkte wiederum die vier Tore (C) in der Außenbefestigung des Lagers bilden. Die Lagergassen werden mit verschiedenfarbigen Fähnchen für die unterschiedlichen Kohorten bezeichnet.
4 Ankunft der Legion
Der Legat lässt, umgeben von den Militärtribunen, die Kohorten an sich vorbeimarschieren. Die Truppe wird auf Vollständigkeit gezählt. Die Kohorten marschieren an ihren jeweiligen Lagerplatz und teilen sich in Manipel auf.
5 Aufteilung der Arbeiten
Die einzelnen Einheiten werden von ihren Offizieren für die anfallenden Aufgaben eingeteilt und übernehmen jeweils einen Abschnitt der Außenbefestigung zum Schanzen und Bewachen. Die Kavallerie bleibt unter Waffen, um Überraschungsangriffe abzuwehren.
Porta decumana
Porta praetoria
50 m
6 Befestigung des Lagers
A 3000 Legionäre (in Helm und Panzer und bewaffnet) heben in Zweiergruppen einen Graben aus und schütten einen Wall auf.
B 1500 Legionäre bewachen den Standort und patrouillieren die Umgebung.
C Der Rest der Legionäre und die Pferdeknechte schlagen die Zelte auf (eines je *contubernium*) und bereiten das Essen zu. Nach 2 Stunden ist das Lager vollständig errichtet, befestigt und in Betrieb.
7 Wachdienst
Je etwa 5% der Soldaten haben Wachdienst. Alle 10 bis 15 Meter steht ein Posten. Alle 50 Meter schlafen 5 Legionäre unter Waffen, bereit zum sofortigen Eingreifen, wenn die Posten Verstärkung brauchen. 4 Kavalleristen reiten Streife um das Lager und überwachen nicht nur die Umgebung, sondern auch die Posten. Pferde und Maultiere werden außerhalb des Lagers gesondert bewacht.
47% Schanzarbeiten
29,5% Zeltbau
23,5% Wachdienst
Pila
muralis
Grassoden
1,5 m
3 m
2 m
1,5 m
1,5 m
3,5 m
1m

Römische Legionslager

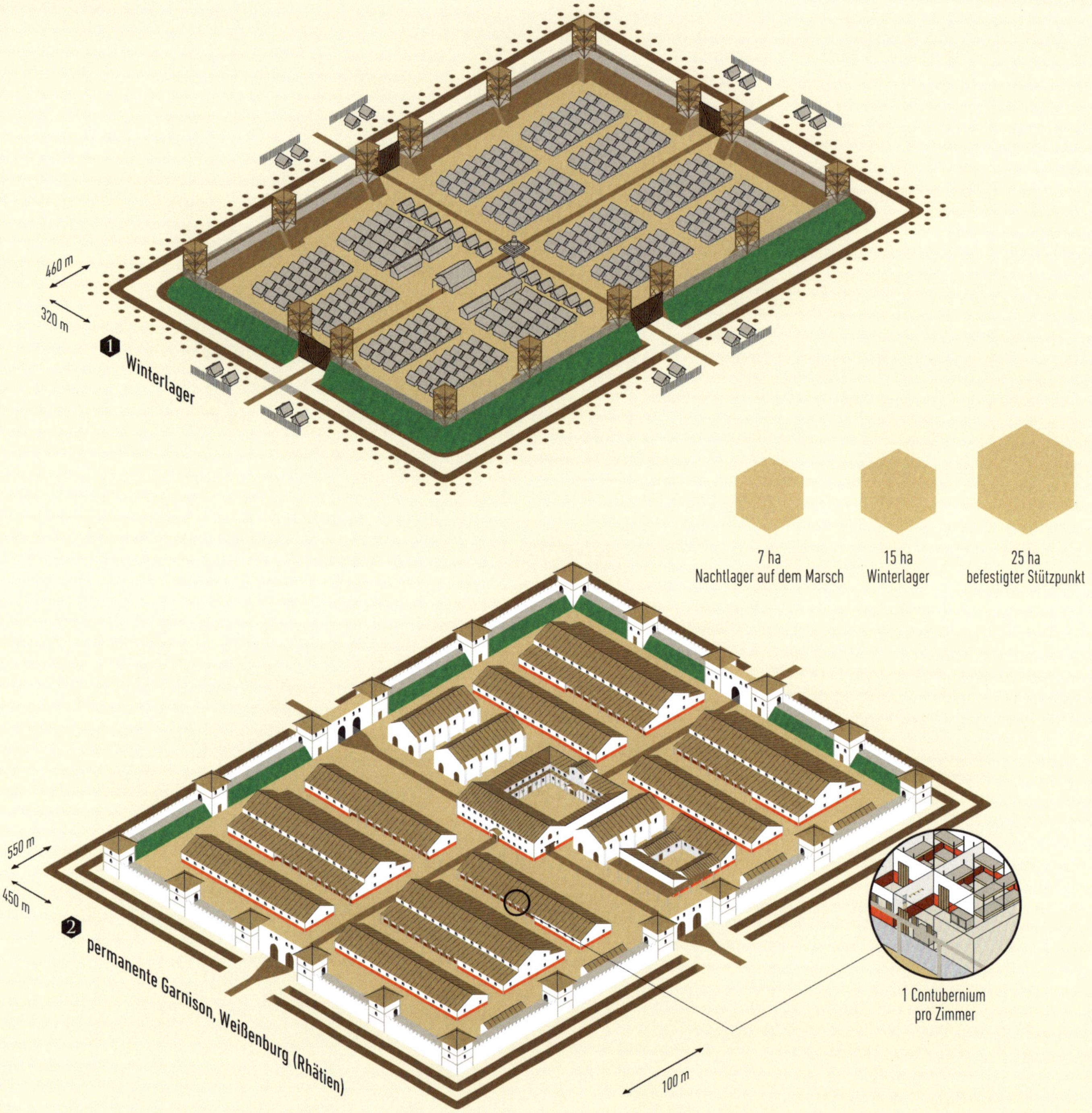

Mit der Ausdehnung der Feldzugssaison auf das ganze Jahr begann die römische Armee, Winterlager einzurichten, die besser ausgestattet und stärker befestigt waren, etwa mit Wachtürmen. Ausgrabungen zeigen, dass auch diese Lager weiterhin nach dem Schema konstruiert wurden, das bereits Polybius beschrieben hat und wie es sich auch bei Pseudo-Hyginus findet, auch wenn die Via principalis nun wie die Via praetoria auf der Längsachse des Lagers verläuft. Die archäologisch untersuchten Lager weisen allerdings eine andere Einteilung des Innenraums auf als bei Pseudo-Hyginus. Und je mehr sich die römische Armee auf die Bewachung der Grenzen verlegte, desto mehr dauerhafte Garnisonslager errichtete sie, immer noch nach dem alten Plan der Marschlager, aber mit festen Gebäuden statt Zelten, mit einem Schlafraum und einer Waffenkammer für jedes Contubernium. Sie waren auch nicht mehr von Holzpalisaden umgeben, sondern von Mauern, geschützt durch gemauerte Wachtürme, und von doppelten oder sogar dreifachen Gräben umzogen. Was die Größe angeht, änderte sich dagegen nicht viel. Im großen Lager beim heutigen Lambèse in der Provinz Afrika, errichtet zwischen 115 und 120, waren auf 420 mal 500 Metern (21 Hektar) 12 000 Soldaten untergebracht.

Nachdem das Imperium seine endgültigen Grenzen gefunden hatte, sicherte es sie durch ein System von Befestigungen, die mitunter, wie in Germanien oder an der Donau, eigentlich als Ausgangsbasis für weitere Eroberungen geplant waren und sich erst in Verteidigungslinien verwandelten, als die Barbareneinfälle zunahmen. Erst im 3. Jahrhundert kam übrigens der Name *limes* für diese

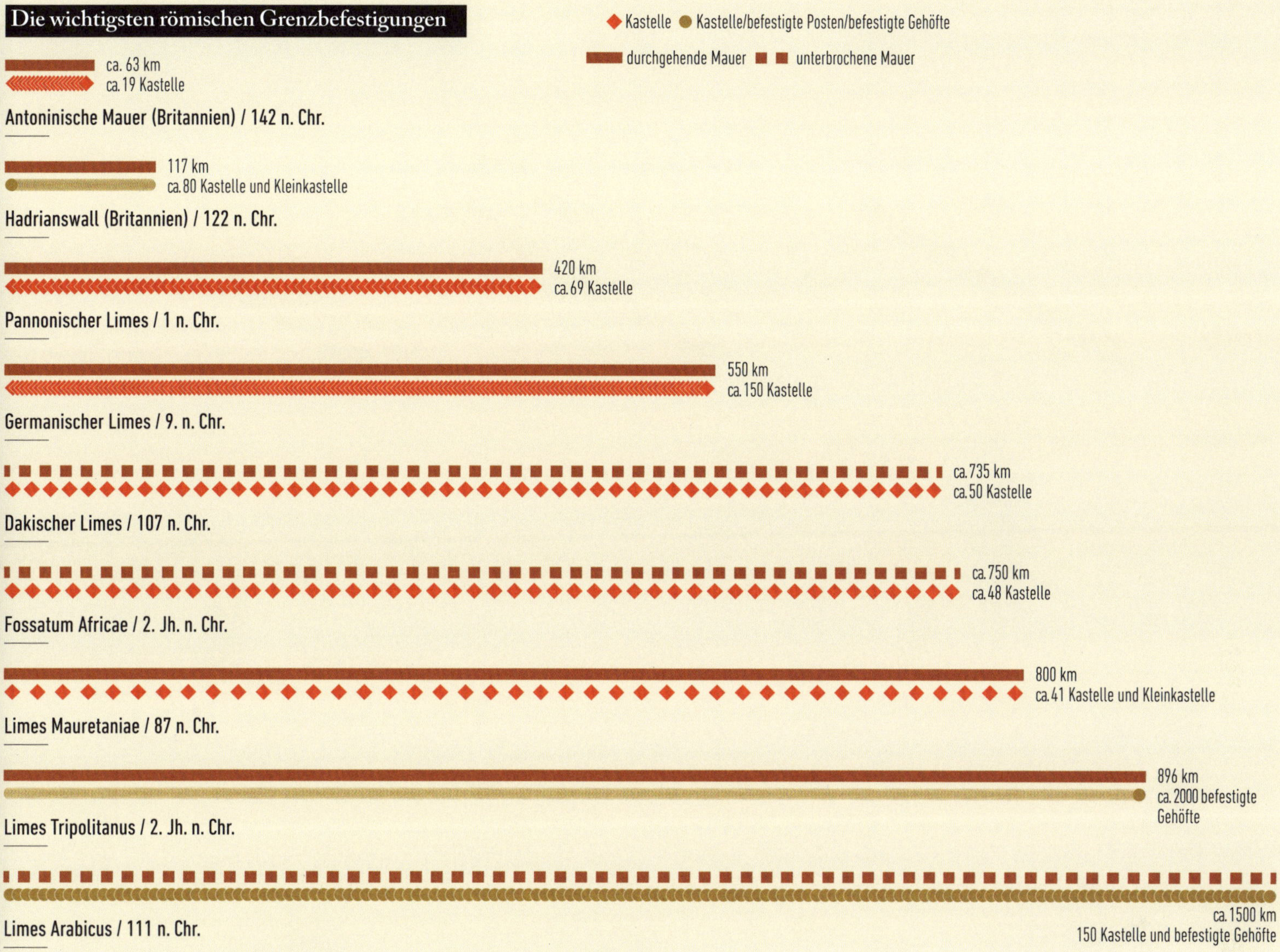

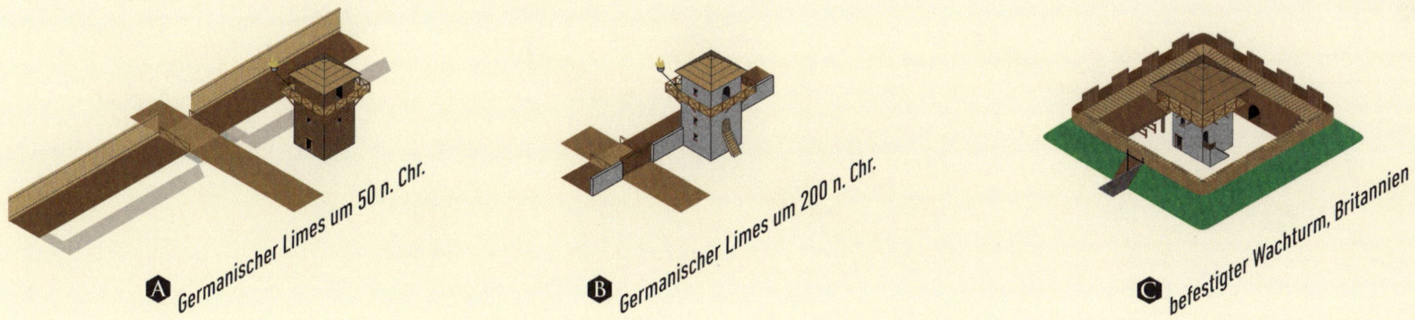

Befestigungssysteme auf. Sie bestehen auch längst nicht überall aus einer mit Kastellen und befestigten Türmen besetzten, durchgehenden Mauer wie in Britannien und an der Rhein- und Donaugrenze. Die heute als *fossatum Africae* (»afrikanischer Graben«) bezeichnete Südgrenze des römischen Nordafrika hatte nichts mit den Mauern des Nordens gemein. Es handelte sich vielmehr um einen breiten Geländestreifen, den die Armee in Zusammenarbeit mit den nomadischen und halbnomadischen Stämmen und den Dorfbewohnern überwachte. Sie sicherte vor allem die Brunnen und Wasserstellen und bestimmte Passagen im Gelände, um zu verhindern, dass die Kastelle der Legio III Augusta abgeschnitten wurden. Im Norden hingegen wurden ab dem 2./3. Jh. durchgehende Mauern und Gräben mit einer Kette von Wachtürmen errichtet, die von détachierten Abteilungen *(vexillationes)* und fremdstämmigen Auxiliareinheiten *(numeri)* verteidigt wurden – stets mit großen befestigten Lagern im Hinterland als Rückhalt.

Angesichts der bedrohlichen Lage wurde die Armee Ende des 3. und im 4. Jh. in *comitatenses* und *ripenses* (*ripa* »Ufer«), später *limitanei* (»Limestruppen«) genannt, reorganisiert. Während die in Ortschaften stationierten *comitatenses* noch den alten, stark politisierten und dem Kaiser verpflichteten Legionen glichen, waren die stets in Lagern stationierten *limitanei* nur mit der Grenzverteidigung befasst. Sie machten zwei Drittel der Streitkräfte aus und sollten die Wucht der Barbareneinfälle abfangen.

Die Formation der »drei Treffen« im Gefecht

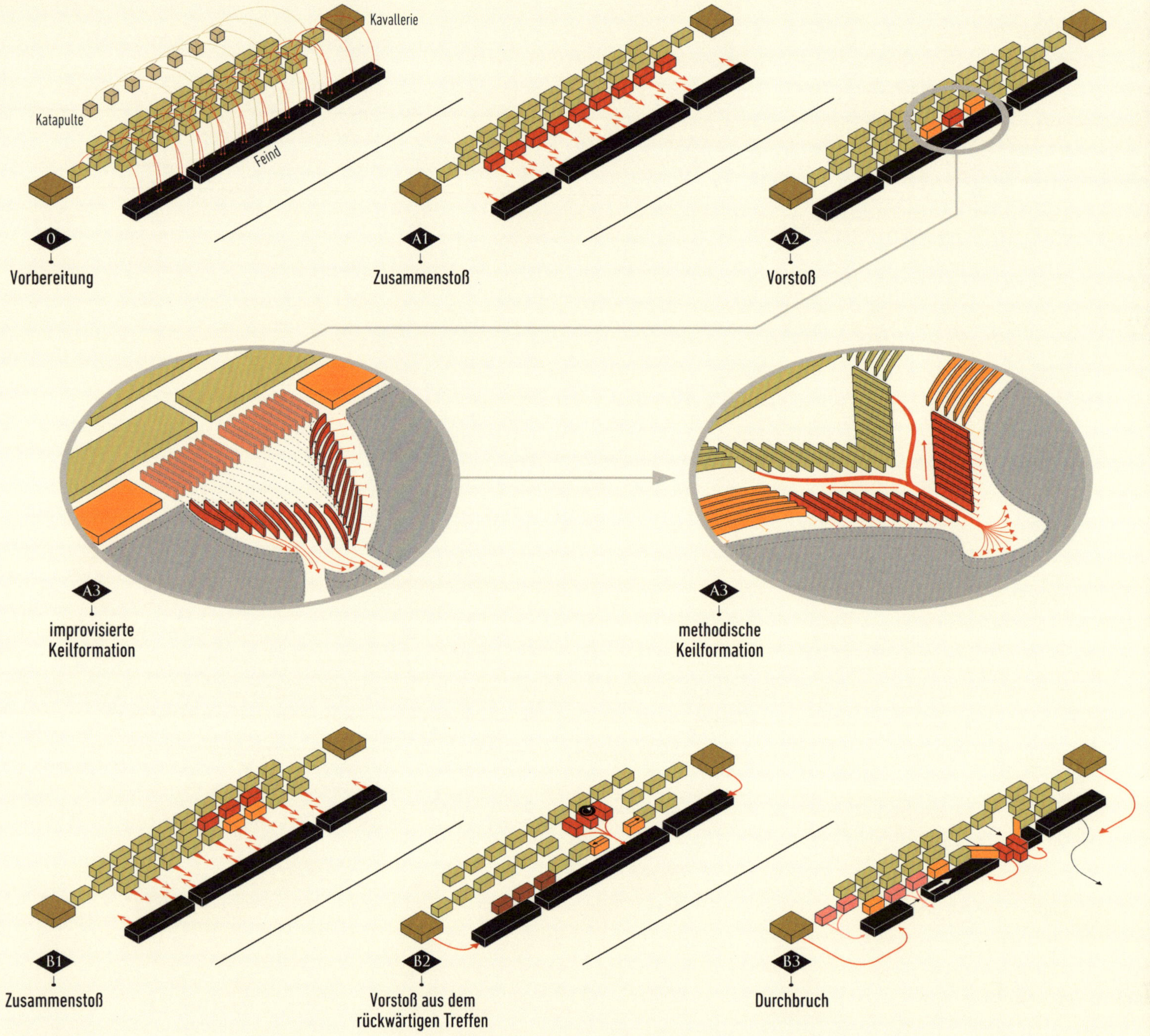

Der Ablauf:

0. Die Legionen sind in Quincunx-Formation aufgestellt, in drei gestaffelten Linien (Treffen), die eine Rotation der Einheiten ermöglichen und dabei den Zusammenhalt der Treffen sichern und einen feindlichen Durchbruch verhindern.
Das Gefecht beginnt, indem die Legionäre den Feind zunächst mit Fernwaffen (Wurfspeeren, Pfeilen, Schleuderkugeln und Katapultgeschossen) schwächen und in Unordnung bringen.

A1. Frontaler Zusammenstoß. Dank des Zusammenhalts der Centurien und der Flexibilität der Manipel fängt die Legion den Stoß ab oder durchbricht die Front des Feindes.

A2. Beim Vorstoß versuchen die Centurien des ersten Treffens, den Zusammenhalt der gegnerischen Linien zu sprengen.

A3. Gelingt einer Centurie dieser Durchbruch, stößt die zweite Centurie ihres Manipels sofort durch die Bresche nach und deckt dabei die Flanken der ersten Centurie, während die benachbarten Manipel ebenfalls vorrücken, um einen möglichen seitlichen Gegenangriff abzufangen. Wenn die Stoßkraft der Einheit erschöpft ist, macht sie Platz für ein Manipel des zweiten Treffens, das zwischen ihren Soldaten vorrückt und den Angriff weiter vorträgt. So können gleichzeitig mehrere Durchbrüche in der feindlichen Front erzielt und ausgebaut werden.

B1. Die Legion kann auch die Taktik des gezielten Durchstoßes verfolgen, hierbei werden drei Manipel des zweiten Treffens von zwei Manipel des ersten Treffens unterstützt.

B2. Die beiden Manipel des ersten Treffens schieben sich auseinander, um den Vorstoß des zweiten Treffens durchzulassen. Die gesamte Legion rückt nach, um den Zusammenhalt der Formation zu wahren und den Feind zu werfen.

B3. Die feindliche Formation ist jetzt gespalten, und weitere Manipel werfen sich in die Bresche, um die feindlichen Kräfte in der Tiefe aufzusprengen. Jetzt greift von den Flanken her die Kavallerie ein, um fliehende Feinde abzufangen und zusammenzutreiben und den Feind vom Rücken her aufzurollen.

Diese Gefechtstaktik setzt Einheiten voraus, die auf dem Schlachtfeld schnell und effizient Befehle umsetzen können, die durch Trompeten- oder Hornsignale verbreitet werden. Die Schlachtformation des dreifachen Treffens ist sehr viel beweglicher als die schwere Phalanx archaischen Typs und kann auch einen zahlenmäßig überlegenen Gegner schlagen. Unverzichtbar ist dabei allerdings der Schutz der Flanken und die rückwärtige Deckung der Legion durch Kavallerieeinheiten.

IV. DIE LEGION IM GEFECHT

Ab dem 2. Jh. v. Chr. griff die römische Armee, außer im Stellungskrieg, prinzipiell zuerst an, wenn sie auf den Feind traf. Zunächst schleuderten die Legionäre aus einem Abstand von 25 bis 30 Metern ihr *pilum*, den Wurfspieß, und rannten dann unter lautem Gebrüll frontal gegen den Feind an. Die frührömische *legio*, die noch nach dem Modell der griechischen Phalanx aufgestellt war, erwies sich dabei als zu unbeweglich. Sie ließ sich nicht in kleinere Einheiten aufteilen, die getrennt vorstoßen, manövrieren oder sich zurückziehen konnten. Erst dank der neuartigen Flexibilität der Schlachtordnung in drei Treffen gelang in der Schlacht von Pydna 168 v. Chr. der Erfolg über die traditionelle makedonische Phalanx. Die in Manipel eingeteilten Kohorten – eine Linie von 145 x 6,5 Metern bzw. 245 x 6,5 Metern im Fall der ersten Kohorte – waren ihr in jedem Gelände überlegen. Da die Marschordnung der Legion aus denselben Kohorten, Manipeln und Centurien bestand, konnte sie sich bei Überraschungsangriffen rasch in den drei Treffen der Schlachtordnung aufstellen. Diese drei Treffen *(acies triplex)* bestanden von vorne nach hinten aus den *hastati* (die zusätzlich zur Stoßlanze, der *hasta*, das *pilum* trugen), den jungen, unerfahrenen Soldaten. Im zweiten Treffen *(principes)* standen die erfahreneren Soldaten. Das dritte Treffen *(triarii)*, bildeten die älteren Soldaten als Reserve; sie trugen ebenfalls die *hasta*. Die beiden ersten Treffen umfassten je 120 bis 160 Mann, das dritte 60 Mann.

Der Legat der Legion befehligte die Truppe gewöhnlich von einem Standpunkt hinter dem zweiten Treffen aus, der einen guten Blick über das Kampfgeschehen gab. Seine Befehle wurden mit Fahnen-, Trompeten- und Hornsignalen durch die *tubicines* und *cornicines* vermittelt; zusätzlich hatte er Meldeläufer *(tesserarii)* für schriftliche Botschaften an die einzelnen Einheiten zur Verfügung. Hinter dem zweiten Treffen hielt sich auch der Kaiser auf, wenn er die Legion persönlich führte; er war zusätzlich von seiner berittenen Leibwache *(equites singulares)* und den Prätorianern geschützt.

Verschiedene Gefechtstaktiken

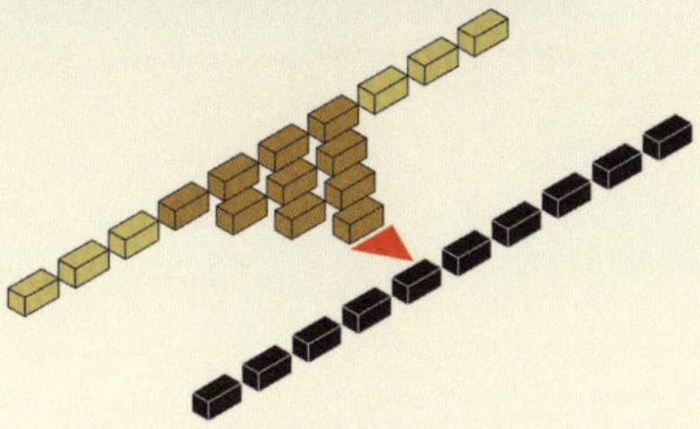

Cuneus

Das Zentrum rückt in Keilformation vor, um die feindliche Front zu durchbrechen.

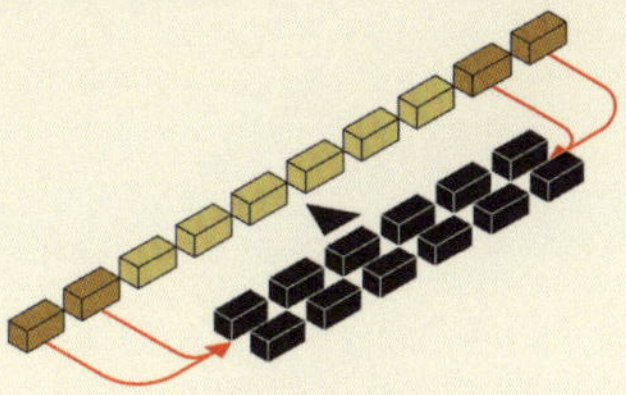

Verteidigung in einfacher Linie

Die einzelnen Manipel stellen sich nebeneinander in einer möglichst langen Front auf, um den Feind an den Flanken zu umfassen und einander dabei seitlich zu decken.

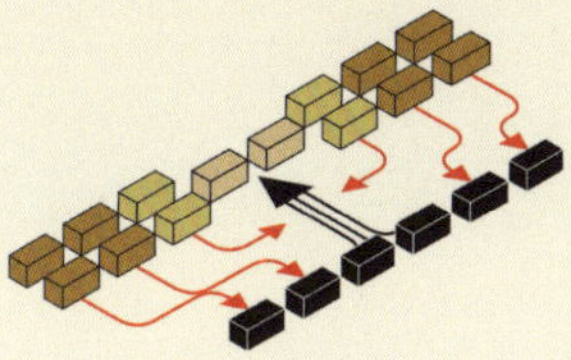

Taktik der schwachen Mitte

Das eigene Zentrum wird ausgedünnt, um den Feind nach vorne zu locken und ihn von beiden Seiten her umfassen zu können.

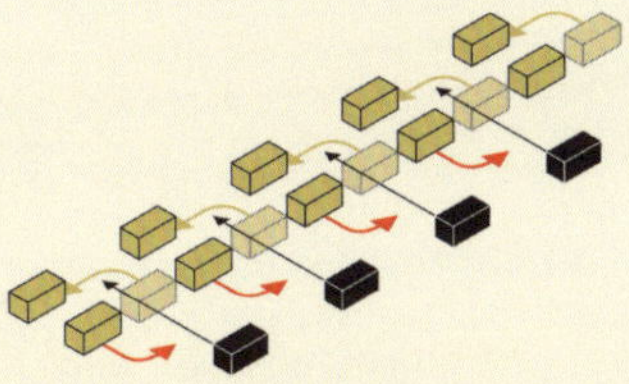

Zama-Taktik

Die einzelnen Manipel stellen sich mit großen Zwischenräumen auf, in die der Feind hineinstößt, dabei seinen Zusammenhalt verliert und in kleinen Einheiten eingeschlossen wird.

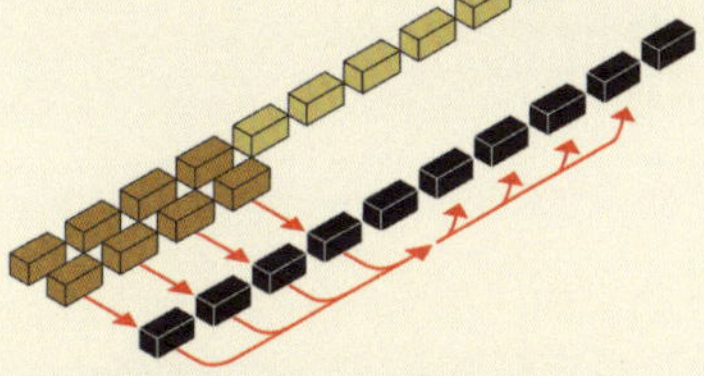

Taktik der verstärkten Front

Die Front wird an einer Seite verstärkt, um den Feind nach einem seitlichen Durchbruch durch seine Linien von hinten zu umfassen und aufzurollen.

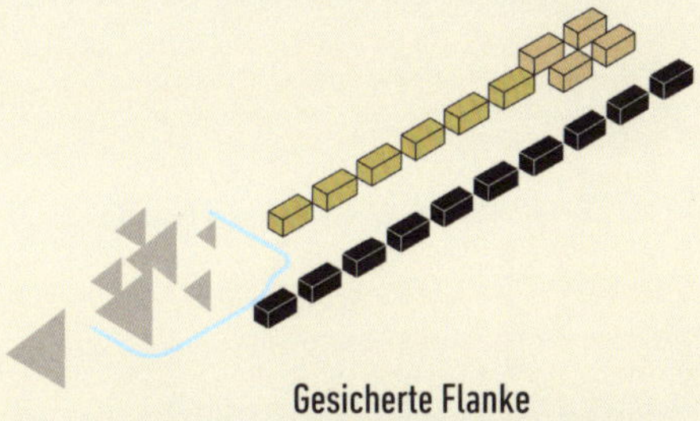

Gesicherte Flanke

Eine Flanke der Schlachtordnung wird durch ein natürliches Hindernis (z. B. einen Berg oder Fluss) gesichert, so dass Kavallerie und Auxiliareinheiten für die andere Flanke frei werden.

Die Manöver der Legionäre

Dreifache Schlachtreihe

Grundaufstellung in drei gestaffelten Treffen

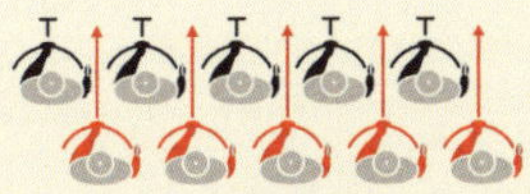

Rotation

Zur Entlastung der vordersten Linie rücken die Soldaten des zweiten Glieds zwischen denen des ersten vor und führen den Vorstoß weiter, während sich die Soldaten des ersten Glieds zurückziehen können.

Schildkröte

Verteidigungsformation zur Annäherung an Mauern oder bei Pfeilbeschuss; Offensivmittel ähnlich der Phalanx

Cuneus

Keilformation zum Durchbrechen der feindlichen Front

Die militärische Laufbahn des Legionärs T. Valerius Marcianus

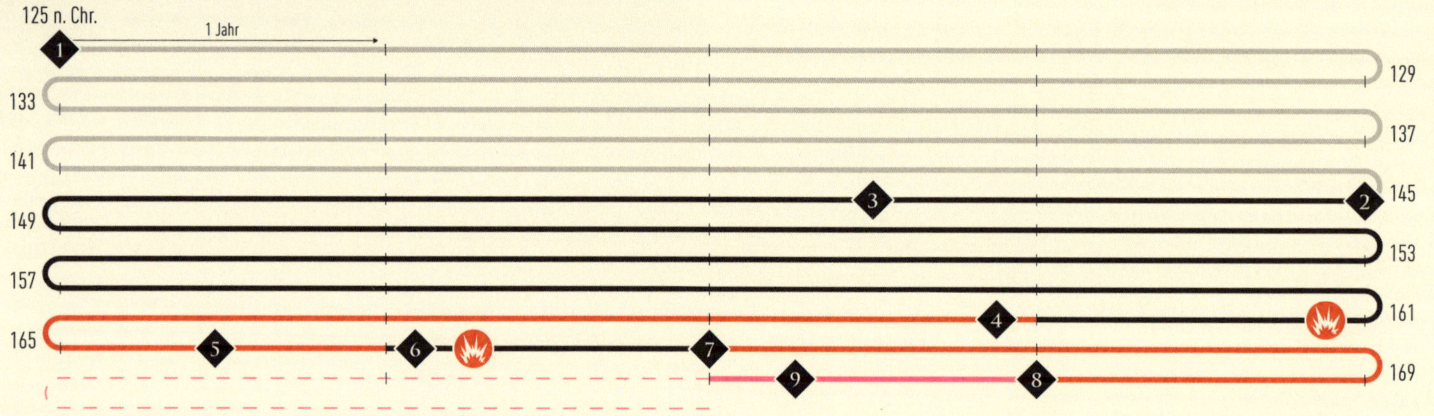

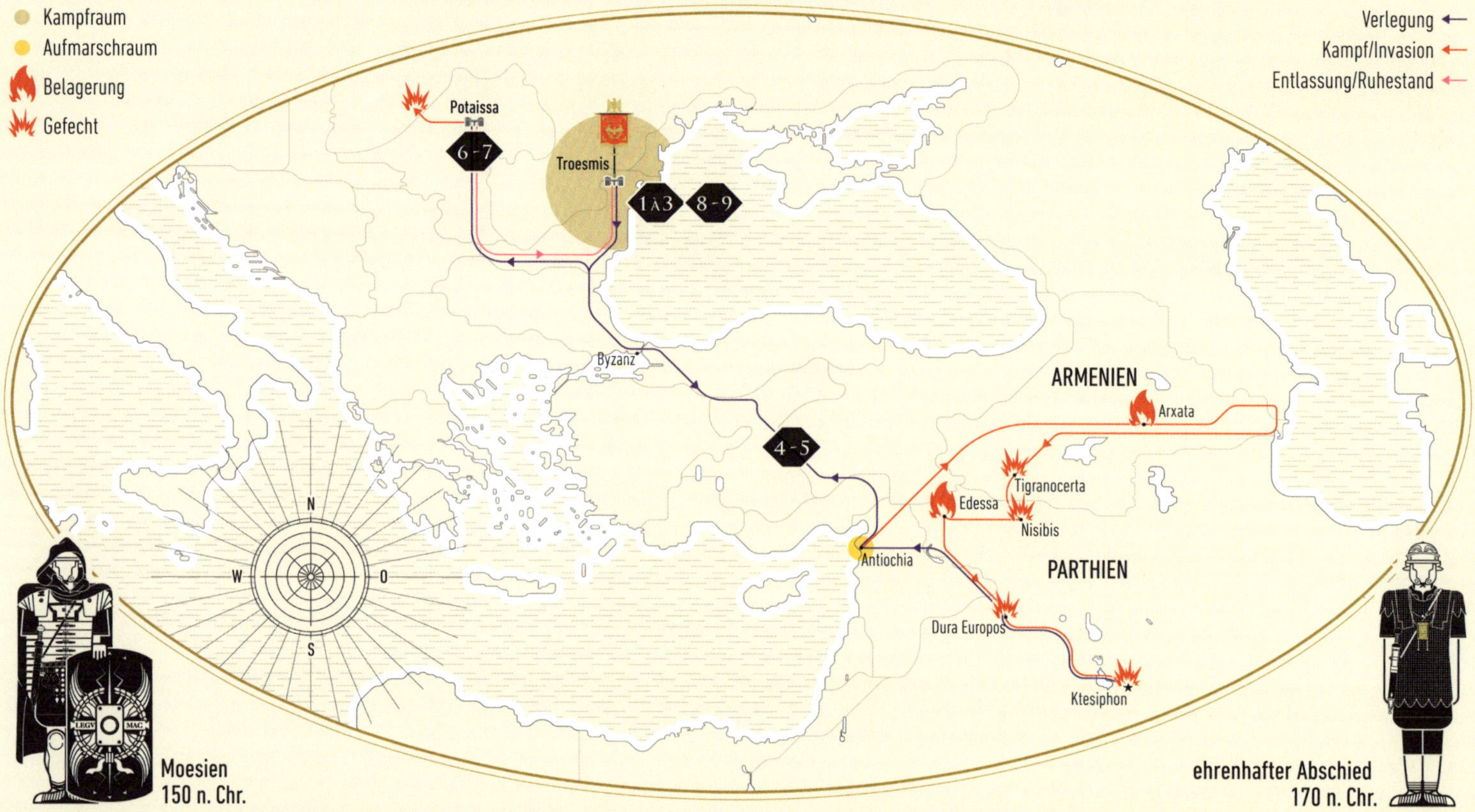

V. DER LEGIONÄR

Die Legionäre wechselten oft den Standort. Marschiert wurde gewöhnlich in Kolonnen von 2,5 bis 4,2 km Länge (ungerechnet den Tross) in Gliedern von 4 bis 6 Mann. Um stets in Form für diese Verlegungsmärsche zu sein, führte die Legion dreimal pro Monat Übungsmärsche von etwa 15 km durch. Auf dem Truppenübungsplatz *(campus)* in der Nähe des befestigten Standorts *(castrum)* übten die Legionäre außerdem den Nahkampf mit Übungsschwertern aus Holz und Schilden aus geflochtener Weide, die beträchtlich schwerer als die echten Waffen waren. Zweifellos exerzierten sie auch die verschiedenen taktischen Manöver, von der Ablösung der vordersten Linie durch Rotieren bis hin zu Umfassungsmanövern und dem Vorrücken in Keil- und Schildkrötenformation.

Im Legionslager bestand die Hauptaufgabe der Soldaten außer in ständigen Marsch- und Gefechtsübungen in der Überwachung der Umgebung. Sie beteiligten sich außerdem an öffentlichen Bauvorhaben, vor allem denen der Armee selbst, indem sie strategische Straßen anlegten, Steinbrüche abbauten und in Ziegeleien die mit dem Legionsstempel versehenen Ziegel für die Kasernenbauten brannten. Für öffentliche, nichtmilitärische Bauvorhaben stellten sie Spezialisten wie Vermessungstechniker, Architekten und Ingenieure. Außerdem war die Legion bereit, in militärischen Krisen sofort einzugreifen, ob in der Nähe ihres Stationierungsorts oder in einer anderen Provinz. Sie konnte als Ganzes für einen Feldzug abgezogen werden und verblieb dann möglicherweise Jahre auf einem fernen Kriegsschauplatz, bevor sie wieder in ihr Stammquartier zurückkehrte. Ab Mitte des 2. Jh. kam es allerdings nur noch selten vor, dass ganze Legionen in Krisengebiete abgezogen wurden; sie ordneten vielmehr *vexillationes* ab, Abteilungen in Kohortenstärke, die am Ort der Krise militärisch eingriffen. Nach mindestens 25 Jahren Dienstzeit erhielt der Legionär die Bescheinigung seiner ehrenhaften Entlassung *(honesta missio)* und bekam den Teil des Solds ausgezahlt, den er bei der Legion angespart hatte, und dazu ein Stück Land in einer Veteranenkolonie oder eine Geldprämie für den Start ins Zivilleben. Auch während der Dienstzeit gab es regelmäßig solche Prämien *(donativa)*, die beträchtliche Höhen erreichen konnten.

1. Titus Valerius Marcianus wurde 125 n. Chr. 30 km vom moesischen Troesmis als Sohn eines Veteranen geboren.

2. Mit 20 Jahren, im Jahr 145, meldete er sich als Freiwilliger zur Legio V Macedonica in Troesmis.

3. Haupttätigkeit während der folgenden 16 Jahre: Polizeidienst und Grenzsicherung

4. Im Jahr 161 wurde die römische Armee unter Lucius Verus zu Beginn des Partherkriegs geschlagen. Die Legio V Macedonica wurde 162 mit fünf weiteren Legionen und fünf Vexillationen in Antiochia zusammengezogen. Nach Auffrischung der Kampfausbildung eroberte das römische Heer Armenien zurück, nahm die parthische Hauptstadt Ktesiphon ein und zwang die Parther in die Knie. Titus war 37 Jahre alt.

5. 165, nach 20 Jahren Dienstzeit, erreichte er den Status eines Veteranen und wurde zum *beneficiarius consularis* befördert. Damit war er von niederen Alltagsdiensten befreit und wurde dem Präfekten eines Flügels, dem Legaten selbst oder dem Provinzstatthalter als Adjutant zugeteilt. Seine Aufgaben waren nun Verwaltungsdienst, Logistik oder Polizeiarbeit.

6. Im Jahr 166 begann der Germanenkrieg. Rückkehr ins neue Stammlager der Legion bei Potaissa in Dakien.

7. Von 167 bis 170 war Titus im Kampfeinsatz während des Germanenkriegs im dritten Treffen.

8. 170, mit 45 Jahren und nach 25 Jahren Dienstzeit, verließ er die Legion. Er lehnte die Landzuteilung als Bauer in einer Veteranenkolonie ab, wählte lieber die Prämie von 3000 Denar (10-facher Jahressold), die ihm bei ehrenhafter Entlassung zustand, und erhielt außerdem die 250 Denar obligatorischen angesparten Sold ausgezahlt. Er kehrte nach Troesmis zu seiner Familie zurück.

9. 170 n. Chr. heiratete er Marcia Basilissa, die Schwiegertochter eines Legionskameraden. Wann er starb und ob er Kinder hatte, ist unbekannt.

Anwerbung und Ausbildung

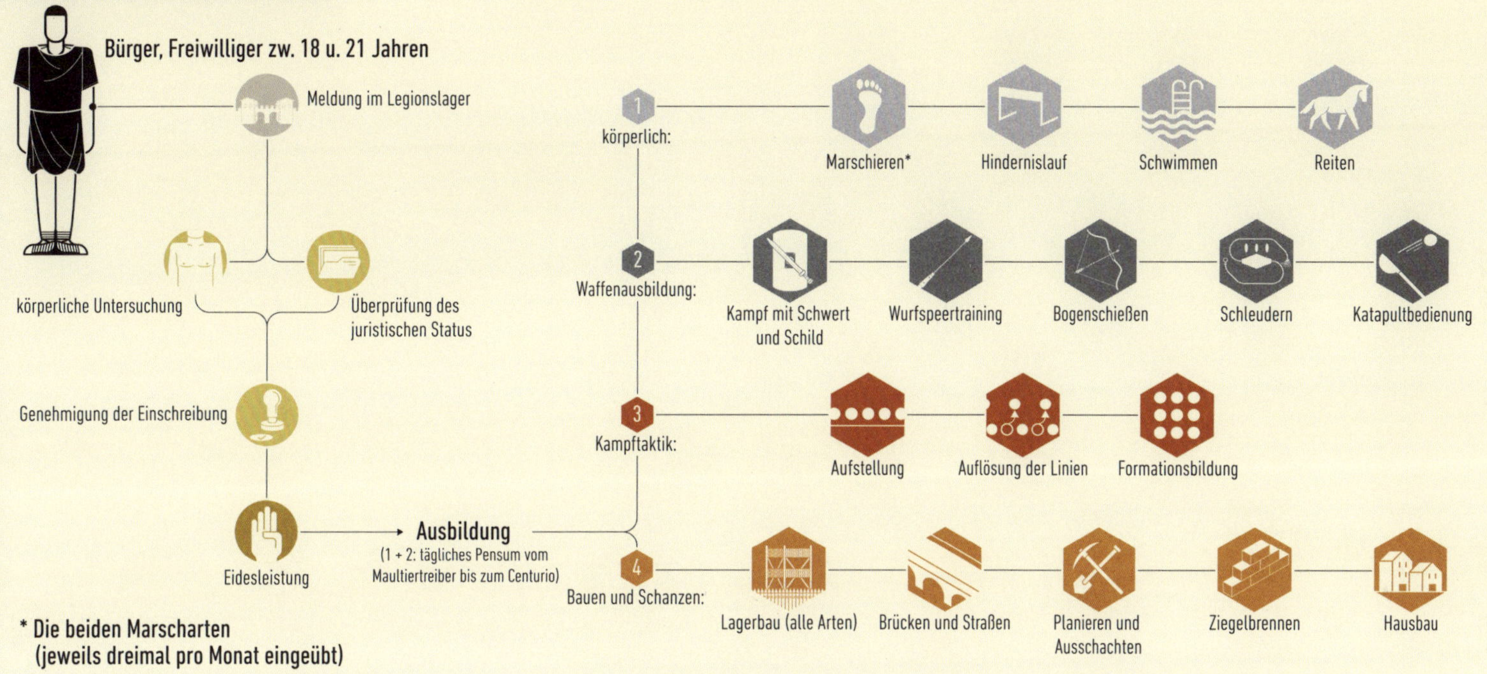

* Die beiden Marscharten (jeweils dreimal pro Monat eingeübt)

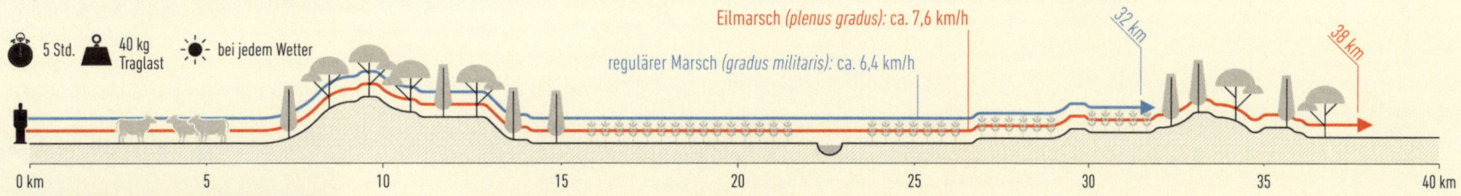

Hauptaufgaben des Legionärs

Hauptaufgabe · zweitrangig · andere

Strafen

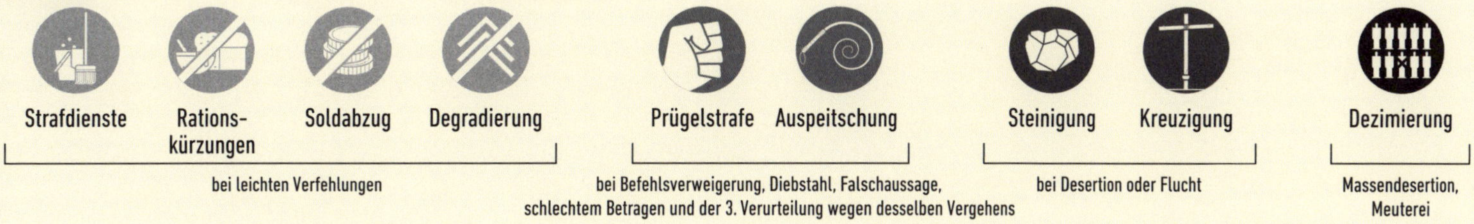

Die Ausrüstung des römischen Soldaten wurde ständig verbessert. Nach der schweren Bewaffnung nach Art der Hopliten, wie sie in den ersten Jahrhunderten der Republik üblich gewesen war und bei der Mobilisierung selbst gestellt werden musste, wurde zunächst das Langschwert im 3. Jh. v. Chr. durch das Kurzschwert *(gladius)* ersetzt. Das Schwert trug der Legionär rechts, der Centurio links. In der Kaiserzeit, im Lauf des 1. Jh., wurde der schwere Kettenpanzer (9 bis 12 kg) durch den leichteren Plattenpanzer (*lorica segmentata,* 6 bis 8 kg) abgelöst.

Im späten Kaiserreich veränderte sich die Bewaffnung grundlegend. Das *pilum* wurde durch die längere *hasta* abgelöst, gleichzeitig mit der Umstellung der Kampfformation auf acht Glieder. Statt des Gladius wurde das Langschwert *(spatha)* der Kavallerie bei der Fußtruppe eingeführt. Ab dem 3. Jh. trugen die ersten Reihen der Kampfformation, die *phalangarii,* die *hasta,* die mittleren Linien *(lancearii)* dagegen die *lancea,* die hinteren *(sagittarii)* Pfeil und Bogen. Der schwere rechteckige Schild *(scutum)* wurde durch den leichteren Rundschild *(parma, clipeus)* ersetzt, aber statt des Plattenpanzers kam das Kettenhemd (im Westen) bzw. der Schuppenpanzer (im Osten) zurück. Die Bewaffnung wurde vom Sold des Legionärs bezahlt und musste bei Abmusterung zurückgegeben werden.

Auf dem Marsch und im Gefecht trugen die Legionäre einen Teil ihrer Ausrüstung (Waffen, Werkzeug, Proviant) am Mann, wobei jedes Contubernium zusätzlich über einen Karren oder ein Maultier für die schwersten Ausrüstungsteile verfügte. Außer den persönlichen Rationen, die der einzelne Soldat bei sich trug, gab die Legion täglich 18,4 Tonnen Lebensmittel und persönlichen Bedarf aus. Der Stab hielt gewöhnlich den Bedarf für 17 Tage vorrätig, womit dem Nachschub durch Flussfrachter eine entscheidende Rolle zufiel.

Ernährung und täglicher Energieverbrauch

in Gramm und Kilokalorien unter besten Bedingungen

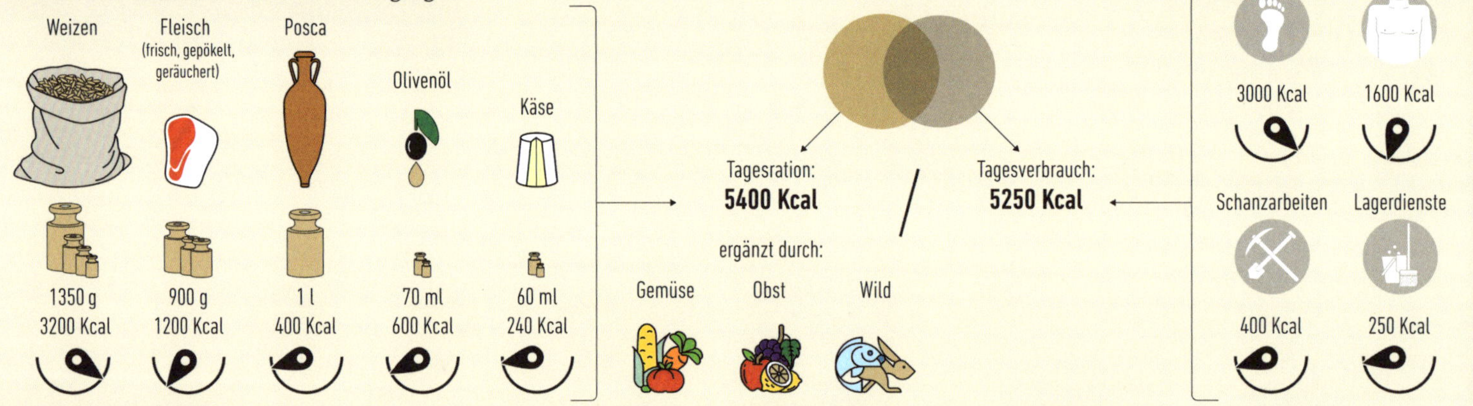

Der Sold *(stipendium)*

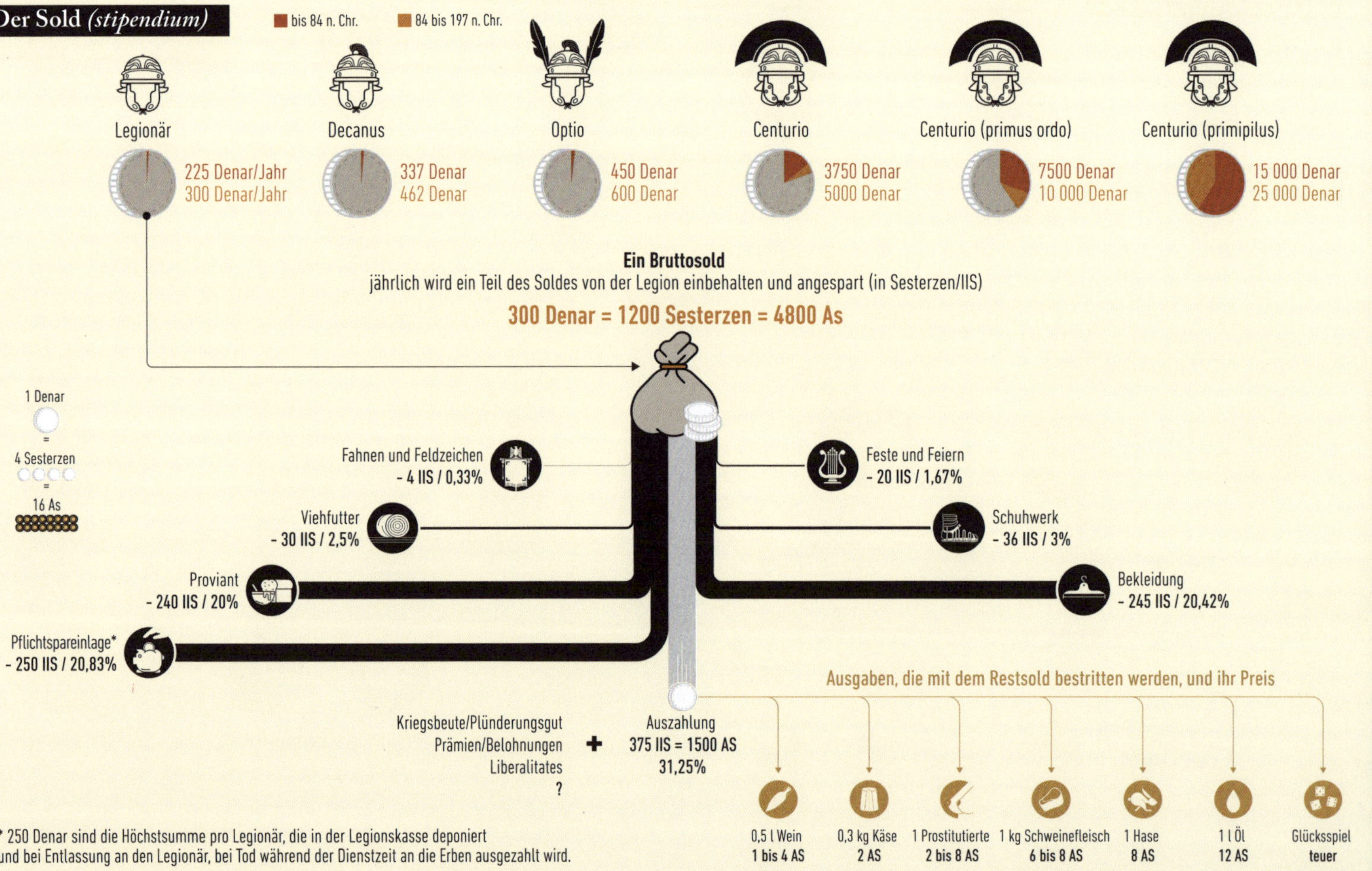

* 250 Denar sind die Höchstsumme pro Legionär, die in der Legionskasse deponiert und bei Entlassung an den Legionär, bei Tod während der Dienstzeit an die Erben ausgezahlt wird.

Ausrüstung eines Legionärs der frühen Kaiserzeit

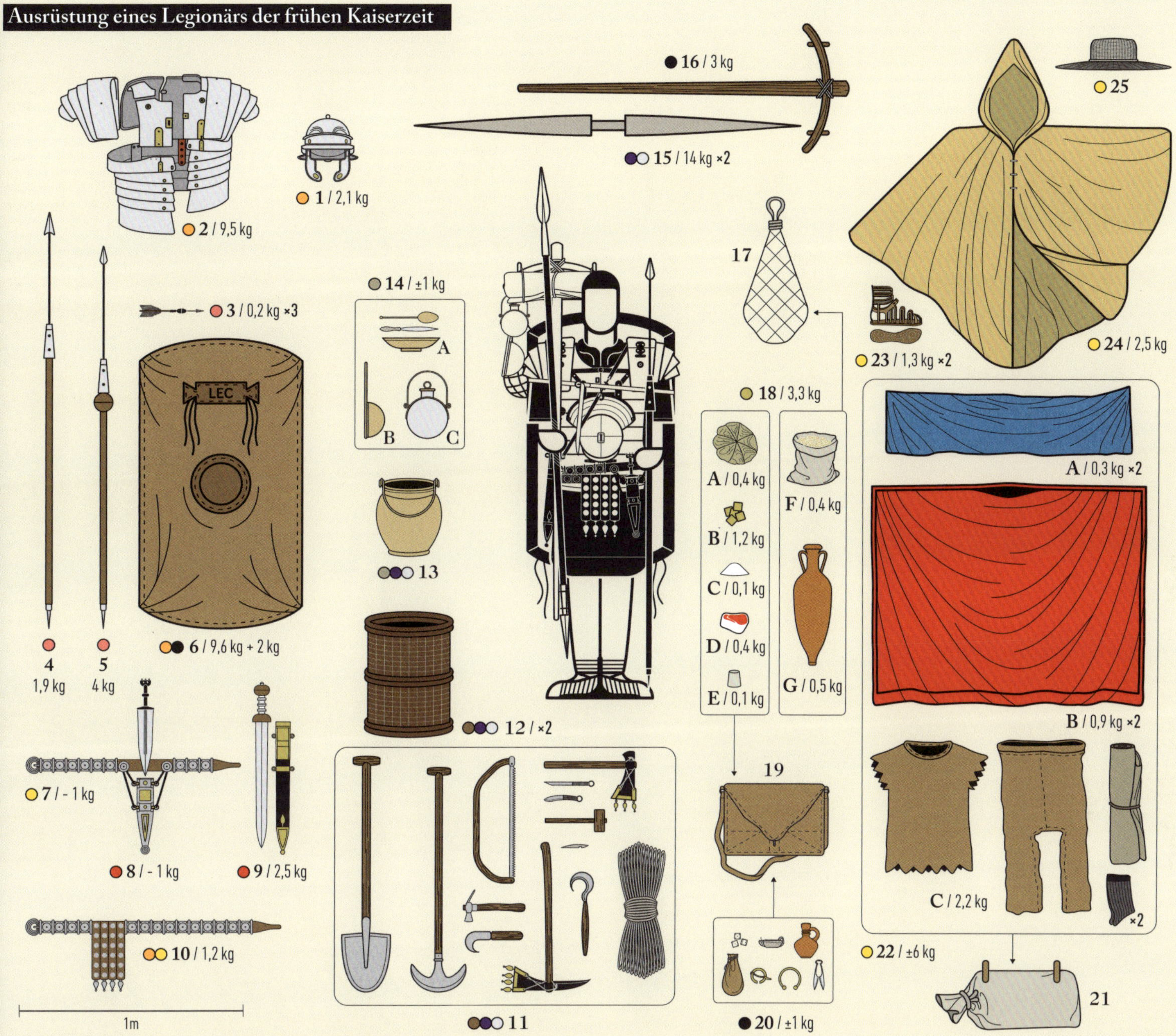

Zeichenerklärung

1. Helm
2. Panzer
3. Plumbata
4. Pilum
5. schweres Pilum
6. Scutum + Schildhülle
7. Cingulum
8. Pugio
9. Gladius
10. Cingulum
11. Werkzeug
12. Korb
13. Situla
14 A. Essbesteck
    B. Patera
    C. Lagoena
15. Pila muralis
16. Furca
17. Tragnetz
18. Rationen für drei Tage
18 A. Brot
    B. Zwieback
    C. Salz
    D. Fleisch
    E. Käse
    F. Weizen
    G. Posca (Wein + Wasser)
19. Saccus Scorteus
20. Persönliche Habe
21. Mantica
22 A. Schal
    B. Tunica
    C. Ärmellose Tunica
23. Caligae
24. Paenula
25. Strohhut

- Nahkampfwaffen
- Fernwaffen
- Schutzwaffen
- Kleidung
- Werkzeug
- Küchengeräte
- Rationen für drei Tage
- persönliche Habe und Diverses
- 1 je Contubernium
- auf Maultier mitgeführt

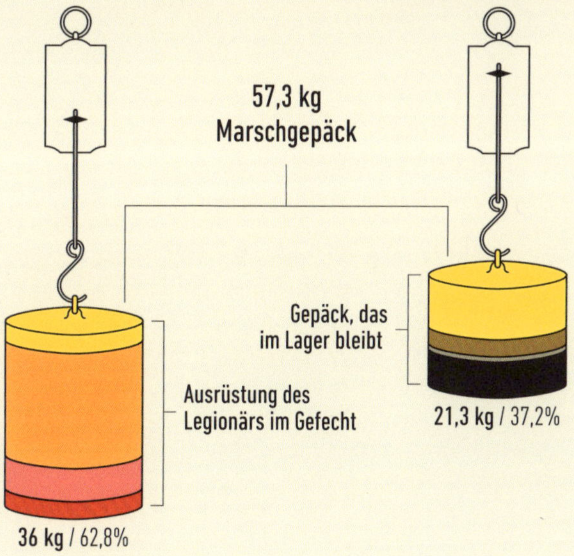

Entwicklung der Kavallerie

Sold der römischen und Auxiliareinheiten im Vergleich

84 n. Chr., in Sesterzen pro Jahr

		Soldat	Optio/Curator	Centurio/Decurio
Infanterie	römische Legion	1200	2400	6000
	Auxiliareinheiten	1000	2000	5000
Kavallerie	römische Legion	1400	3400	8400
	Auxiliareinheiten	1200	2800	7000

Stationierungsort und Anzahl der Auxiliareinheit je Provinz

unter Hadrian um 130 n. Chr.

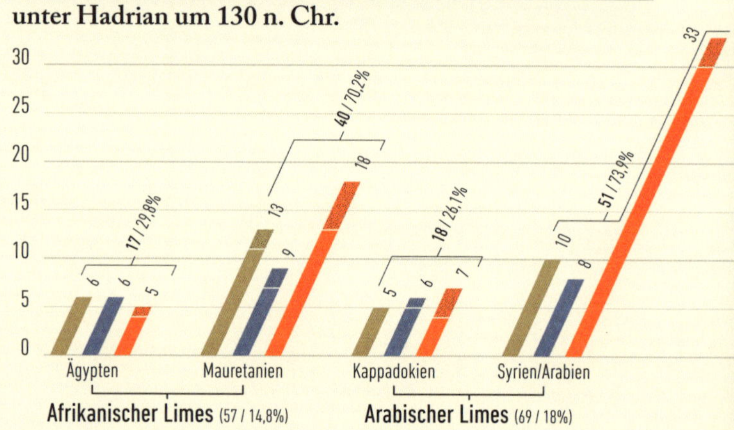

VI. KAVALLERIE UND AUXILIAREINHEITEN

Die Kavallerie war zu Beginn der Republik kein bedeutender Truppenteil der römischen Armee. Als die Römer im 2. Punischen Krieg sahen, welche Wirkung die Angriffe schwerer spanischer und gallischer Reiter hatten, legten sie sich Ende des 2. Jh. v. Chr. selbst eine solche Truppe zu und rekrutierten sie auch gleich aus Spaniern und Galliern. Die Legionen behielten ihre Begleitkavallerie aus 120 berittenen Legionären, die aber auf taktische Aufgaben beschränkt blieben. Der berittene Kampf war fortan Sache der verbündeten Kavalleristen, die selbst mitunter in gemischten Einheiten kämpften.

Die Legionskavallerie bestand ursprünglich aus jungen Männern der oberen Zensusklassen, die zum senatorischen oder Ritterstand gehörten und dank öffentlicher Zuschüsse ein »Staatspferd« unterhielten. Sie dienten der Republik zehn Jahre lang; sie selbst und ihr Pferd wurden danach von den Zensoren überprüft und beurteilt. Bestanden sie die Inspektion, qualifizierten sie sich damit für ein Kommando als Militärtribun (die für die konsularischen Legionen damals vom Volk gewählt wurden), als Begleiter der Konsuln oder Prätoren im Feld, oder als Kandidaten für die erste Magistratur in der Ämterlaufbahn, die Quästur. Seit den Reformen des Marius war der Dienst zu Pferd dabei nicht mehr obligatorisch; die zehn traditionellen Dienstjahre konnten nun auch auf Offiziersposten abgedient werden.

Gattungen der Auxiliareinheiten

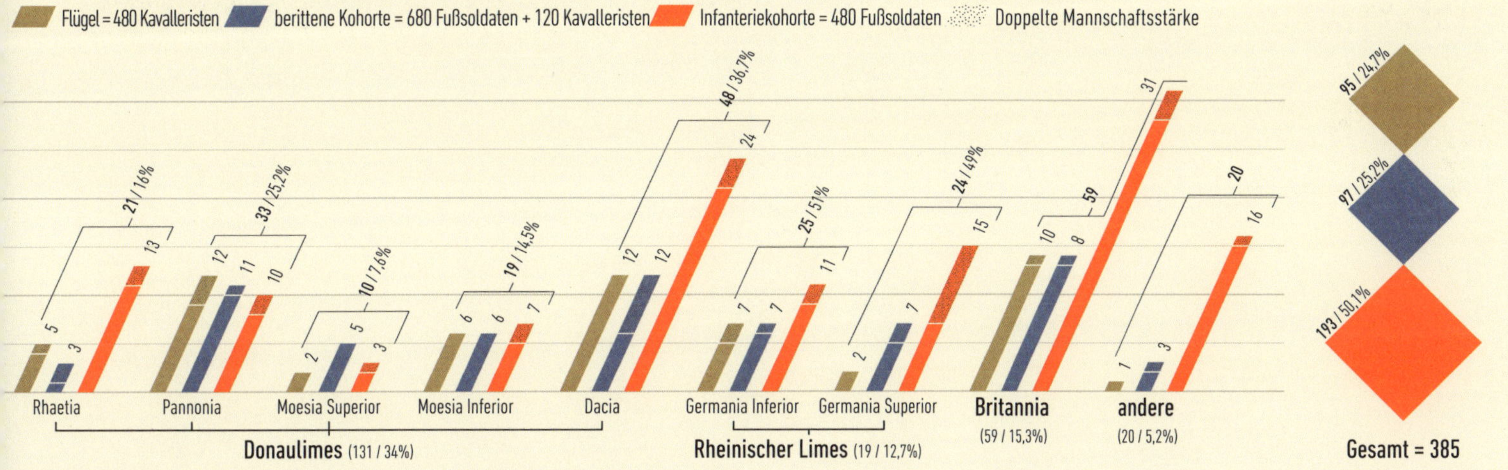

Die Aufgaben der eigentlichen Kavallerie übernahm also die an den Flügeln der Fußtruppe aufgestellte Auxiliarkavallerie, stets unter dem Kommando von jungen Rittern oder Senatorensöhnen, und zusätzlich Kohorten berittener Fußsoldaten aus 120 Kavalleristen und 680 Infanteristen. Damit verfügte die römische Armee über eine echte Kavallerie und konnte sie in ihre taktischen Planungen einbauen.

Die Reformen Diokletians und der folgenden Kaiser ab dem 4. Jh. berücksichtigten die Entwicklung der feindlichen Armeen, die sehr beweglich und oft beritten waren. Die Zahl der Infanteristen wurde zugunsten der Berittenen verringert. Seit Severus Alexander hatte die römische Armee auch Panzerreiter (Kataphrakten), also schwere Kavallerie. Die Legionskavallerie wurde ebenfalls verstärkt, bis sie Mitte des 3. Jh. von 120 auf 726 Mann angewachsen war, eingeteilt in 22 Turmae. Sie bestand zweifellos aus ehemaligen Fußtruppen. Der Anteil der Kavalleristen an der Mannschaftsstärke nahm damit von ursprünglich einem Zehntel auf ein Drittel zu.

Kaiser Gallienus zog am Rhein Abteilungen mehrerer Legionen zusammen, Flügeleinheiten der Kavallerie und eine wachsende Anzahl *numeri*, also Hilfstruppen, die in den Grenzgebieten des Reichs angeworben wurden und jeweils gemäß ihrer traditionellen Weise kämpften. Diese Truppen stationierte er anschließend zusammen mit Infanterieabteilungen als schnelle Eingreifeinheiten in Mailand. Auch die Schlachtordnung entwickelte sich weiter. Die Kavallerie spielte ab Mitte des 3. Jh. wohl eine immer wichtigere Rolle in der vordersten Linie; dort fanden sich sogar Offiziere und Unteroffiziere der Kavallerie, weil diese eine wachsende Anzahl germanischer Rekruten in der römischen Armee führten. Das hatte auch Folgen für die Entwicklung der Infanterie, die nun ausgebildet wurde, um dem Ansturm schwerer Kavallerie standzuhalten.

VII. BELAGERUNGEN

Belagerungen waren für die Armeen des Altertums schwierige Unterfangen. Man musste zahlreiche Einheiten für einen vergleichsweise langen Zeitraum an einem festgelegten Ort zusammenziehen (in Jerusalem waren es drei Legionen und ihre Auxiliareinheiten), ein großes Problem für die Nachschublogistik. Deswegen soll die Belagerung den eingeschlossenen Gegner möglichst schnell zur Aufgabe oder zu Verhandlungen treiben. Gelingt das nicht, wird sie oft abgebrochen. Hannibal zum Beispiel ließ sich angesichts seiner schwachen Nachschublinien nie auf lange Belagerungen ein.

Wir kennen aus der römischen Militärgeschichte eine ganze Reihe Belagerungen, angefangen bei der Vejis, der nur 15 km nördlich gelegenen etruskischen Rivalin Roms; nach der Sage fiel die Stadt 396 v. Chr. nach zehnjähriger Belagerung. Hier handelte es sich allerdings sicher eher um wiederholte Feldzüge gegen die feindliche Stadt als um eine dauerhafte Belagerung, wie sie dann gegen Syrakus (213/212 v. Chr.), Karthago (146 v. Chr.), Alesia (52 v. Chr.), Perugia (41/40 v. Chr.) und Jerusalem (70 n. Chr.) unternommen wurden, um die berühmtesten zu nennen. Diese Belagerungen waren komplexe militärische Operationen, die letztlich trotz aller Artillerie und anderer Belagerungsmaschinen darauf hinausliefen, den belagerten Feind auszuhungern, indem man seinen Nachschub und möglichst den Zugang zu Frischwasser abschnitt, bis er entweder aufgab oder so geschwächt war, dass er einem Sturmangriff nicht mehr viel Widerstand entgegensetzen konnte. Während der Wartezeit errichteten die Belagerer große Zugangsrampen, um ihren Truppen die Erstürmung der feindlichen Befestigungen zu erleichtern.

Die wichtigsten Distanzwaffen

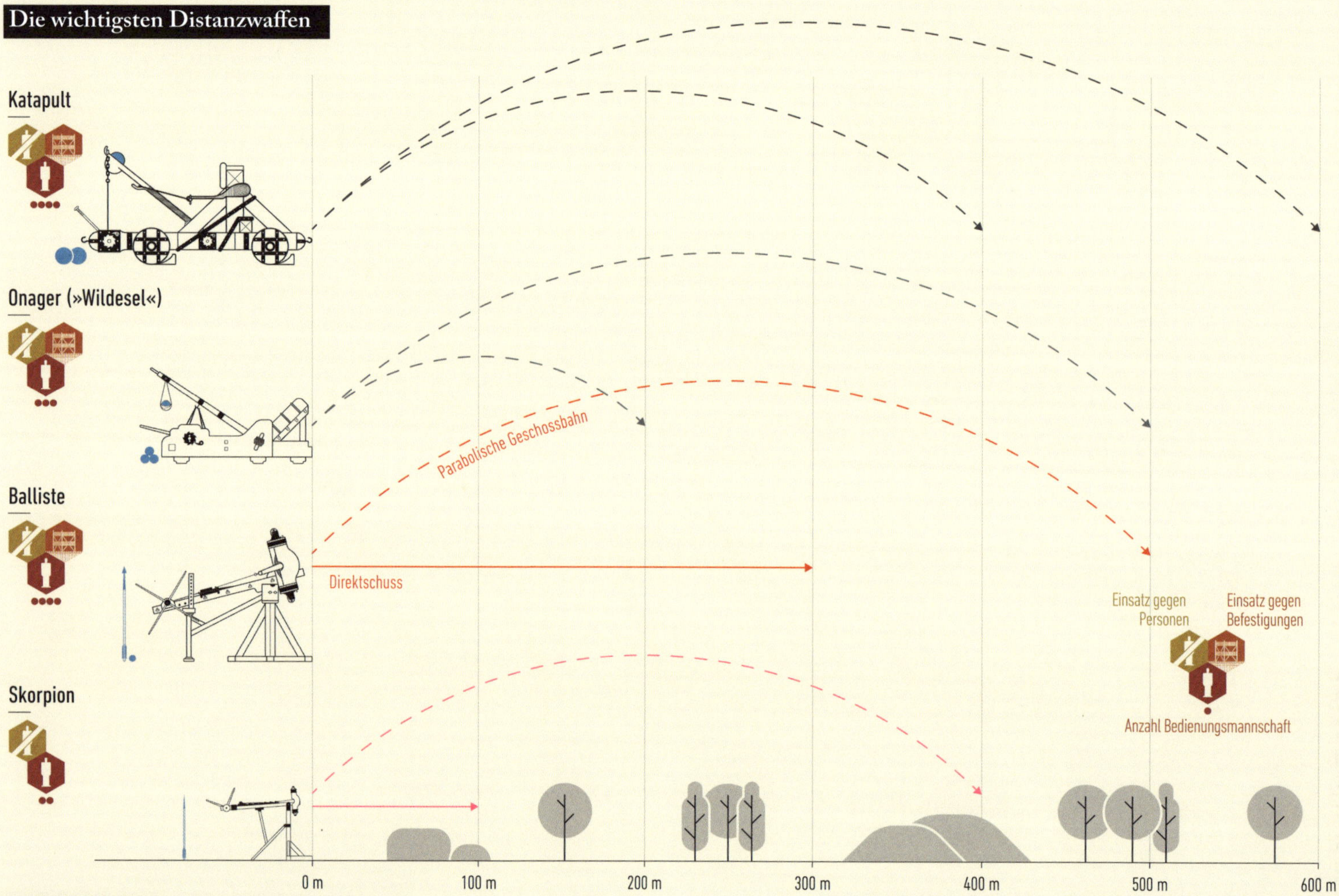

Die wichtigsten Belagerungsmaschinen

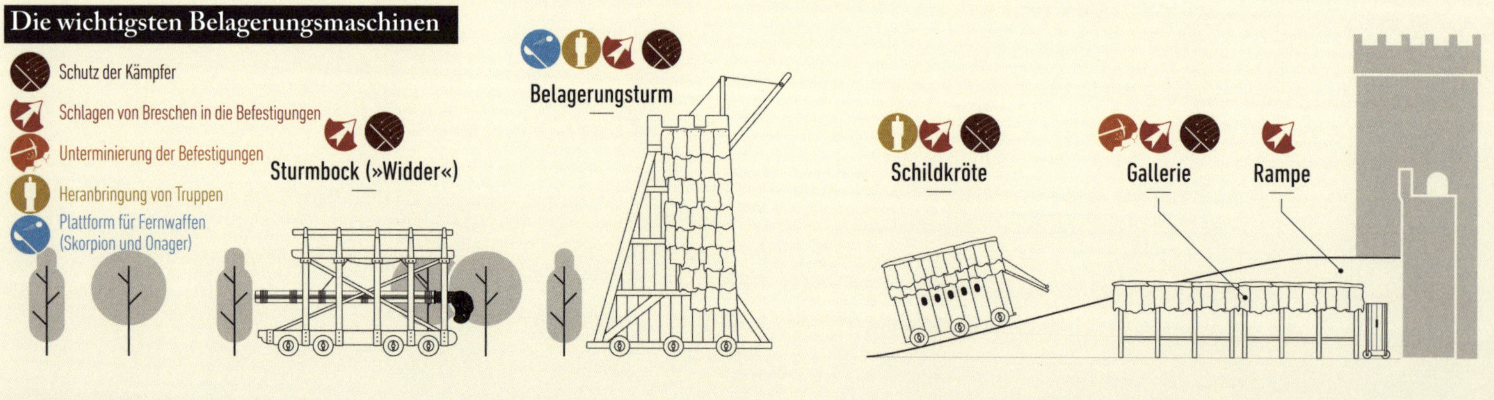

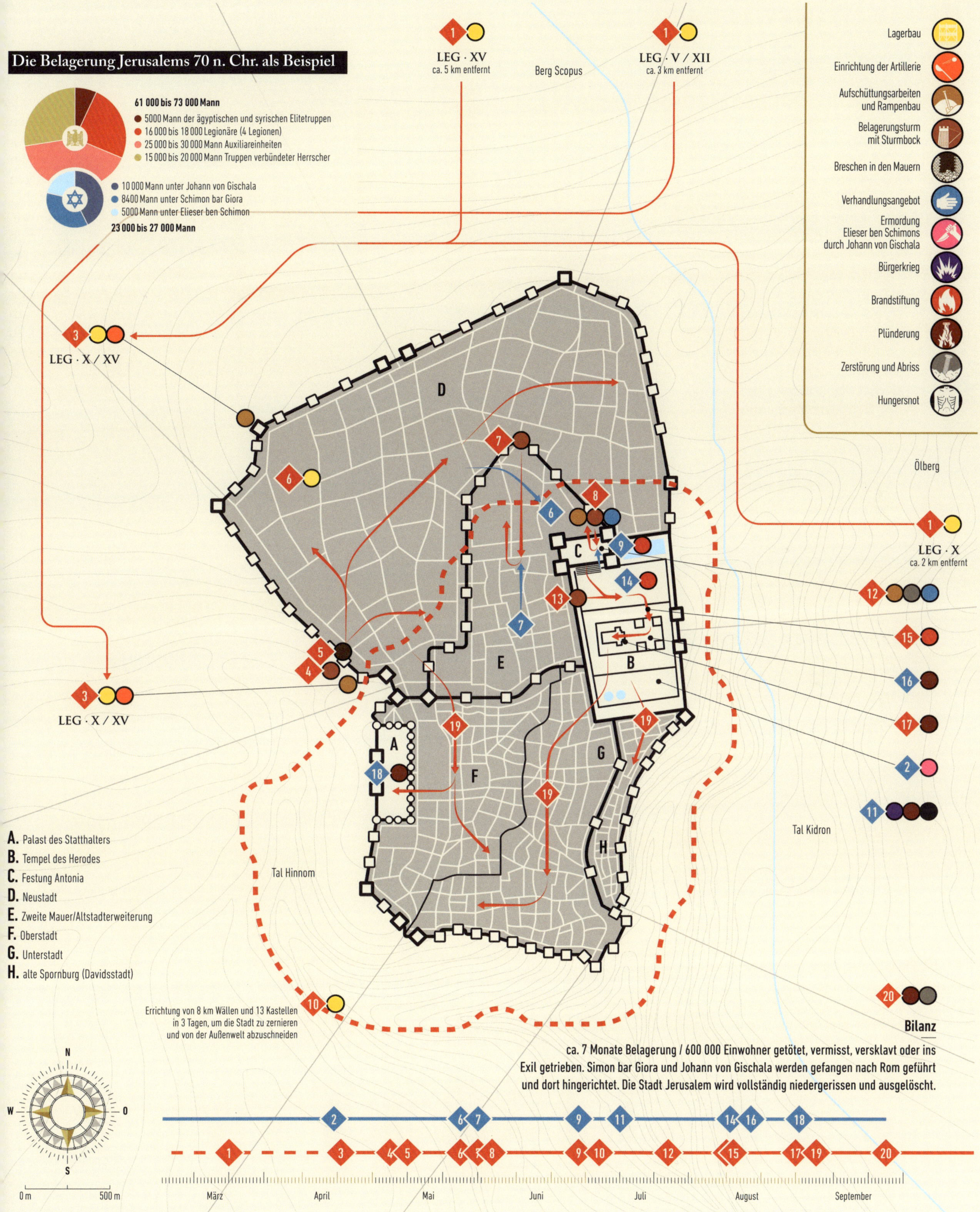

Die Belagerung Jerusalems 70 n. Chr. als Beispiel
61 000 bis 73 000 Mann
5000 Mann der ägyptischen und syrischen Elitetruppen
16 000 bis 18 000 Legionäre (4 Legionen)
25 000 bis 30 000 Mann Auxiliareinheiten
15 000 bis 20 000 Mann Truppen verbündeter Herrscher
10 000 Mann unter Johann von Gischala
8400 Mann unter Schimon bar Giora
5000 Mann unter Elieser ben Schimon
23 000 bis 27 000 Mann
LEG · XV
ca. 5 km entfernt
Berg Scopus
LEG · V / XII
ca. 3 km entfernt
Lagerbau
Einrichtung der Artillerie
Aufschüttungsarbeiten und Rampenbau
Belagerungsturm mit Sturmbock
Breschen in den Mauern
Verhandlungsangebot
Ermordung Elieser ben Schimons durch Johann von Gischala
Bürgerkrieg
Brandstiftung
Plünderung
Zerstörung und Abriss
Hungersnot
LEG · X / XV
Ölberg
LEG · X
ca. 2 km entfernt
LEG · X / XV
Tal Kidron
Tal Hinnom
A. Palast des Statthalters
B. Tempel des Herodes
C. Festung Antonia
D. Neustadt
E. Zweite Mauer/Altstadterweiterung
F. Oberstadt
G. Unterstadt
H. alte Spornburg (Davidsstadt)
Errichtung von 8 km Wällen und 13 Kastellen in 3 Tagen, um die Stadt zu zernieren und von der Außenwelt abzuschneiden
Bilanz
ca. 7 Monate Belagerung / 600 000 Einwohner getötet, vermisst, versklavt oder ins Exil getrieben. Simon bar Giora und Johann von Gischala werden gefangen nach Rom geführt und dort hingerichtet. Die Stadt Jerusalem wird vollständig niedergerissen und ausgelöscht.
N
W
O
S
0 m
500 m
März
April
Mai
Juni
Juli
August
September

VIII. DIE LEGIONEN IM EINSATZ

In der republikanischen Zeit kämpften die Legionen jeweils nur während der Feldzugssaison. Im Winter wurde die Armee aufgelöst und für das Folgejahr an einen bestimmten Ort wieder einberufen. Im Lauf des 3. Jh. v. Chr. und namentlich während des 2. Punischen Kriegs überstieg der Bedarf an Soldaten bei Weitem die vier konsularischen Legionen, und die Soldaten kämpften gewöhnlich zu weit entfernt von Italien, um im Winter nach Hause zurückkehren zu können. Sie überwinterten im Kriegsgebiet, und ihre neuen Kommandanten stießen jeweils vor Ort zu ihnen. Im Lauf des 2. Jh. v. Chr. wurde dieses System zur Regel, und die wachsende Zahl der Provinzen zwang die Römer zur Errichtung dauerhafter Garnisonen. Während des 1. Jh. v. Chr., als zur Niederschlagung von Aufständen und zu auswärtigen Eroberungskriegen noch die innerrömischen Bürgerkriege hinzukamen, wurden die Legionen zur Berufsarmee, und ihre Zahl vervielfachte sich. 42 v. Chr. wurde der junge Octavian von seinen Mittriumvirn Lepidus und Antonius beauftragt, einen Großteil der Legionen Cäsars aufzulösen und in Veteranenkolonien anzusiedeln. Diese Aufgabe stellte sich ihm erneut, als er 30 v. Chr. als Sieger aus den Bürgerkriegen hervorging und im neugewonnenen Frieden den Großteil der unter Waffen stehenden Legionen demobilisieren musste, deren Zahl in den Bürgerkriegen bis auf 60 gestiegen war und die nicht nur einen enormen Kostenfaktor, sondern auch einen politischen Unruheherd darstellten. Augustus beließ nur 18 Legionen im aktiven Dienst; dieser Einschnitt war allerdings zu radikal, am Ende seines Prinzipats waren es wieder 25. In der Folge wurde eine Anzahl Legionen durch vernichtende Niederlagen aufgerieben (insbesondere die drei des Varus 9 n. Chr. im Teutoburger Wald) oder aufgelöst (8 Legionen 69 n. Chr.), während 16 weitere neu gegründet wurden. Die Anzahl stieg laufend weiter, bis sie sich im 2. Jh. bei 30 stabilisierte und Anfang des 3. Jh. 33 erreichte.

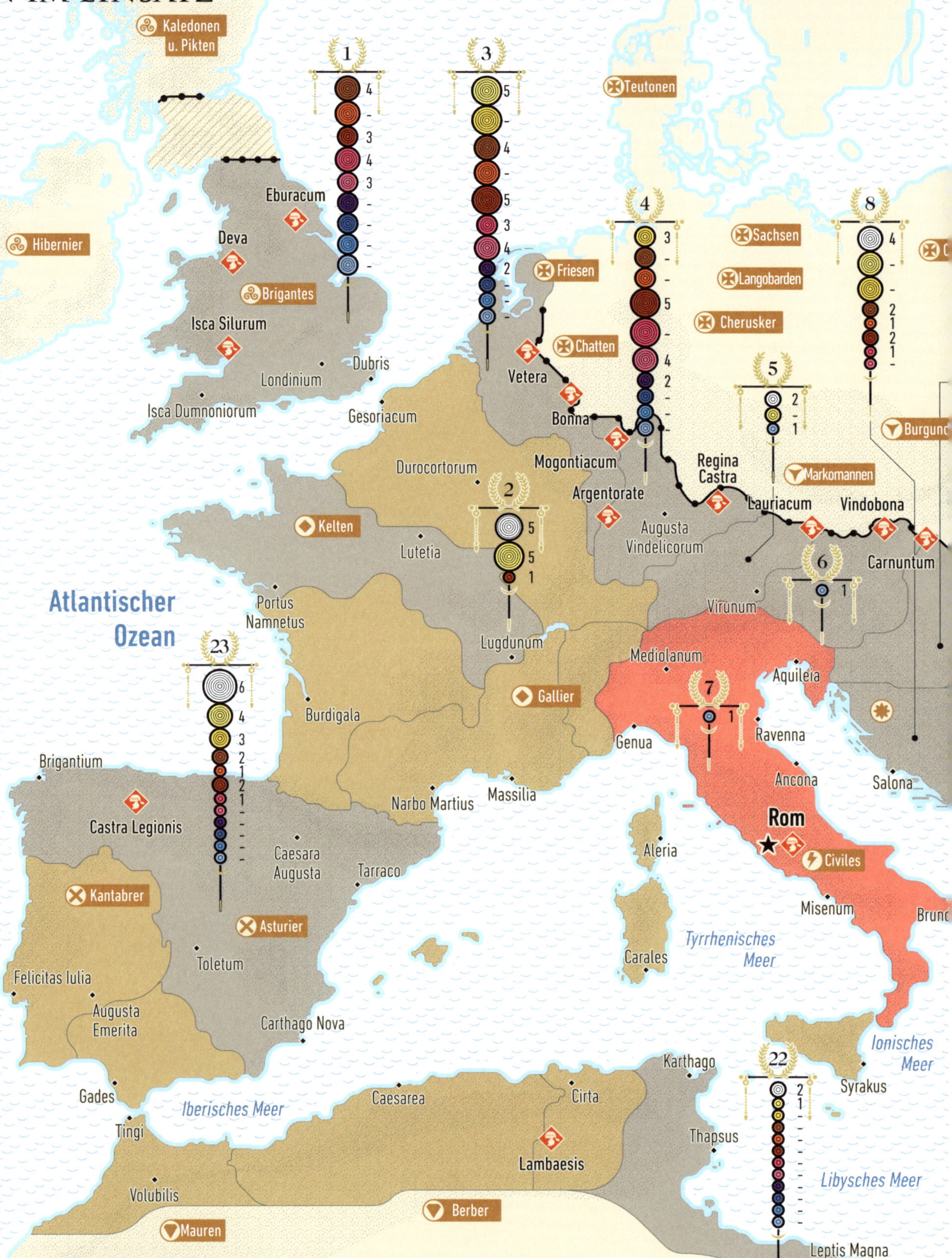

Die Legionen im Feld

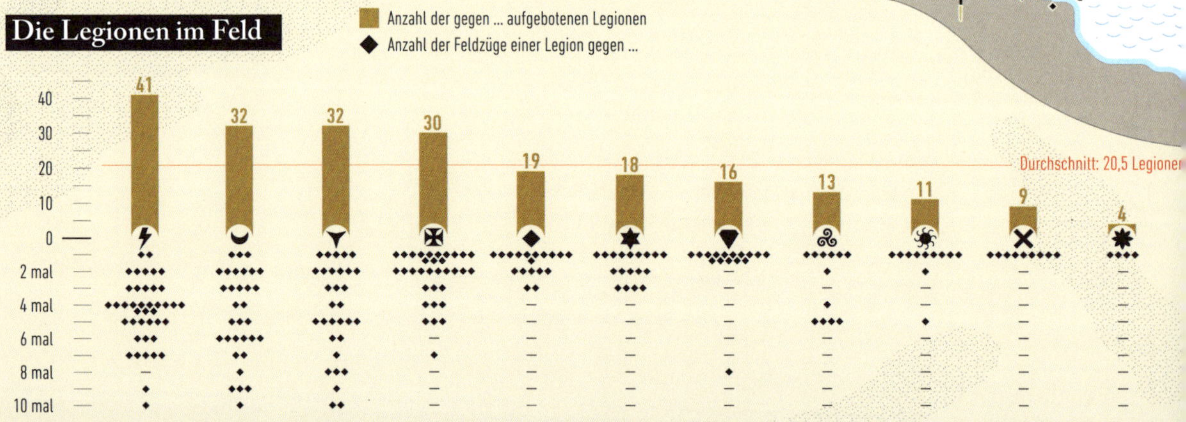

Stationierung der Legionen zwischen 9 und 215 n. Chr.

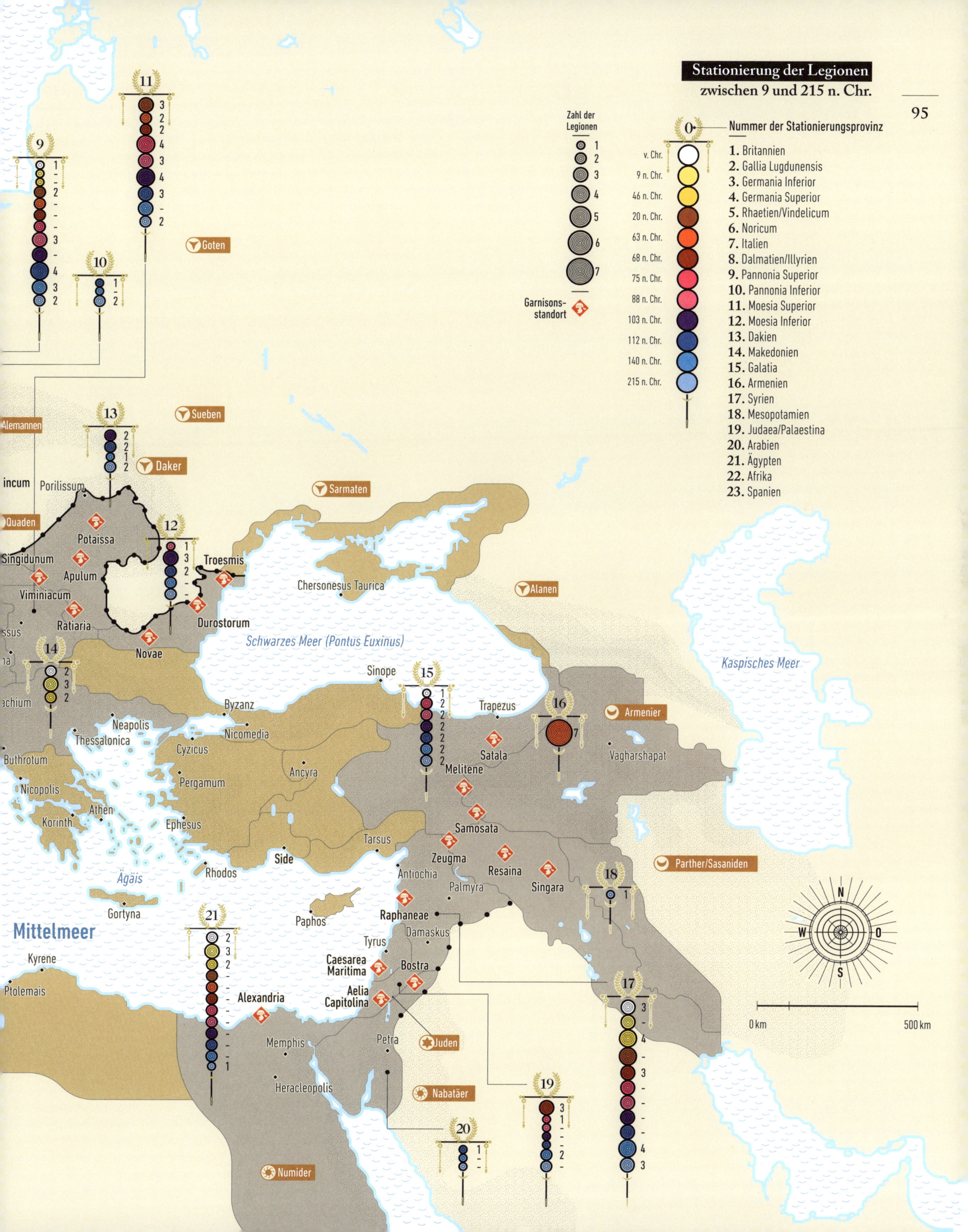

Geschichte der 44 Legionen der frühen Kaiserzeit

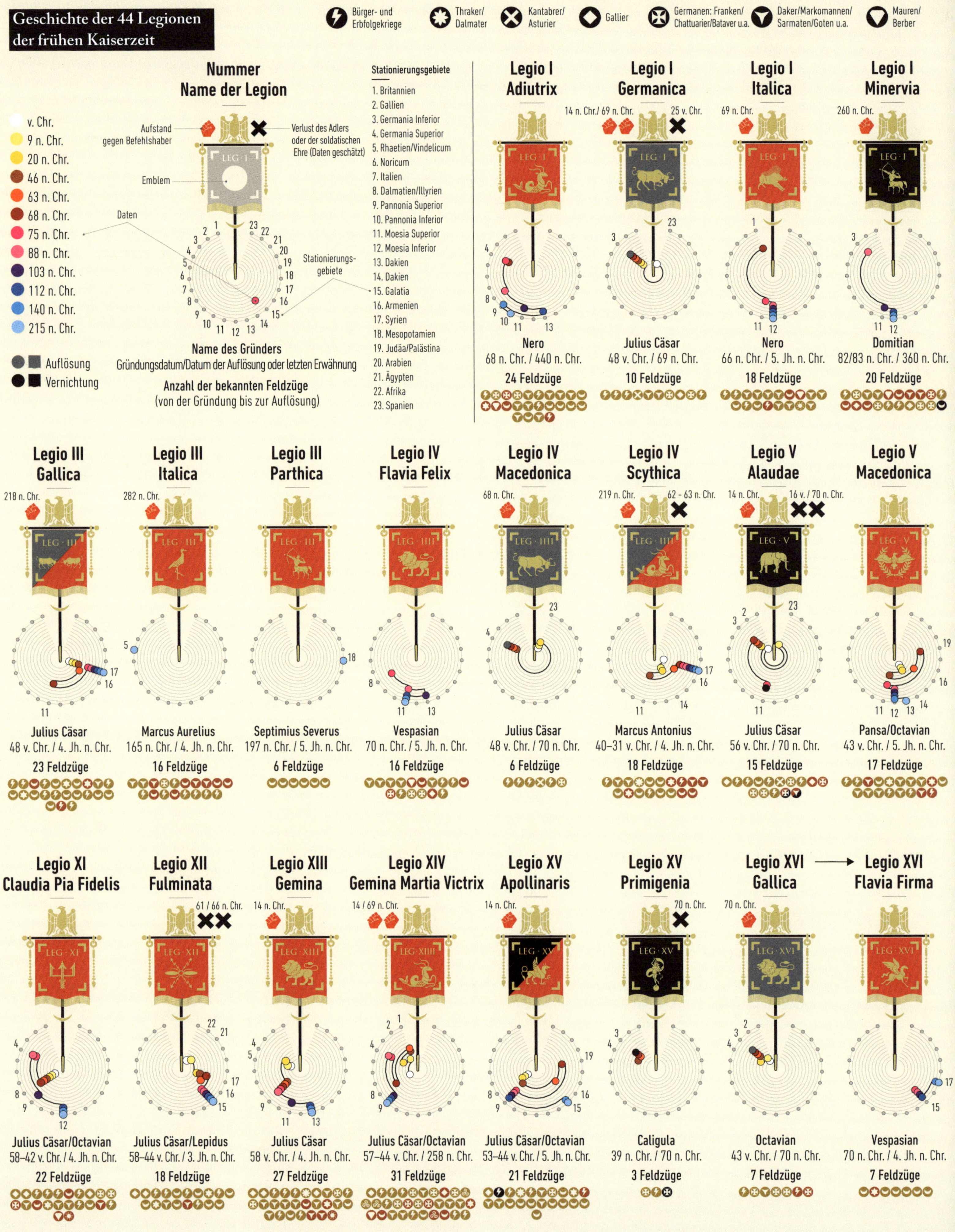

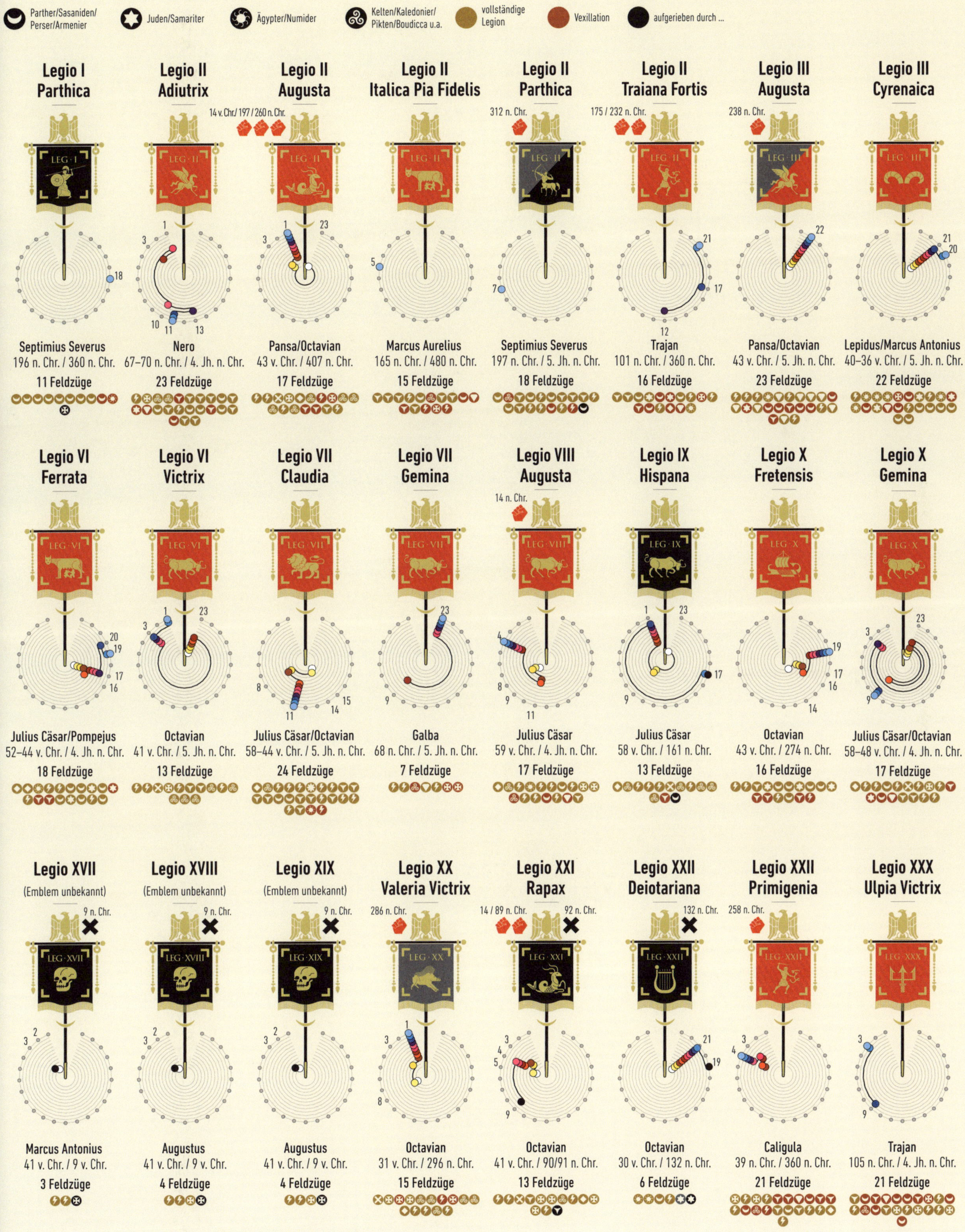
Parther/Sasaniden/Perser/Armenier
Juden/Samariter
Ägypter/Numider
Kelten/Kaledonier/Pikten/Boudicca u.a.
vollständige Legion
Vexillation
aufgerieben durch ...
Legio I Parthica
LEG · I
Septimius Severus
196 n. Chr. / 360 n. Chr.
11 Feldzüge
Legio II Adiutrix
LEG · II
Nero
67–70 n. Chr. / 4. Jh. n. Chr.
23 Feldzüge
Legio II Augusta
14 v. Chr./ 197 / 260 n. Chr.
LEG · II
Pansa/Octavian
43 v. Chr. / 407 n. Chr.
17 Feldzüge
Legio II Italica Pia Fidelis
LEG · II
Marcus Aurelius
165 n. Chr. / 480 n. Chr.
15 Feldzüge
Legio II Parthica
312 n. Chr.
LEG · II
Septimius Severus
197 n. Chr. / 5. Jh. n. Chr.
18 Feldzüge
Legio II Traiana Fortis
175 / 232 n. Chr.
LEG · II
Trajan
101 n. Chr. / 360 n. Chr.
16 Feldzüge
Legio III Augusta
238 n. Chr.
LEG · III
Pansa/Octavian
43 v. Chr. / 5. Jh. n. Chr.
23 Feldzüge
Legio III Cyrenaica
LEG · III
Lepidus/Marcus Antonius
40–36 v. Chr. / 5. Jh. n. Chr.
22 Feldzüge
Legio VI Ferrata
LEG · VI
Julius Cäsar/Pompejus
52–44 v. Chr. / 4. Jh. n. Chr.
18 Feldzüge
Legio VI Victrix
LEG · VI
Octavian
41 v. Chr. / 5. Jh. n. Chr.
13 Feldzüge
Legio VII Claudia
LEG · VII
Julius Cäsar/Octavian
58–44 v. Chr. / 5. Jh. n. Chr.
24 Feldzüge
Legio VII Gemina
LEG · VII
Galba
68 n. Chr. / 5. Jh. n. Chr.
7 Feldzüge
Legio VIII Augusta
14 n. Chr.
LEG · VIII
Julius Cäsar
59 v. Chr. / 4. Jh. n. Chr.
17 Feldzüge
Legio IX Hispana
LEG · IX
Julius Cäsar
58 v. Chr. / 161 n. Chr.
13 Feldzüge
Legio X Fretensis
LEG · X
Octavian
43 v. Chr. / 274 n. Chr.
16 Feldzüge
Legio X Gemina
LEG · X
Julius Cäsar/Octavian
58–48 v. Chr. / 4. Jh. n. Chr.
17 Feldzüge
Legio XVII
(Emblem unbekannt)
9 n. Chr.
LEG · XVII
Marcus Antonius
41 v. Chr. / 9 v. Chr.
3 Feldzüge
Legio XVIII
(Emblem unbekannt)
9 n. Chr.
LEG · XVIII
Augustus
41 v. Chr. / 9 v. Chr.
4 Feldzüge
Legio XIX
(Emblem unbekannt)
9 n. Chr.
LEG · XIX
Augustus
41 v. Chr. / 9 v. Chr.
4 Feldzüge
Legio XX Valeria Victrix
286 n. Chr.
LEG · XX
Octavian
31 v. Chr. / 296 n. Chr.
15 Feldzüge
Legio XXI Rapax
14 / 89 n. Chr.
92 n. Chr.
LEG · XXI
Octavian
41 v. Chr. / 90/91 n. Chr.
13 Feldzüge
Legio XXII Deiotariana
132 n. Chr.
LEG · XXII
Octavian
30 v. Chr. / 132 n. Chr.
6 Feldzüge
Legio XXII Primigenia
258 n. Chr.
LEG · XXII
Caligula
39 n. Chr. / 360 n. Chr.
21 Feldzüge
Legio XXX Ulpia Victrix
LEG · XXX
Trajan
105 n. Chr. / 4. Jh. n. Chr.
21 Feldzüge

ROM – SEEMACHT

Ursprünglich war Rom keine Seemacht, musste aber eine werden, um sich behaupten zu können. Ab 311 v. Chr. wählten die Römer jedes Jahr zwei Flottenmagistrate *(duoviri navales)*, die jeweils ein kleines Geschwader aus zehn Kriegsschiffen zur Bekämpfung der Seeräuberplage im Tyrrhenischen Meer kommandierten. Die marinen Interessen Roms verstärkten sich in den Jahren 306 bis 302 v. Chr.: Polybius berichtet, dass sich zu dieser Zeit das Freundschaftsbündnis zwischen Rom und dem für seine Flotte berühmten Rhodos festigte. 264 v. Chr., zu Beginn des 1. Punischen Kriegs, hatte Rom noch keine eigene Seestreitmacht und musste sich an seine Verbündeten Tarent, Lokris, Velia und Neapel wenden, die ihm mit Trieren und Pentekonteren aushalfen. Die Römer bauten in der Folge eine eigene Flotte aus 100 Fünfruderern und 20 Dreiruderern. Es war ihr typischer Pragmatismus, der sie dazu brachte, die Punier auf ihrem eigenen Gebiet und mit ihrer eigenen Hauptwaffe zu schlagen – mit dem Fünfruderer, der Quinquireme, die sie meisterhaft zu handhaben lernten. Trotz des durchschlagenden Erfolgs von Lutatius Catulus in der Seeschlacht von 241 gegen eine schlecht bewaffnete und ausgebildete punische Seestreitmacht blieb Rom jedoch primär eine Landmacht.

Ab 200 v. Chr. ließ Rom sich seine Kriegsflotten regelmäßig von den griechischen Verbündeten stellen, insbesondere von den Rhodiern. Die verbündeten Städte Ioniens, Phönikiens, Pamphyliens und Syriens stellten den Großteil der römischen Flotte. Zwar legten die Römer auch eigene Flotten auf Kiel, aber die Mannschaften kamen aus den Städten der Verbündeten, so dass sich im Lauf des Bundesgenossenkriegs (90 bis 88) die griechische und vorderasiatische Seekriegsführung in Rom durchsetzte. Nach dem Krieg gegen König Mithridates von Pontus (89 bis 85) wurde erstmals eine permanente Flotte aufgestellt. 67 v. Chr. triumphierte Pompejus über die Seeräuber, die bis dahin fast das gesamte Mittelmeer unsicher gemacht hatten. Im Bürgerkrieg zwischen Cäsar und Pompejus spielten die verbündeten Seestädte auf beiden Seiten ebenfalls noch eine wichtige Rolle. Erst nach dem Ende der Bürgerkriege 30 v. Chr. stellte Rom permanente eigene See- und Flussgeschwader auf, deren Mannschaften und Seesoldaten allerdings oft immer noch Auswärtige waren – anfangs Sklaven, aber mit der Zeit musterten immer mehr Freie und römische Bürger an.

Schiffstypen der Antike

1000 v. Chr. bis 500 n. Chr.

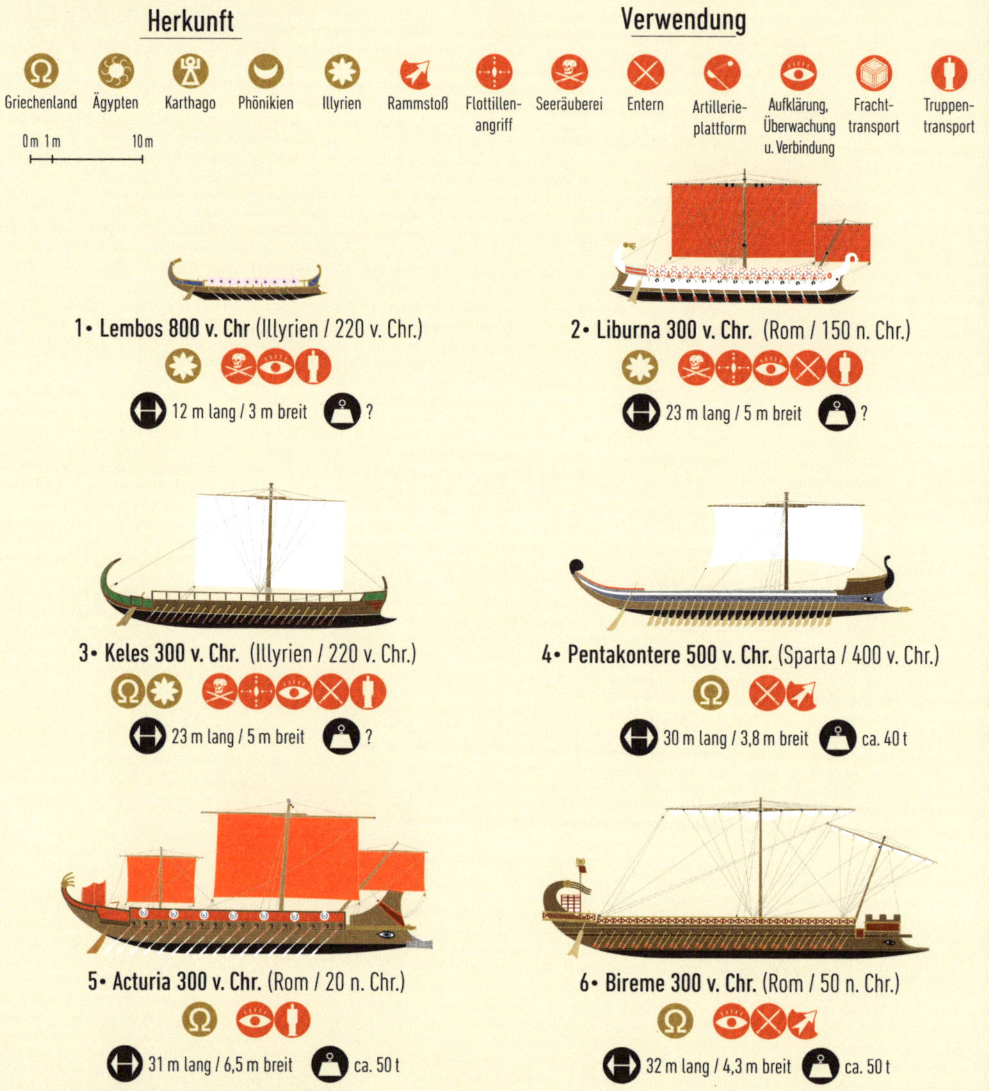

Anordnung der Ruderbänke

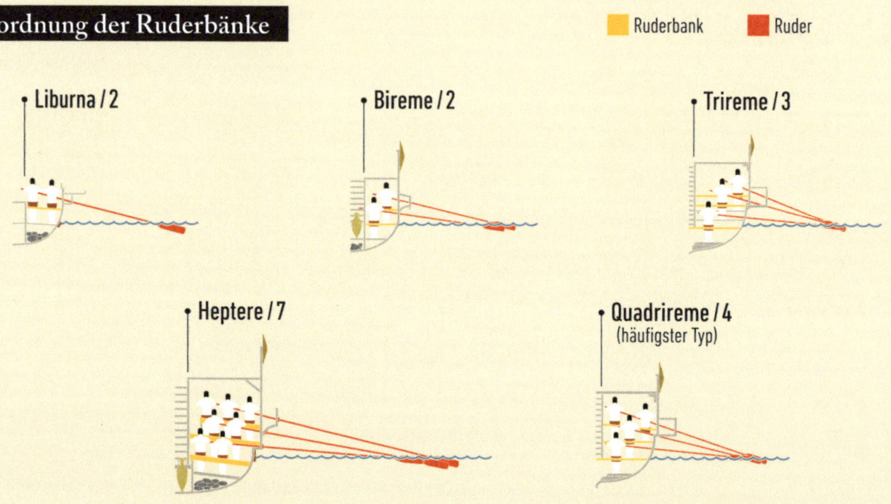

AUS NOTWENDIGKEIT

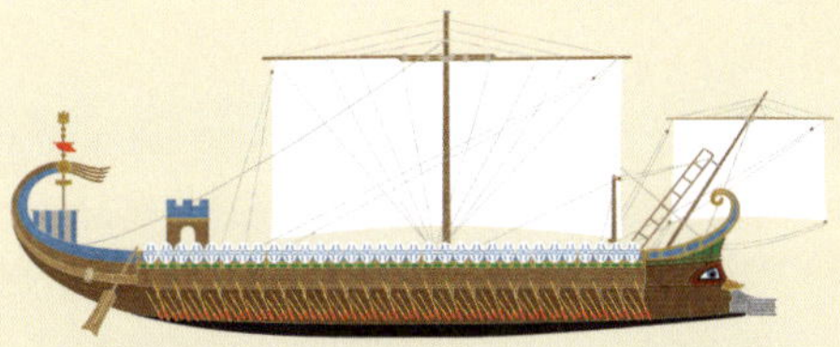

7• Diere/Trireme 300 v. Chr. (Rom / 260 v. Chr.)

38 m lang / 6 m breit · ca. 60 t

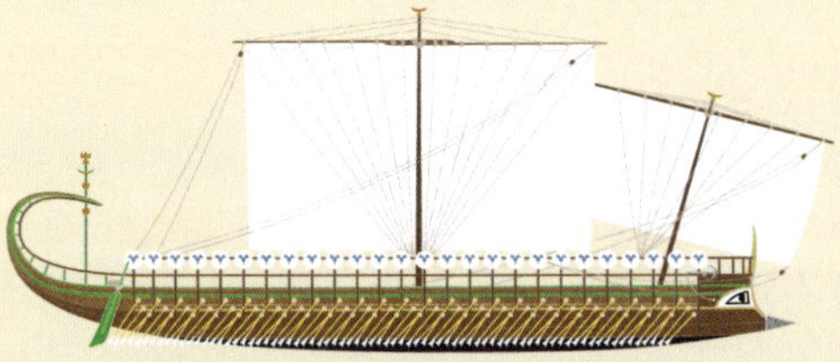

8• Triere 704 v. Chr. (Karthago / 250 v. Chr.)

40 m lang / 6 m breit · ca. 70 t

9• Quadrireme 350 v. Chr. (Rom / 260 v. Chr.)

50 m lang / 7 m breit · ca. 80 t

10• Quinquireme 400 v. Chr. (Rom / 68 v. Chr.)

58 m lang / 7 m breit · 100 t

11• Gaulos 2000 v. Chr.

ca. 40 m lang / 10 m breit · ?

12• Corbita 150 v. Chr.

55 m lang / 13 m breit · ?

Schlagkraft und Geschwindigkeit

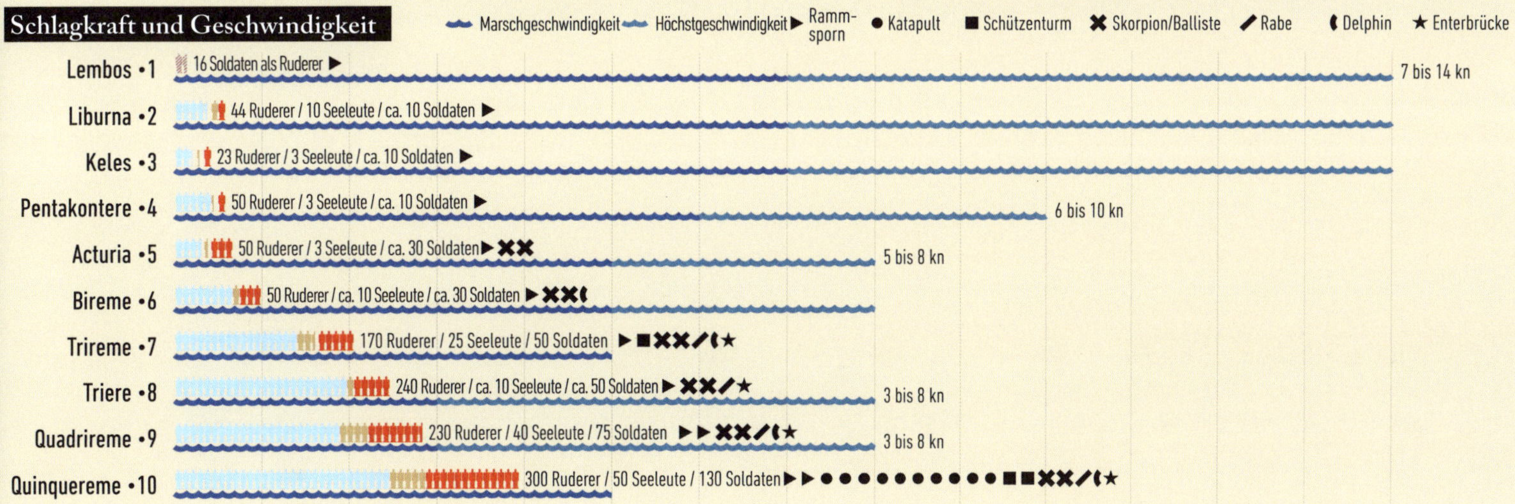

Britannische Flotte
Dubris/Gesoriacum
41
Chauken
122/174
Germanische Flotte
Col. Agrippina
-12
Mogontiacum
Regina Castra
Lauriacum
Carnuntu
21
Morbihan
Atlantischer Ozean
Aquilea
Illyrier
-103/-6
Ravenna-Flotte
Ravenna
-39
Forum Iulii
22
Massilia
0 km
100 km
500 km
N
NO
O
SO
S
SW
W
NW
Aleria
Rom
Ostia
Misenische Flotte
Misenum / Portus Jul
-27
11
Ebro
Balearen
-122
26
Cumae
Tyrrhenisches Meer
Caligari
05
Sulci
Liparische Inseln
Mylae
Tyndaris
04
28
06
Nauloch
03
Ägatische Inseln
09
08
Promontorium Mercurii (Cap Bon)
Drepanum
10
Panormus
25
27
Scyllaeum
Tauromeniu
Lilybaeum
32
31
Carthago Nova
Carteia
14
Mauretanische Flotte
Caesarea Mauretaniae
170
Karthago
Culpea
07
Kap Ecnomus
Syrakus
13
-146
Libysches Meer
Leptis Magna
Die wichtigsten römischen Seeschlachten
römischer Sieg
röm. Niederlage
Bürgerkrieg
Tarent -272 02
Karthago -260 04
Karthago -258 05
Karthago -257 06
Karthago -256 07
Karthago -241 09
Karthago -218 10
Karthago -217 11
Karthago -208 13
Karthago -206 14
Seleukiden -191 15
Seleukiden -190 16
Pontus -86 17
Pontus -73 18
Seeräuber -67 20
01 -282 Tarent
03 -260 Karthago
08 -249 Karthago
12 -210 Karthago/Tarent
19 -72 Seeräuber

Seeherrschaft und Flottenstärke
um 150 n. Chr.
Name
- XXX
Rivalisierende Seemächte mit Datum ihrer Niederlage
Seeräuber-gebiete
Seeräuber/Datum der Vernichtung
Makedonien
Ägypten
Karthago
Pontus
Seleukidenreich
Einsatz-gebiete
Stützpunkt Provinzialflotte
Stützpunkt Flussflottille
Stützpunkt Prätorianerflotte
andere Häfen
Arsenal
zeitweiliger Stationierungshafen
= 10 Schiffe
Aquincum
Pannonische Flotte
Singidunum
-45
Ratiaria
2
Moesische Flotte
Noviodunum
10
Histropolis
Chersonesus
Panticapaea
Wandalen
267/280
Pityus
-67
-168
Schwarzes Meer (Pontus Euxinus)
Sinope
Amastris
Byzanz
Perinthus
Cyzicos
Pontische Flotte
Trapezus
48
Brundisium
12
Tarentum
Thessalonice
Lemnus
17
30
Hellespontus
18
Tenedus
Actium
29
Dymae
44
Ionisches Meer
Piraeus
Ephesus
23
Myndus
Rhodos
24
Ägäis
Kilikier
–69
Side
Coracesium
20
Corycus
15
Myonnesus
16
Syrische Flotte
Seleucia Pieria
69
Chypres
Mittelmeer
Kreter
–69
Kreta
19
Libysche Flotte
Ptolemais
180
Caesarea
Juden
–69
Alexandrinische Fl.
Alexandria
-30
-31
21
Veneter
-56
-49
22
-42
23
-42
24
-42
25
-38
26
-36
27
-36
28
-31
29
324
30
31
32
460
Wandalen
468
Wandalen

Die Seeschlacht von Actium

2. September 31 v. Chr.

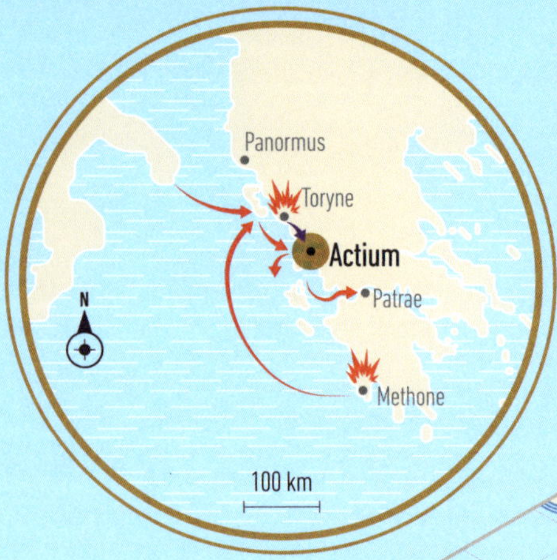

Diese Seeschlacht, der Abschluss des letzten Bürgerkriegs, hätte auch zu Land ausgefochten werden können, wenn Antonius den Kampf zur See verweigert und wie Cäsar, als Pompejus ihm die Adria versperrte, die Entscheidung in Makedonien gesucht hätte. Antonius' Armee war im Herbst 32 v. Chr. im Griechenland einmarschiert. Octavians Truppen stießen im Sommer 31 auf Actium vor, wo Antonius die Landenge zum Golf von Ambrakia besetzt hielt. Der Zeitdruck durch den nahenden Herbst und die ausgewogene Stärke der Flotten (wobei Octavian einige Schiffe mehr, aber Antonius die schwereren hatte) machte die Konfrontation der beiden Flotten nun unvermeidlich. Antonius kommandierte den rechten Flügel zusammen mit P. Publicola selbst, das Zentrum wurde von M. Octavius und M. Insteius, der linke Flügel von C. Sosius befehligt. Octavians Flotte stand unter seinem eigenen Kommando und dem des M. Lurius (rechter Flügel), des Agrippa (linker Flügel) und des L. Arruntius (Zentrum). **1.** Ablandiger Wind kommt auf. Antonius kann auslaufen und den Gegner angreifen. **2.** Agrippa zieht seinen Flügel zunächst zurück, lockt damit Publicola in die Verfolgung und erschöpft dessen Kräfte. **3.** Agrippa wendet seine Schiffe,greift Publicola an und versetzt Antonius damit den ersten Schlag. **4.** Gleichzeitig gewinnt im Zentrum Octavians Flotte die Oberhand **5.** und zwingt Kleopatras Schiffe zum Eingreifen. **6.** Während Agrippa die feindlichen Kräfte in einer Reihe von Entermanövern unter Einsatz der Legionäre an Bord in Nahkämpfen bindet, **7.** steht Kleopatra vor der Wahl, den Krieg in Ägypten fortzusetzen oder die Vernichtung ihrer Schiffe zu riskieren. Sie nutzt günstigen Wind aus und flieht. Antonius entschließt sich, ihr mit einer kleinen Abteilung von etwa 50 Schiffen zu folgen. **8.** Agrippas Flotte nimmt den Rest der Schiffe Antonius' in die Zange. Octavian erringt trotz des Verlusts von 2500 Mann und zahlreicher Schiffe einen vollständigen Sieg: Antonius verfügt über keine Flotte mehr, **9.** seine Legionen erschöpfen sich auf einem langen Rückzug nach Makedonien. Antonius wird sich im darauffolgenden Jahr das Leben nehmen, als Octavian im Juli 30 v. Chr. vor Alexandria erscheint.

Seesoldat 125 v. Chr. | Seesoldat 31 v. Chr. | Seesoldat 357 n. Chr.

Gewicht der Marine in der römischen Armee und Wirtschaft um 150 n. Chr. in Sesterzen

Bestand an Schiffen (alle Typen)

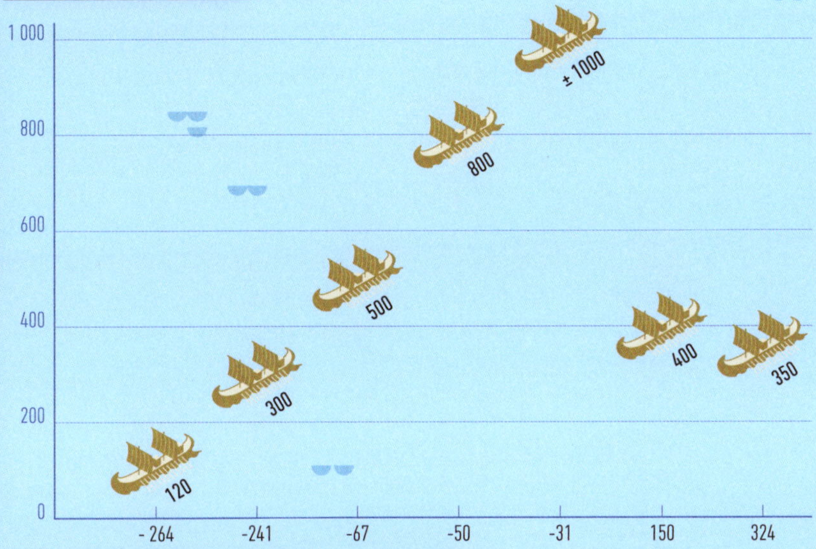

Herkunft und Heuer der Mannschaften in der Flotte von Misenum

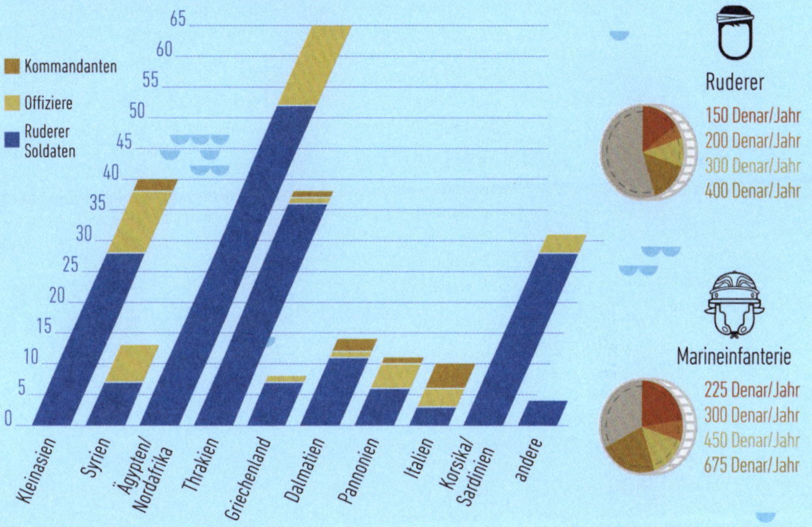

Erscheinen und Verschwinden der Flotten

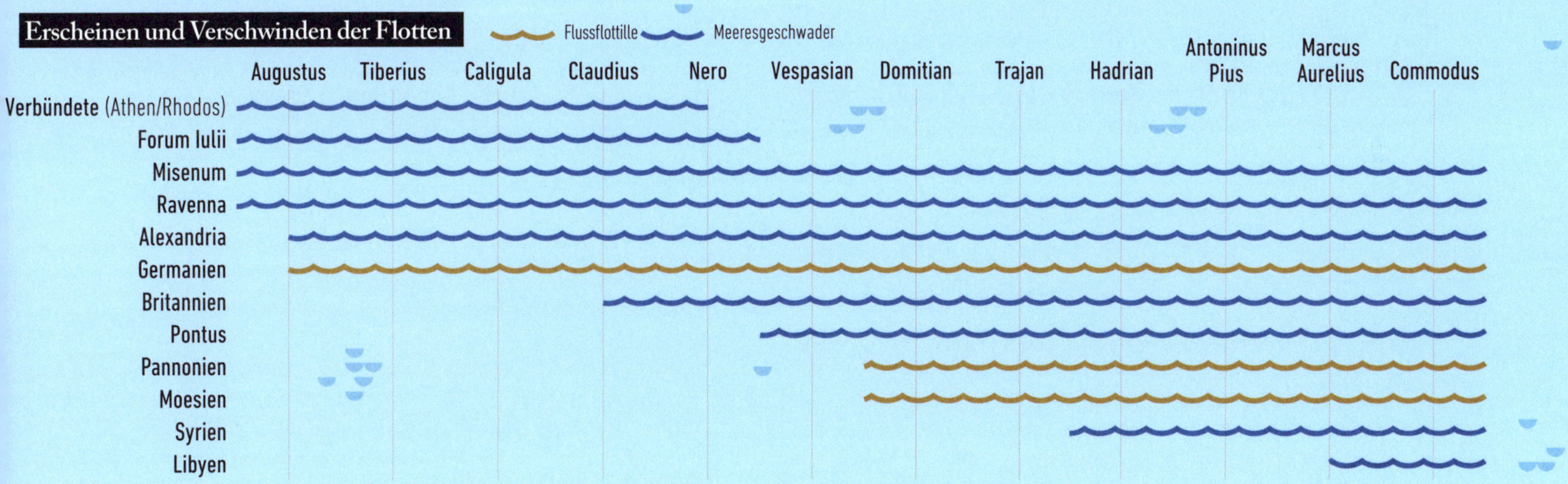

Mit der Rückkehr des Friedens ins Römische Reich und den Mittelmeerraum wurden die Flotten zu dauerhaften Teilstreitkräften der Armee. Bis zur Herrschaft Neros waren die traditionellen Verbündeten noch Teil der römischen Flotte, bevor eine eigene kaiserliche Flotte aufgestellt wurde, auch wenn viele Seeleute aus den römischen Küstenprovinzen stammten. Zu großen Marinehäfen ausgebaut wurden Misenum bei Neapel und Ravenna an der Adriaküste. Allmählich wurden weitere Flotten mit regionaler Zuständigkeit geschaffen, so in Syrien, Ägypten, Nordafrika, Britannien; mitunter wurden auch Flottenabteilungen ständig in einem Hafen stationiert, wie im mauretanischen Caesarea und im libyschen Ptolemais, später auch auf dem Rhein, der Donau und im Schwarzen Meer. Auf dem Euphrat wurde nie eine ständige Flotte stationiert, obwohl die Armee sie gebraucht hätte. Aber der Fluss war stromaufwärts nicht befahrbar, und die Schiffe gegen den Strom zu treideln wäre zu teuer und zeitaufwendig gewesen. Während der Partherkriege baute die römische Armee mit herangeschafften Seeleuten an Ort und Stelle Flussschiffe, um Truppen und Ausrüstung zu transportieren.

KRIEGE UND FELDZÜGE

I. BÜRGERKRIEGE

Die Geschichte Roms wurde immer wieder von Bürgerkriegen zerrissen. Die ersten dieser inneren Konflikte brachen aus, als Rom noch ein Stadtstaat war, und waren auf die Stadt und ihre Umgebung beschränkt. 449 v. Chr. zog die Plebs aus Rom aus und flüchtete auf den Mons Sacer 4,5 km vor der Stadt, um sich strittige Rechte zu erzwingen, darunter den Schutz durch gewählte Volkstribunen. Diese Aufstände waren mit der allmählichen Weiterentwicklung der politischen Institutionen verbunden, etwa dem öffentlichen Anschlag der Gesetze auf zwölf Bronzetafeln (Zwölftafelgesetz) 451–449 v. Chr. und der langsamen Ausdehnung der politischen Rechte auf alle Bürger.

Nach Jahrhunderten auswärtiger Kriege flammten Ende des 2. Jh. die inneren Konflikte wieder auf, zunächst nur politisch und in Rom selbst, als die Gracchen mit ihren sozialen Reformen am konservativen Widerstand scheiterten. 30 Jahre später forderten die Verbündeten latinischen Rechts ihre völlige Integration in die römische Bürgerschaft. Das führte zum Ausbruch des Bundesgenossenkriegs 90 bis 88 v. Chr. Dieser blutige Bürgerkrieg wurde mit der Verabschiedung der Lex Plautia Papiria beendet, die allen Einwohnern Italiens südlich des Po (Cispadanien) das römische Bürgerrecht zusprach. Mit der Reform des Marius von 107 v. Chr. wurde die Dienstzeit der Legionäre auf 25 Jahre festgesetzt. Das wurde zum politischen Problem, weil die Legionen sich oft persönlich den ehrgeizigsten und charismatischsten Befehlshabern verbunden fühlten, auch über die Dienstzeit hinaus.

Die zahlreichen Feldzüge der ersten Hälfte des 1. Jh. v. Chr. waren eine direkte Folge davon. Die Mächtigen der Zeit – Marius und Sulla, dann Crassus, Pompejus und Cäsar – und einige politische Abenteurer nutzten die militärischen Schwierigkeiten in Italien und den Provinzen aus, um sich Feldherrenposten zuteilen zu lassen. Sie hofften auf eine Stärkung ihrer Stellung in Rom. So wetteiferten Marius und Sulla um den Kriegszug gegen Mithridates VI., der 88 v. Chr. einen Teil Griechenlands erobert hatte. Sulla erzwang schließlich, indem er auf Rom marschierte, das Kommando über die gegen den König von Pontus aufgestellte Armee. Es gelang ihm auch, Mithridates aus Griechenland und von der ionischen Küste zu vertreiben und seinen Machtbereich auf das Schwarze Meer zu beschränken. Der Krieg brach 73 v. Chr. erneut aus, als Nikomedes IV. von Bithynien sein Reich, auf das auch Mithridates Anspruch erhob, testamentarisch den Römern vermachte. Mehrere Feldherren wurden auf Mithridates angesetzt, darunter Lucullus, aber trotz einiger Erfolge zogen sich die Mithridatischen Kriege noch bis 69 v. Chr. hin. 73 v. Chr. kam es im Süden Italiens zu einem Sklavenaufstand als letztem Ausläufer der durch die Bundesgenossen- und Mithridatischen Kriege ausgelösten Wirren; ein entlaufener thrakischer Gladiator namens Spartacus führte die Sklaven des Gebiets in einer Revolte gegen ihre römischen Herren an; das römische Militär brauchte zwei Jahre, um sie zu besiegen. Pompejus, der sich bereits im Bundesgenossenkrieg hervorgetan hatte, wurde 67 v. Chr. mit der Bekämpfung der dalmatischen Piraten beauftragt und 66 v. Chr. gegen den immer noch widerständigen Mithridates von Pontus geschickt, den er diesmal endgültig schlug, gefolgt von einer militärischen Expedition durch die Provinz Asia (Kleinasien) und Syrien. Kurz darauf begann der Prokonsul Gaius Julius Cäsar, mit der germanischen Bedrohung der Provincia Narbonensis als Vorwand, sein Unternehmen der Eroberung Galliens.

Die Bedingungen für eine Konfrontation der beiden waren gegeben; der Sieger konnte Alleinherrscher in Rom werden. Pompejus und Cäsar stießen schließlich direkt aufeinander, als Cäsar sich 50 v. Chr. für die Bewerbung um sein zweites Konsulat nach Rom aufmachte. Als der Pompejus zugeneigte Senat sich den Vorschlägen von Cäsars Parteigängern, darunter Marcus Antonius, energisch widersetzte, führte Cäsar am 11. Januar 49 seine Truppen über den Rubikon nach Italien, überschritt damit seine Befugnisse als Kommandeur und entschied sich für den gewaltsamen Marsch auf Rom. Pompejus floh mit einem Teil der Senatoren nach Griechenland und Makedonien. Cäsar regelte zunächst die römischen Angelegenheiten und besiegte dann die in Spanien noch zu Pompejus stehenden Legionen, bevor er, 48 v. Chr. wieder zum Konsul gewählt, über die Adria setzte und Pompejus einen Überraschungsschlag versetzte, ohne ihn jedoch endgültig vernichten zu können. Er trieb den Gegner vor sich her bis nach Thessalien und schlug Pompejus' Legionen im August 48 bei Pharsalos. Pompejus selbst, nach Ägypten geflohen, wurde dort 28. September auf Befehl König Ptolemaios' XIII. ermordet.

Die Bürgerkriege lebten wieder auf, als Cäsar an den Iden des März 44 v. Chr. im Senat ermordet wurde. Die »republikanischen« Cäsarmörder und die Cäsarianer verbündeten und verfeindeten sich je nach den Umständen miteinander, wie auch die Cäsarianer untereinander. Marcus Antonius, Cäsars Adoptivsohn Octavian und Marcus Aemilius Lepidus stritten sich um das Erbe. Ende 44 v. Chr. brachen die Cäsarmörder endgültig mit Antonius und versuchten, die Cäsarianer zu spalten. Am 1. Januar 43 v. Chr. verlieh der Senat Octavian die militärische Befehlsgewalt eines Proprätors nebst anderen Vorrechten. Als die Cäsarmörder gemeinsam mit Octavian im April 43 Marcus Antonius in der Schlacht von Modena besiegten, marschierte Octavian auf Rom und wurde am 19. August 43 v. Chr. zum Konsul gewählt. Mittlerweile hatte er sich Marcus Antonius und Lepidus wieder angenähert, und die drei ließen sich in einem Plebiszit als *Triumviri rei publicae constituendae* (»Triumvirn zum Wiederaufbau des Staates«) einsetzen. Sie teilten die Provinzen unter sich auf und gaben Proskriptionslisten heraus, die ihre Gegner für vogelfrei erklärten.

Die erste Aufgabe der Triumvirn war die Ausschaltung der Cäsarmörder. Die gegnerischen Legionen stießen bei Philippi in Makedonien in zwei Schlachten im September und Oktober 42 v. Chr. aufeinander, und die Cäsarianer blieben siegreich. In der letzten Phase des Triumvirats standen nun Octavian und Marcus Antonius gegeneinander. Ab 34 v. Chr. nahmen die Spannungen zwischen beiden stetig zu und entluden sich schließlich in einer Seeschlacht vor Actium an der griechischen Westküste. Octavians Sieg, gefolgt von dem bei Alexandria (30. August 30 v. Chr.), beendete schließlich die Phase der Bürgerkriege.

Auftreten
133 v. Chr.

OPTIMATEN

»für das Beste«

Konservative

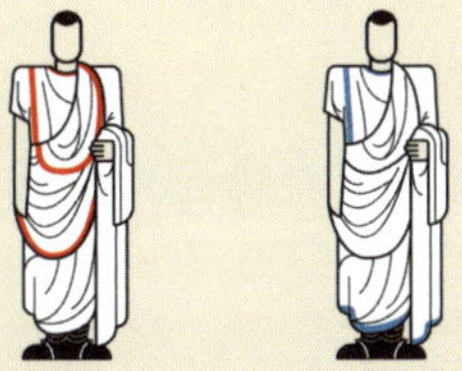

Senat — Magistrate

POPULARES

»für das Volk«

Reformpartei

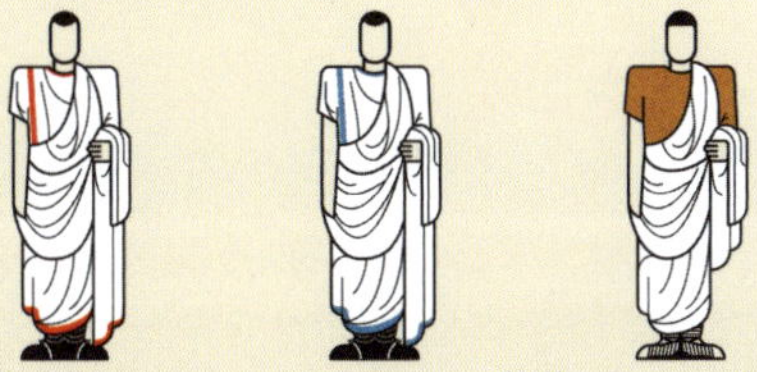

Volkstribunen — andere Magistrate — Volksversammlungen

politische Vertreter

politische Ziele

Optimaten:
- Senatsherrschaft
- Beibehaltung der Oligarchie
- Magistraturen für die Elite reserviert

Populares:
- Sicherung und Ausweitung der Rechte des Volkes
- Verbesserung der Lebensbedingungen des Volkes

angestrebte Reformen

Optimaten: Keine Veränderungen angestrebt **0**

Populares:

1 **Agrargesetze** (Bodenreform auf Staatsland, Gründung von Koloniesiedlungen, Höchstgröße für Grundbesitz auf Staatsland)

2 **Getreidegesetze** (Preiskontrolle für Weizen in Rom bzw. kostenlose Abgabe an die Armen)

3 **Schuldenschnitt**

4 **Bürgerrecht für italische Verbündete**

5 **Gerichtshöfe mit Richtern aus dem Ritterstand**

wichtige Persönlichkeiten

Optimaten:

Gnaeus & Marcus **Octavius**

Lucius Cornelius **Sulla**

Marcus Licinius **Crassus**

Marcus Porcius **Cato**

Marcus Tullius **Cicero**

Gaius Cassius **Longinus**

Gnaeus Magnus **Pompejus**

Lucius **Opimius**

Marcus Junius **Brutus**

Lucius Licinius **Lucullus**

Populares:

Gaius Sempronius **Gracchus**

Gaius **Marius**

Tiberius **Gracchus**

Lucius Cornelius **Cinna**

Catilina

Publius Clodius **Pulcher**

Gaius Julius **Caesar**

Gaius Papirius **Carbo**

Marcus **Antonius**

Marcus Aemilius **Lepidus**

Gaius **Cäsar** (Octavian)

X **X / Name der Schlacht**
XX
Datum

= 1 Legion
= 10 000 Mann
= 50 Schiffe
= Sieger

• Folgen

Die drei letzten Bürgerkriege der Republik
zwischen 88 und 31 v. Chr.

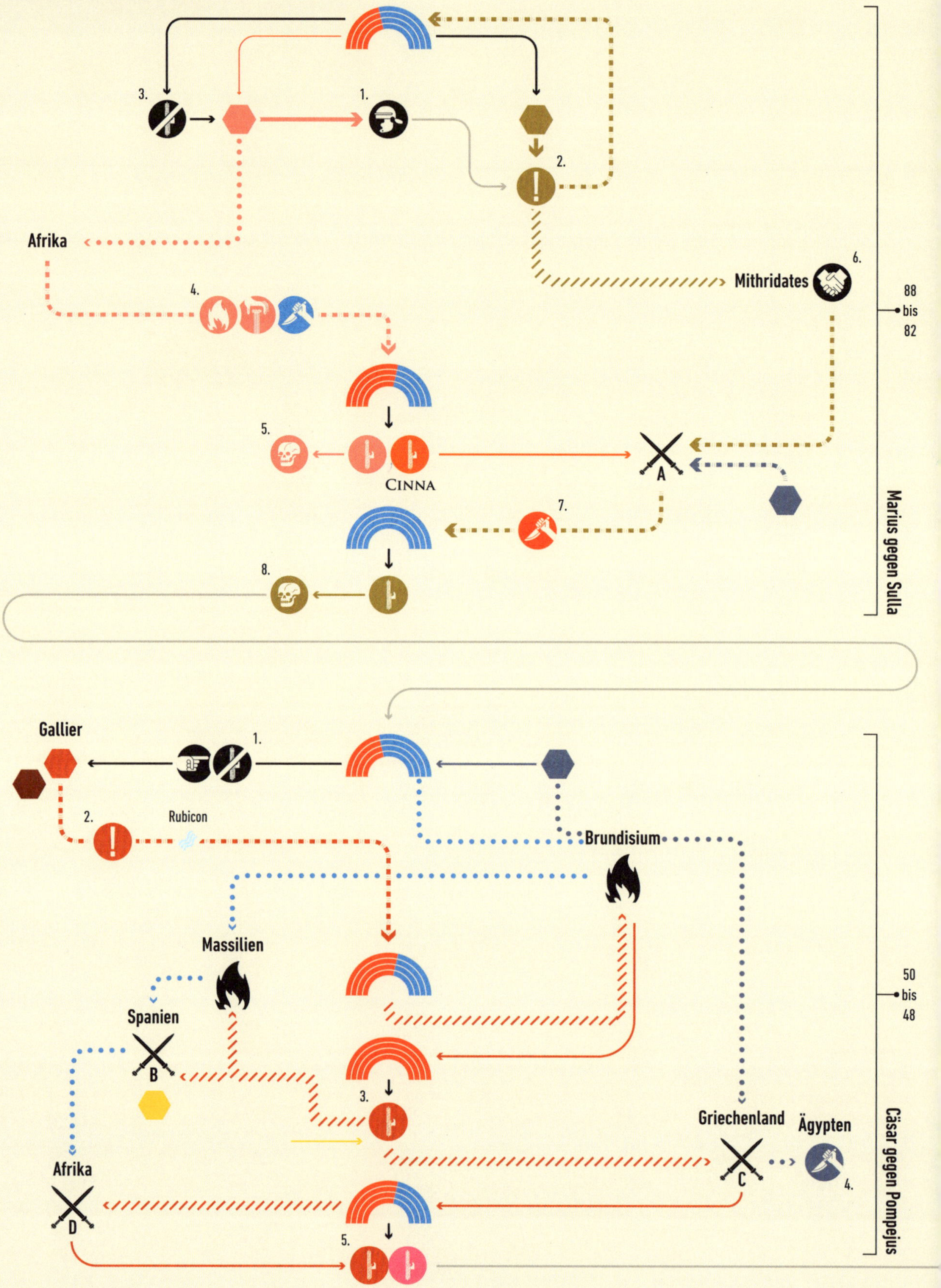

X **A / Schlacht an der Porta Collina (Rom)**
-82

- 50 000 Gefallene (gesamt) + 12 000 Gefangene, davon 3000 auf dem Marsfeld hingerichtet
- 80 Senatoren und 440 Ritter wurden ausgestoßen.
- Sulla erhielt vom Senat die zeitliche unbegrenzte Diktatur zugesprochen (Lex Valera).

X **B / Feldzug von Lérida**
-49

- Die senatorische Armee und 2 weitere Legionen ergaben sich – der größte Teil der Truppen des Pompejus war damit außer Gefecht.
- Cäsar hob die Belagerung Massilias auf und kehrte nach Rom zurück, um als Konsul zu kandidieren.

X **C / Pharsalos**
-48

- 6000 Gefallene und 24 000 Gefangene (von Cäsar begnadigt)
- Pompejus floh nach Ägypten und wurde dort auf Befehl des Königs ermordet.
- Cäsar zog nach Ägypten und setzte Kleopatra VII. als Königin ein.

X **D / Thapsus**
-46

- 1000 Gefallene auf der einen, 10 000 auf der anderen Seite
- Cäsar hatte nun freie Hand, seine letzten Gegner waren ausgeschaltet.
- Er wurde noch zweimal zum Konsul gewählt, bevor er die Diktatur auf Lebenszeit erhielt.
- 44 v. Chr. wurde er ermordet.

GAIUS MARIUS · LUCIUS CORNELIUS SULLA · GNAEUS MAGNUS POMPEJUS · GAIUS JULIUS CAESAR · SEXTUS POMPEJUS · MARCUS JUNIUS BRUTUS UND DIE CÄSARMÖRDER · MARCUS AEMILIUS LEPIDUS · MARCUS ANTONIUS · GAIUS CAESAR (OCTAVIAN)

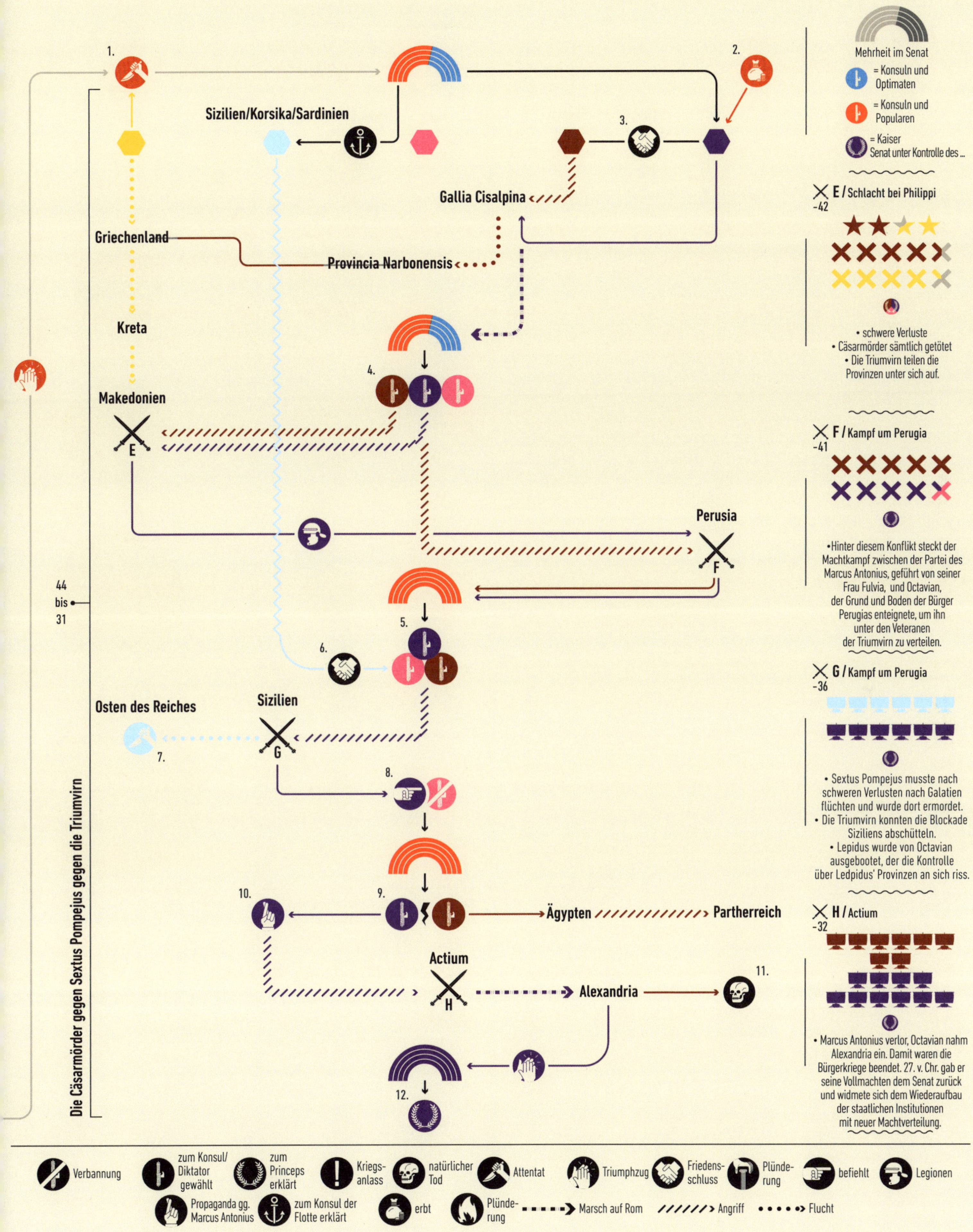

1.
2.
3.
Sizilien/Korsika/Sardinien
Gallia Cisalpina
Griechenland
Provincia Narbonensis
Kreta
Makedonien
4.
E
Perusia
F
44
bis
31
5.
6.
Osten des Reiches
Sizilien
7.
G
8.
10.
9.
Ägypten
Partherreich
Actium
H
Alexandria
11.
12.
Die Cäsarmörder gegen Sextus Pompejus gegen die Triumvirn
Mehrheit im Senat
= Konsuln und Optimaten
= Konsuln und Popularen
= Kaiser
Senat unter Kontrolle des ...
E / Schlacht bei Philippi
-42
• schwere Verluste
• Cäsarmörder sämtlich getötet
• Die Triumvirn teilen die Provinzen unter sich auf.
F / Kampf um Perugia
-41
• Hinter diesem Konflikt steckt der Machtkampf zwischen der Partei des Marcus Antonius, geführt von seiner Frau Fulvia, und Octavian, der Grund und Boden der Bürger Perugias enteignete, um ihn unter den Veteranen der Triumvirn zu verteilen.
G / Kampf um Perugia
-36
• Sextus Pompejus musste nach schweren Verlusten nach Galatien flüchten und wurde dort ermordet.
• Die Triumvirn konnten die Blockade Siziliens abschütteln.
• Lepidus wurde von Octavian ausgebootet, der die Kontrolle über Ledpidus' Provinzen an sich riss.
H / Actium
-32
• Marcus Antonius verlor, Octavian nahm Alexandria ein. Damit waren die Bürgerkriege beendet. 27. v. Chr. gab er seine Vollmachten dem Senat zurück und widmete sich dem Wiederaufbau der staatlichen Institutionen mit neuer Machtverteilung.
Verbannung
zum Konsul/ Diktator gewählt
zum Princeps erklärt
Kriegs-anlass
natürlicher Tod
Attentat
Triumphzug
Friedens-schluss
Plünde-rung
befiehlt
Legionen
Propaganda gg. Marcus Antonius
zum Konsul der Flotte erklärt
erbt
Plünde-rung
Marsch auf Rom
Angriff
Flucht

II. KARTHAGO

Das 814 v. Chr. gegründete Karthago war stets eine Seemacht. Zunächst kämpfte es gegen Phönikier und Griechen um die Kontrolle über die Handelsniederlassungen im Mittelmeerraum. Die Stadt lag, geschützt durch eine 33 km lange Mauer, auf einer Halbinsel. Über ihre Einwohnerzahl ist nicht viel bekannt, aber 149 v. Chr. soll sie laut Strabon bei 700 000 gelegen haben; andere Quellen geben allerdings weit niedrigere Zahlen an. 146 v. Chr. hatte der Stadtkommandant 30 000 wehrfähige Männer zur Verfügung, und die letzten Verteidiger der Stadt bei der Erstürmung durch die Römer umfassten, Frauen eingerechnet, nicht mehr als 50 000. Die Einwohnerzahl dürfte also diese letzteren Zahlen kaum überstiegen haben, zu denen allerdings noch die Bevölkerung des Hinterlands der Stadt zwischen Susa und Bône kam. Dazu kontrollierte Karthago im 3. Jh. weite Küstenstrecken im westlichen Mittelmeer: in Nordafrika von Tlemcen bis Tripolitanien, in Spanien die Südostküste mit ihrem an Bodenschätzen und anderen Ressourcen reichen Hinterland, und dazu die Inseln Malta (das für Karthago allerdings nie besonders wichtig wurde), Korsika, Sardinien und die Balearen.

Der durchorganisierte karthagische Staat hielt stets an den aristokratischen Traditionen seiner Gründer fest, kannte aber in seiner Verfassung auch demokratische Elemente. Über die punische Gesellschaftsordnung ist wenig bekannt, aber man weiß, dass die Aristokratie aus einer Schicht Schiffseigner, Handelsherren und Grundbesitzer bestand, die die politischen und religiösen Ämter unter sich verteilten. Die einfachen Bürger bildeten die Mittelschicht. Sie traten zu einer Volksversammlung zusammen, in der sie stimmberechtigt waren. Die Rechtssituation ihrer Ehefrauen bleibt unklar. Wie in Rom gab es eine Klasse oft wohlhabender Freigelassener, und es gab Sklaven in Staats- und Privatbesitz. Letzteren ging es oft nicht schlecht; sie hatten sogar das Recht, einander zu verheiraten. Archäologische Funde bestätigen die Berichte antiker Autoren, dass Karthago und die anderen punischen Niederlassungen zahlreiche Fremde anzogen, die sich dort niederließen.

Im gleichzeitig aristokratischen und demokratischen politischen System Karthagos kam es nie zu einer Tyrannis oder Diktatur. Die antiken Quellen sprechen von zwei »Königen« oder »Prätoren«, womit zweifelsohne die Schofeten (lat. *suffes*, Plural *suffetes*) gemeint sind, die die Regierungsgewalt ausübten und auch Recht sprachen. Der Titel stand ihnen auch nach Ende ihrer Amtszeit zu. Im 3. und 2. Jh. wählte die Volksversammlung jährlich zwei eponyme Schofeten, wobei gewöhnlich die reichsten Bürger das Amt erhielten. Gewesene Schofeten fungierten als Richter der Gerichtshöfe, die zweifelsohne auf öffentlichen Plätzen tagten. Kontrolliert wurden die Schofeten von einem Ältestenrat, der seine mehrere Hundert Mitglieder wahrscheinlich durch Zuwahl selbst bestimmte. Er beaufsichtigte die Regierung, erließ Gesetze, beriet über Krieg und Frieden, empfing Gesandtschaften und sandte selbst Botschafter aus. Der Ältestenrat wählte Dreißigerausschüsse für bestimmte Fragen, und ein Rat aus hundert unter den Ältesten ausgesuchten Richtern beaufsichtigte die großen Familien, um politische Vetternwirtschaft zu verhindern, und nahm zurückkehrenden Feldherren den Rechenschaftsbericht ab. Die Volksversammlung wurde von den Schofeten einberufen und durfte nur über die Fragen debattieren, die ihr von diesen vorgelegt wurden: Haushaltsfragen, Freilassung von Staatssklaven, öffentliche Bauten. Allerdings berief sie auch die Feldherren und wählte in Friedenszeiten die Statthalter der eroberten Gebiete.

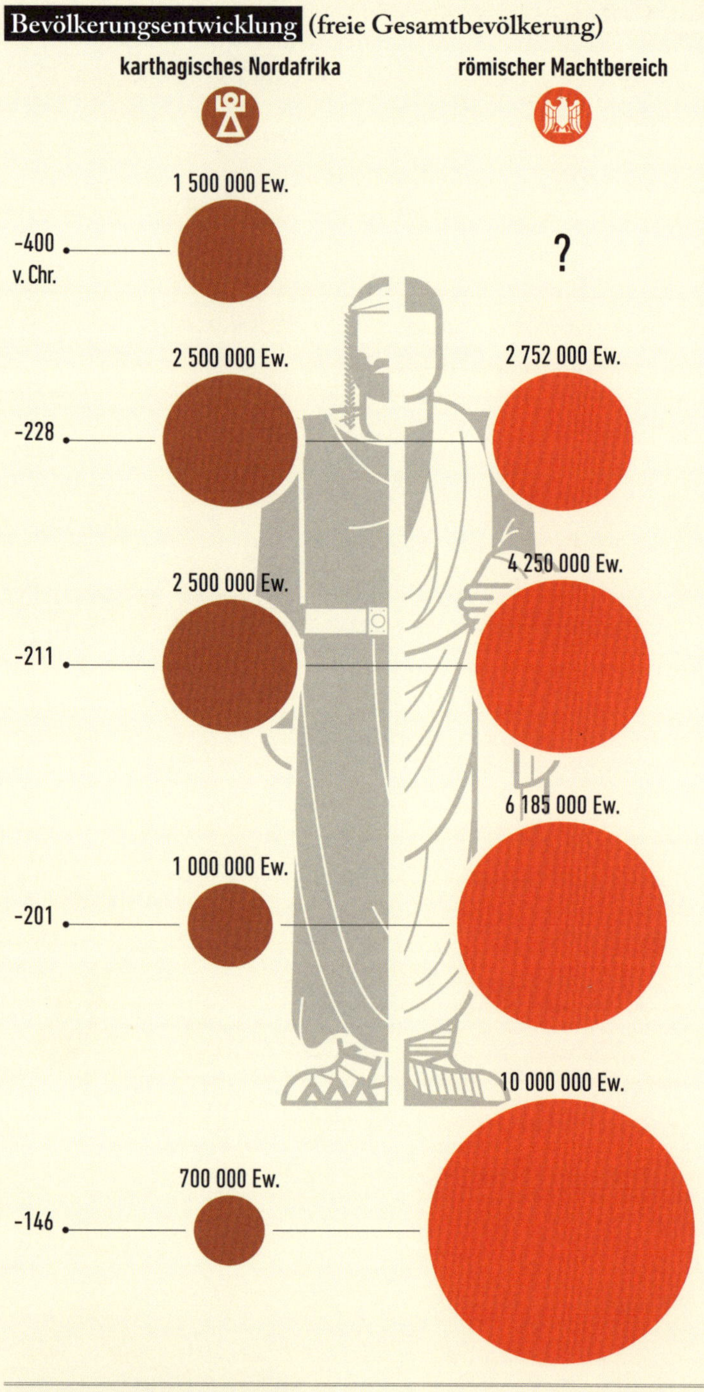

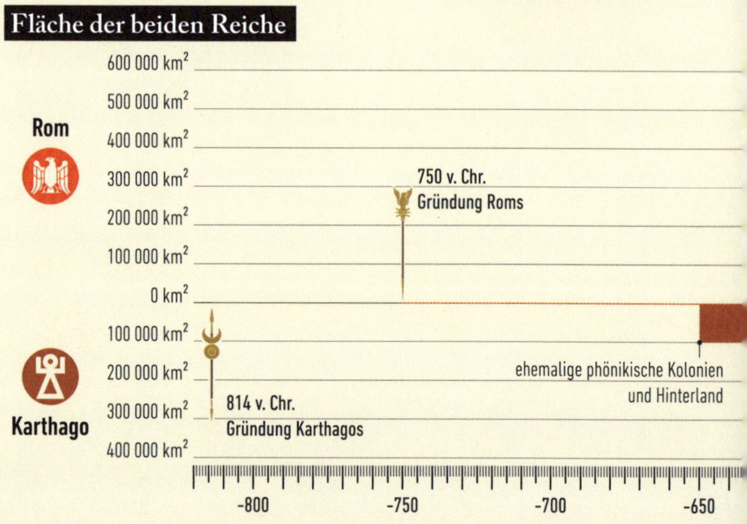

Diplomatische Kontakte und Ressourcen des punischen Bündnisses

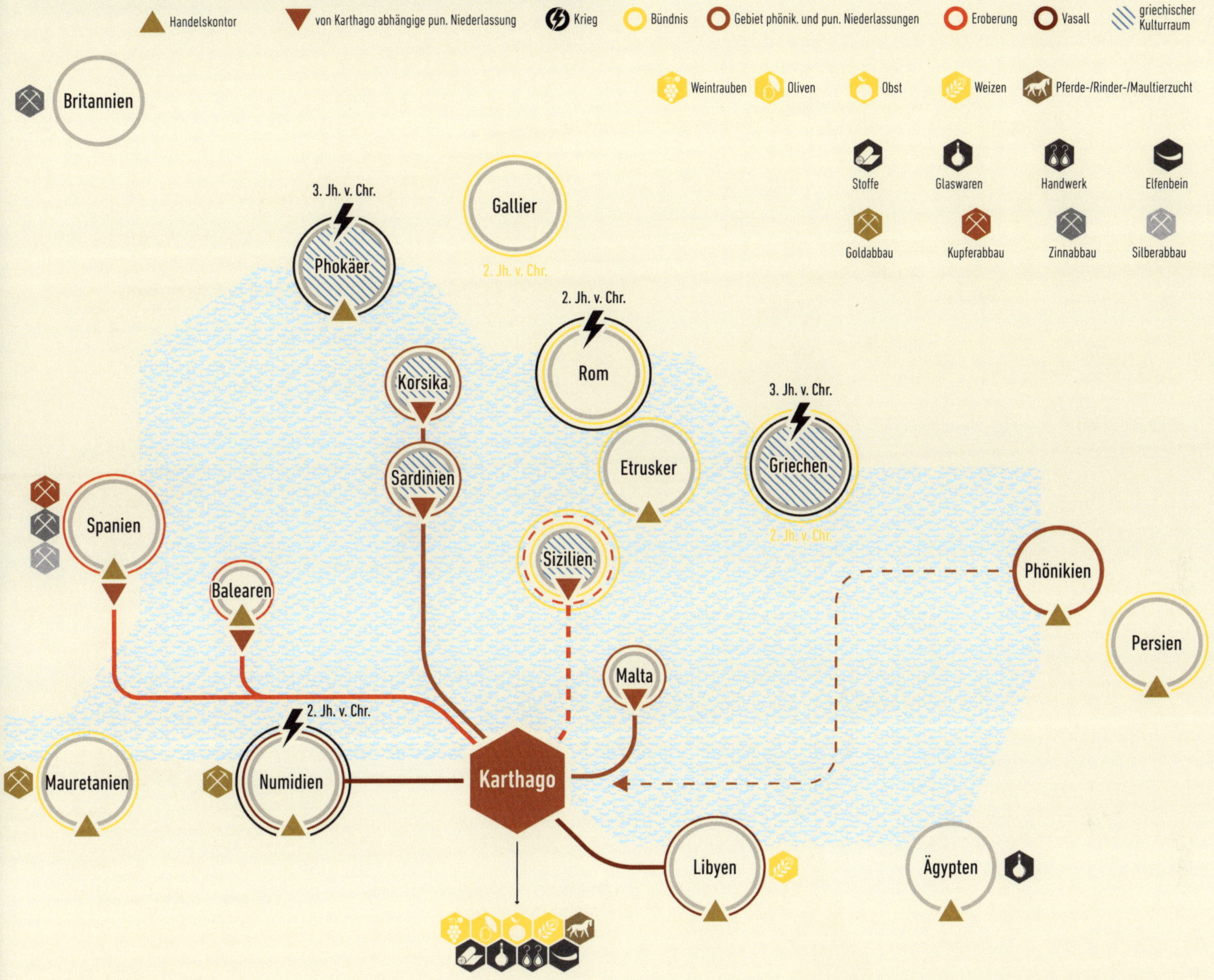

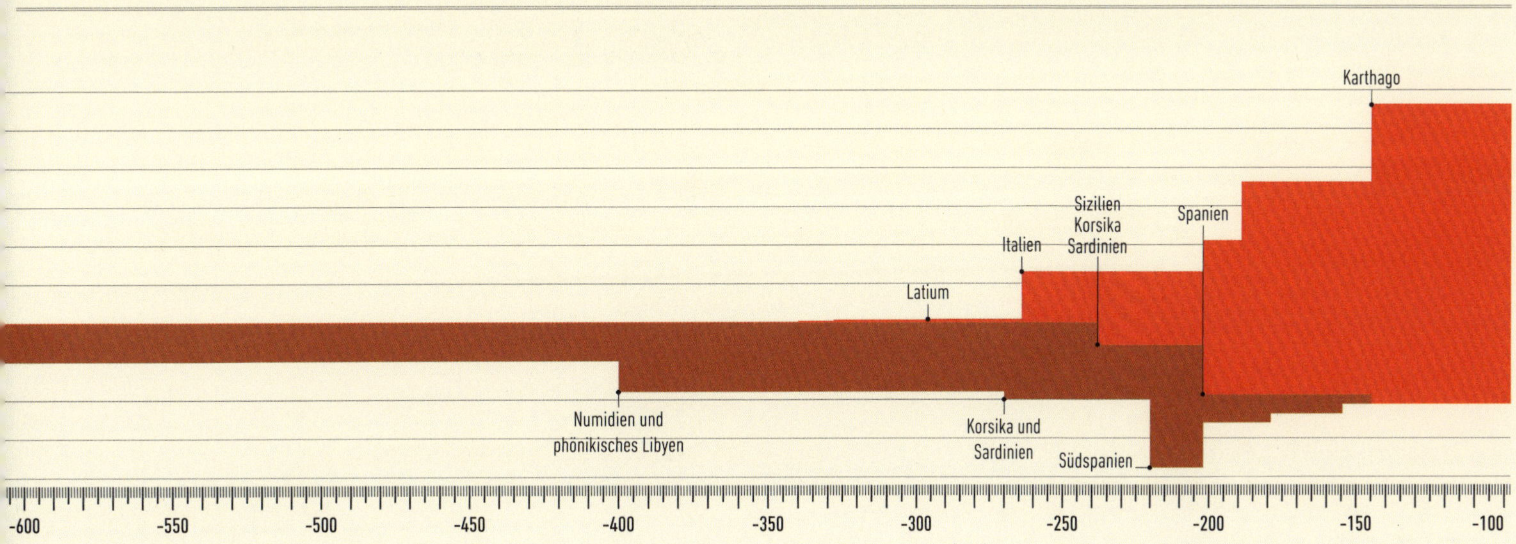

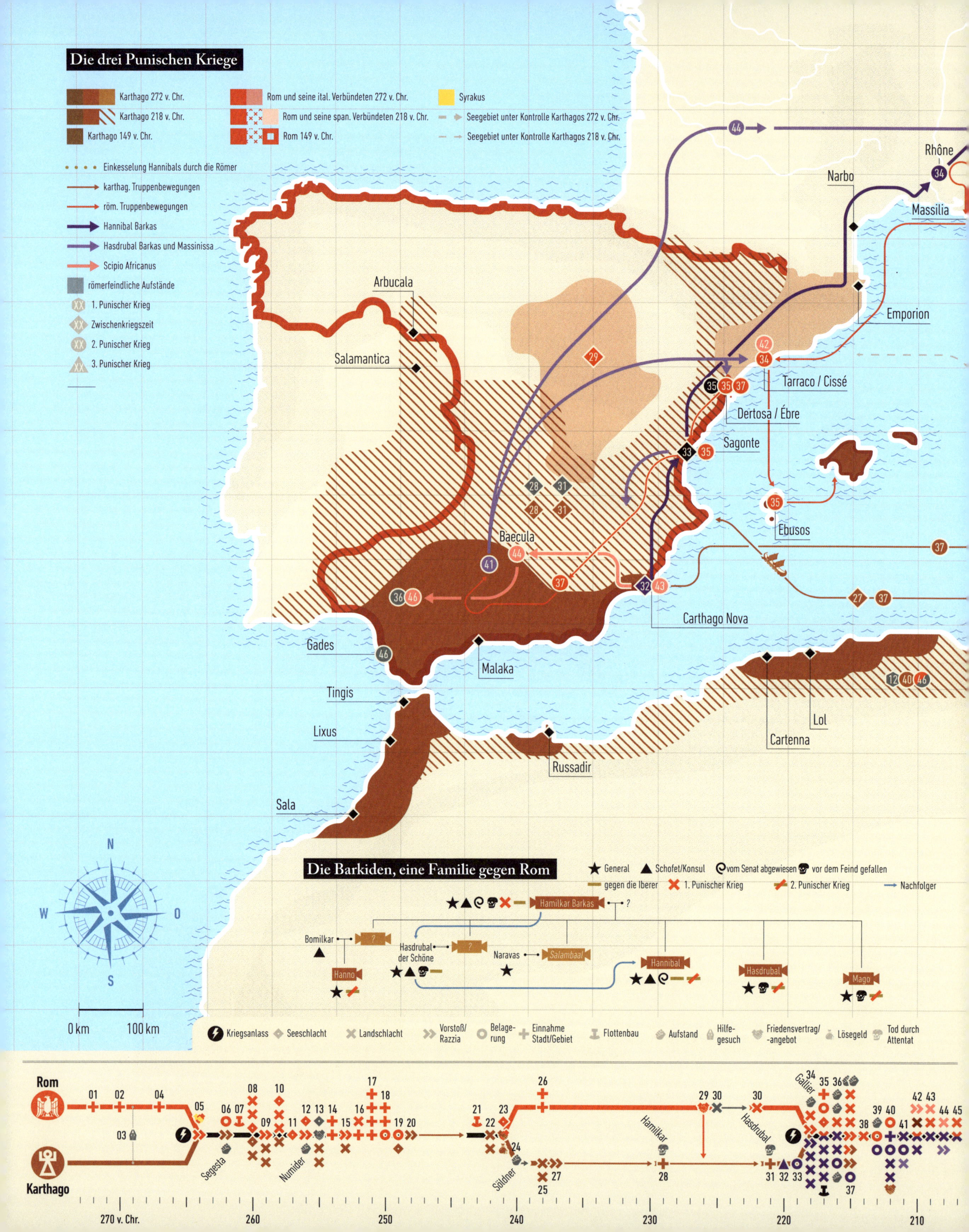
Die drei Punischen Kriege
Karthago 272 v. Chr.
Karthago 218 v. Chr.
Karthago 149 v. Chr.
Rom und seine ital. Verbündeten 272 v. Chr.
Rom und seine span. Verbündeten 218 v. Chr.
Rom 149 v. Chr.
Syrakus
Seegebiet unter Kontrolle Karthagos 272 v. Chr.
Seegebiet unter Kontrolle Karthagos 218 v. Chr.
Einkesselung Hannibals durch die Römer
karthag. Truppenbewegungen
röm. Truppenbewegungen
Hannibal Barkas
Hasdrubal Barkas und Massinissa
Scipio Africanus
römerfeindliche Aufstände
1. Punischer Krieg
Zwischenkriegszeit
2. Punischer Krieg
3. Punischer Krieg
Arbucala
Salamantica
Baecula
Gades
Malaka
Tingis
Lixus
Sala
Russadir
Cartenna
Lol
Carthago Nova
Ebusos
Sagonte
Dertosa / Èbre
Tarraco / Cissé
Emporion
Narbo
Massilia
Rhône
N
W
O
S
0 km
100 km
Die Barkiden, eine Familie gegen Rom
General
Schofet/Konsul
vom Senat abgewiesen
vor dem Feind gefallen
gegen die Iberer
1. Punischer Krieg
2. Punischer Krieg
Nachfolger
Hamilkar Barkas
Bomilkar
Hanno
Hasdrubal der Schöne
Naravas
Salambaal
Hannibal
Hasdrubal
Mago
Kriegsanlass
Seeschlacht
Landschlacht
Vorstoß/ Razzia
Belagerung
Einnahme Stadt/Gebiet
Flottenbau
Aufstand
Hilfegesuch
Friedensvertrag/ -angebot
Lösegeld
Tod durch Attentat
Rom
Karthago
Segesta
Numider
Söldner
Hamilkar
Hasdrubal
Gallier
270 v. Chr.
260
250
240
230
220
210

Sizilien im Mittelpunkt des 1. Punischen Kriegs
Tessin
Alpen
Placentia
Trebia
Metaurus
Trasimenischer See
Geronium
Herdonia
Cannae
Rom
Capua
Neapolis
Nola
Brundisium
Tarentum
Cornus
Messina
Rhegium
Lilybaeum
Utica
Hippo Regius
Große Felder
Karthago
Agrigentum
Syrakus
Hadrumentum
Leptis
Cirta
Thevest
Sabrata
Oea
Leptis Magna
Charax
Arae
Panormus
Thermae
Lipari
Eryx
Solous
Mylae
Messinae
Drepanum
Segesta
Kephalodon
Lilybaeum
Enna
Selinuntum
Heraclea
Ecnomum
Camarina
Agrigentum
50 km
Gallier
Numider
Zerstörung Karthagos, Massaker an der Bevölkerung, Überlebende versklavt
200
190
180
170
160
150
140

Karthagische Truppengattungen

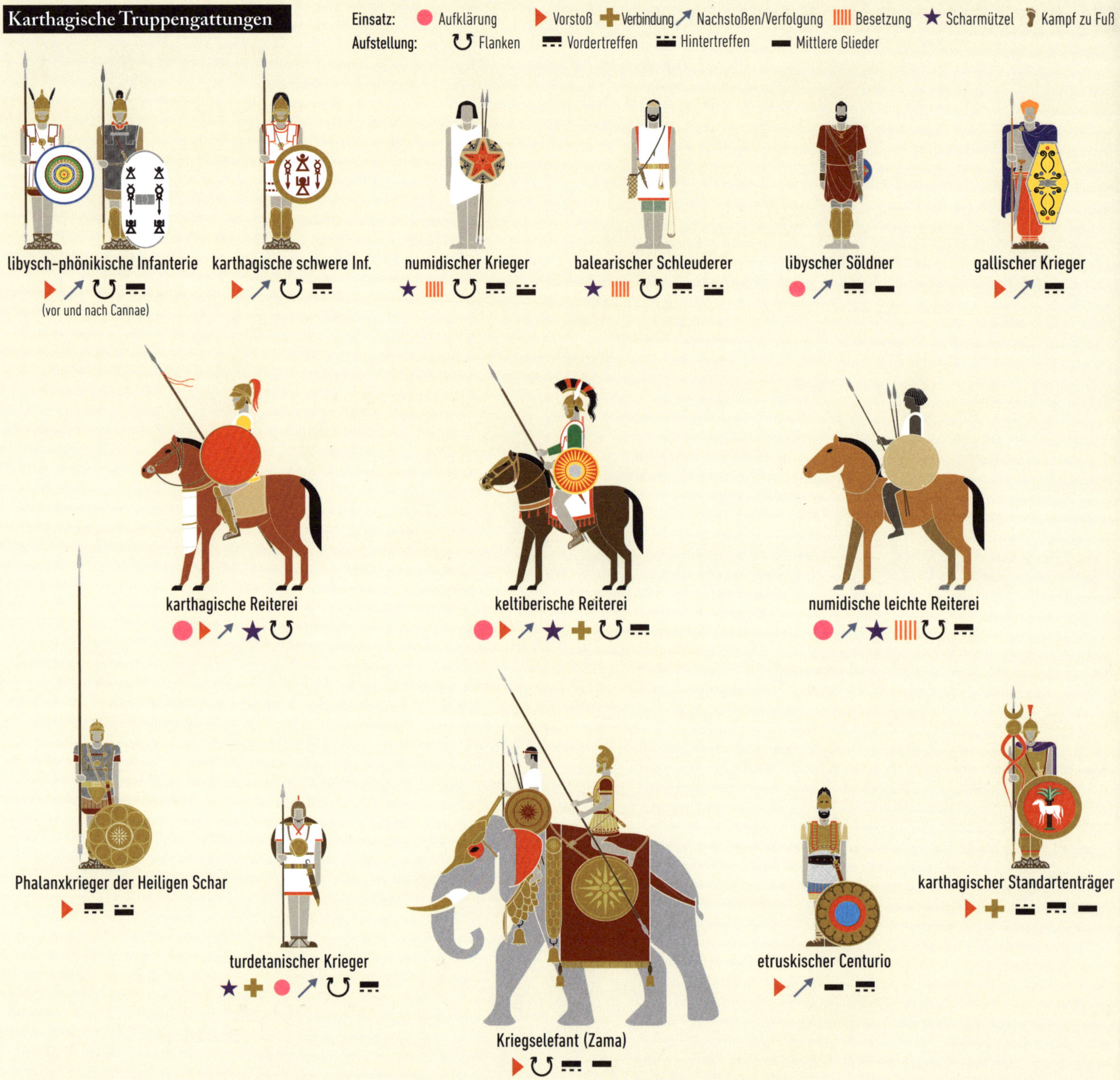

Karthago hielt sich keine stehende Armee und misstraute dem Konzept einer solchen sogar. Die karthagischen Truppen bestanden aus Bürgern der Stadt, Einwohnern unterworfener Gebiete, Soldaten der Verbündeten und schließlich aus Söldnern. Sie standen unter dem Befehl vom Volk gewählter Feldherrn, die dem Ältestenrat rechenschaftspflichtig waren. Über die Rangordnung ist wenig bekannt, und die Angaben zur Truppenstärke sind oft übertrieben.

Diese Armee war zwar ein wahres Völkergemisch, kämpfte aber nach Völkern getrennt. Die Einheiten der Fremdvölker hatten ihre eigenen Unteroffiziere, die höheren Offiziere waren aber stets Karthager. Die karthagischen Bürger dienten als Infanteristen. Die in den unterworfenen Gebieten rekrutierten Einheiten bestanden aus Afrikanern, Iberern und Balearen. Die Afrikaner (Libyer) stellten eine leichte Infanterie, bewaffnet mit Speer, Dolch und Rundschild. Die Iberer, die eher als Verbündete galten, dienten ebenfalls als leichte Infanterie, während die Männer von den Balearen als Schleuderer berühmt waren. Numider, Gallier von beiden Seiten der Alpen, Ligurer und Soldaten aus Städten Italiens wie Capua waren die Hauptstütze der Karthager.

Die karthagische Armee bestand hauptsächlich aus Infanteristen, ihre nach dem Vorbild der gleichnamigen thebanischen Elitetruppe aufgestellte Heilige Schar trat jeweils der gegnerischen Schweren Infanterie gegenüber. Die karthagischen Fußtruppen kämpften gewöhnlich in mehreren gegeneinander versetzten Schlachtreihen, mit der Kavallerie und den Elefanten an den Flügeln. Bogenschützen werden kaum erwähnt, und paradoxerweise war die berühmte karthagische Flotte aus Fünfruderern nie kriegsentscheidend.

Die wichtigsten Schlachten des 2. Punischen Kriegs

Bezeichnung
Datum
Kampfgebiet

Karthago: Infanterie, Kavallerie, Elefanten, Schiffe, Verbündete
Sieger

Rom: Gallien/Sardinien, Italien, Syrakus, Spanien, Karthago

Höchstwert (geschätzt)

Gefallene/Verwundete — Verbündete/Gefangene

• Folgen

Tessin
November 218 v. Chr.

Hannibal: 6000 Kavallerie
P. C. Scipio: 7200 Infanterie, 3100 Kavallerie

gering — 22,3%

• Überlaufen der Gallier zu Hannibal
• Die Römer ziehen sich auf ihr eigenes Gebiet zurück.

Schlacht an der Trebia
Dezember 218 v. Chr.

Hannibal: 29 000 Infanterie, 11 000 Kavallerie, 37 Elefanten
P. C. Scipio: 18 000 Infanterie, 6500 Kavallerie, 20 000 Verbündete

12,5% — 24,5% - 40,8%

• Der römische Senat wird sich der Gefahr bewusst.

Schlacht am Trasimenischen See
21. Juni 217 v. Chr.

Hannibal: 31 000 bis 39 000 Infanterie, 10 000 Kavallerie
C. F. Nepos †: 22 000 Infanterie, 3500 Kavallerie

3,1 bis 5,1% — 39,2% - 58,8%

• Hannibal steht der Weg nach Rom offen.
• Hannibal lässt die latinischen Gefangenen frei.
• Hannibal nutzt seinen Vorteil nicht aus.

Cannae
2. August 216 v. Chr.

Hannibal, Maharbal: 40 000 Infanterie, 10 000 Kavallerie
C. T. Varro, L. Ae. Paullus †: 80 000 Infanterie, 6000 Kavallerie

16% — 17,4% - 52,3%

• Rom hat keine Armee mehr.
• Die Städte Süditaliens und Makedoniens sowie Syrakus laufen zu Hannibal über, der den Vorteil nicht ausnutzt.

Cornus
215 v. Chr.

Hasdrubal der Kahle: 15 000 Infanterie, 1500 Kavallerie, 7000 Verbündete
T. M. Torquatus: 20 000 Infanterie, 1200 Kavallerie

51% - 6,4% — ?

• Der Aufstand auf Sardinien wird von Rom unterdrückt.
• Die Getreideversorgung Roms bleibt gesichert.
• Rom behält die Kontrolle über das Mittelmeer.

Belagerung von Syrakus
212/213 v. Chr.

Epicydes: 21 000 bis 25 000 Infanterie, 150 Schiffe
M. C. Marcellus: 16 000 bis 18 000 Infanterie, 100 Schiffe

20% + mehrheitlich Zivilisten — ?

• Sizilien bleibt römisch und wird nicht zum Verbündeten und zur Ausfallpforte für Hannibal.
• Rom kann sich auf Italien und Spanien konzentrieren.

Hinterhalt von Silarus
212 v. Chr.

Hannibal: ? Infanterie, Kavallerie
M. Centenius †: 8000 Infanterie, Kavallerie; 8000 Verbündete

gering — 93,7%

• Hannibal nutzt seinen Vorteil nicht aus.
• Die Römer sammeln sich bei Capua.

Herdonia
212 v. Chr.

Hannibal: 20 000 bis 30 000 Infanterie, Kavallerie
G. F. Flacus: 18 000 Infanterie, Kavallerie

gering — 89%

• Hannibal erobert Tarent und gewinnt Capua zum Verbündeten.
• Der römische Senat muss in Eile 4 Legionen aufstellen.

1. und 2. Schlacht bei Baetis
211 v. Chr.

Hasdrubal Barkas, Magon Barkas, Hasdrubal Gisko: 19 500 Infanterie, 4500 Kavallerie, davon 10 500 Verbündete
P. C. Scipio †, G. C. Scipio †, C. C. Scipio Calvus †: 30 000 Infanterie, 3000 Kavallerie, 20 000 Verbündete

gering — 66,7%

• Die Keltiberer verraten Rom und laufen zu Karthago über.
• Rom zieht sich sieben Jahre lang aus Spanien zurück.
• Karthago nutzt seinen Vorteil nicht aus.

Ausculum
Frühling 209 v. Chr.

Hannibal: 16 000 Infanterie, Kavallerie
M. C. Marcellus: 20 000 Infanterie, Kavallerie

12,5% — 71,5% - 28,5%

• Römischer Rückzug nach Kampanien.
• Hannibal hat in Süditalien freie Hand.

Baecula
Winter 208 v. Chr.

Hasdrubal Barkas: 25 000 Infanterie, Kavallerie
Scipio Africanus: 35 000 Infanterie, Kavallerie

32% - 48% — ?

• Hasdrubal will sich in Italien mit Hannibal vereinigen.
• Scipio nutzt seinen Sieg nicht, schließt aber Bündnisse in Spanien und Numidien.

Schlacht am Metaurus
22. Juni 207 v. Chr.

† Hasdrubal Barkas: 30 000 Infanterie, Kavallerie, 10 Elefanten
M. L. Salinator, C. C. Nero: 37 000 Infanterie, Kavallerie

33,3% - 18% — 21,6%

• Der Zusammenschluss der Barkiden endet in einer Niederlage.
• Hannibal sitzt in Süditalien fest.

Ilipa
Frühling 206 v. Chr.

Hasdrubal Gisco, Mago Barkas: 74 000 Infanterie, 4000 Kavallerie, 32 Elefanten
Scipio Africanus: 45 000 Infanterie, 3000 Kavallerie

89,8% — 14,6%

• Karthago wird endgültig aus Spanien vertrieben.
• Die Numider spalten sich in zwei Lager.

Schlacht auf den Großen Feldern
203 v. Chr.

Hasdrubal Gisko, Syphax: 20 000 bis 30 000 Infanterie, Kavallerie
Scipio Africanus, Massinissa: 12 000 bis 20 000 Infanterie, Kavallerie

20% — gering

• Die Römer belagern Karthago.
• Der karthagische Ältestenrat ruft Hannibal dringend aus Italien zurück.

Zama
19. Oktober 202 v. Chr.

Hannibal, Syphax: 50 000 Infanterie, 4000 Kavallerie, 80 Elefanten
Scipio Africanus, Massinissa: 34 000 Infanterie, 9000 Kavallerie, davon 6000 Verbündete

37% - 20,4% - 27,8% — 9,3% - 3,5%

• Karthago wird zum Friedensschluss gezwungen.
• Masinissa schlägt Syphax zurück und schließt ein Bündnis mit Rom. Karthago sitzt damit in einem Zangengriff.

Cannae: Taktik vorbildlich, Strategie vergessen

2. August 216 v. Chr.

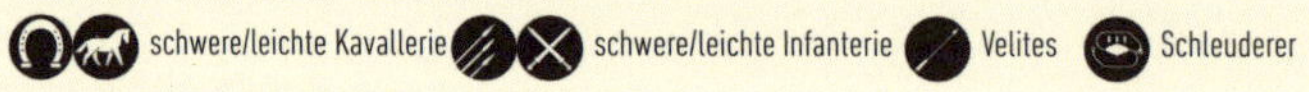

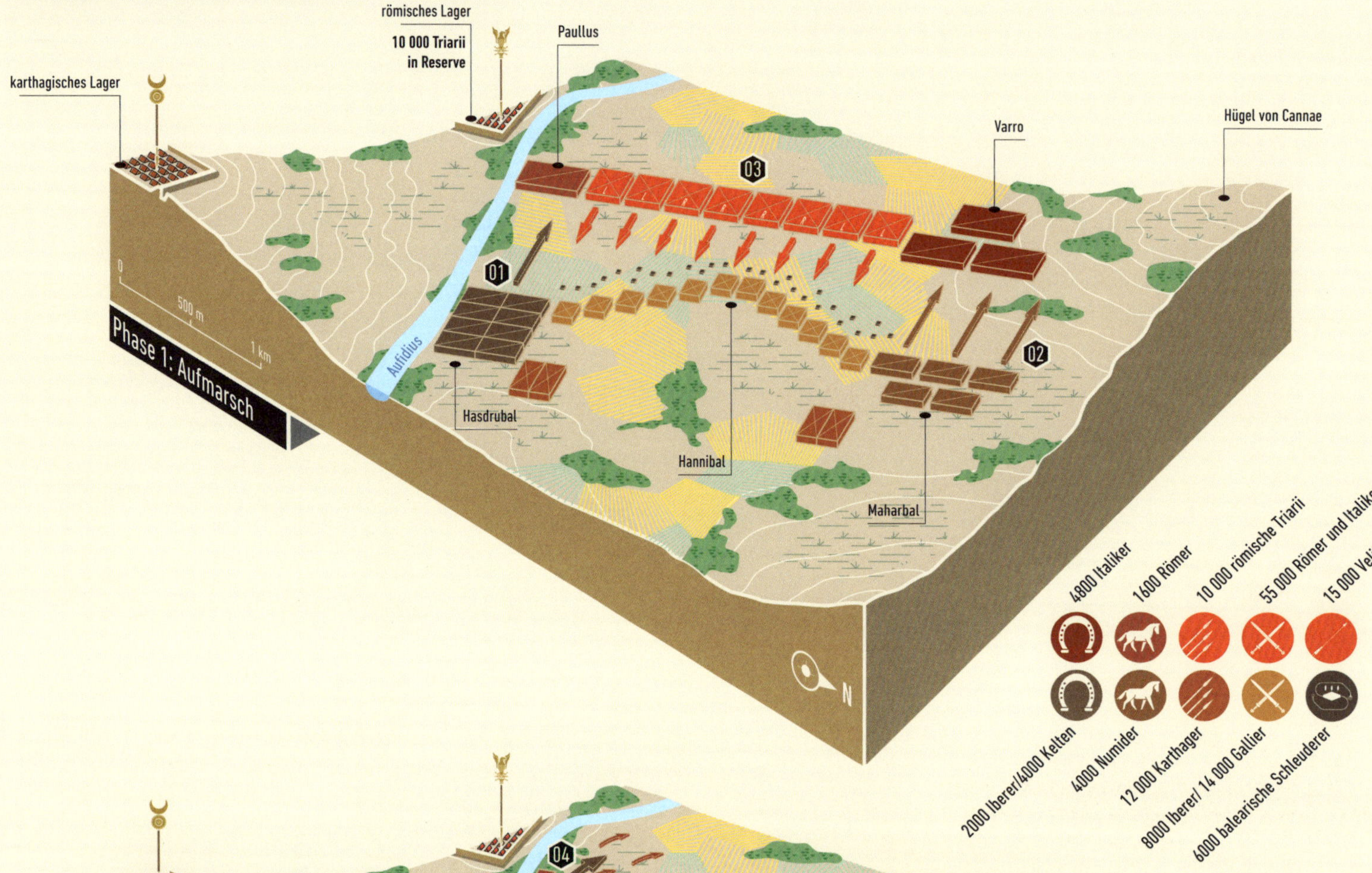

Truppenbewegungen:

(1) Der Römer Varro stellt seine 80 000 Mann klassisch in dreifacher Linie auf. Hannibal dagegen wählt eine ungewöhnliche Formation, indem er sein Zentrum absichtlich zurückzieht. **(1)** Hannibal wirft seine schwere Kavallerie gegen die des Paullus. Der Zusammenstoß ist brutal und blutig. **(2)** Gleichzeitig bindet Maharbal den rechten römischen Flügel durch einen Lanzenangriff seiner numidischen Reiterei. **(3)** Die acht römischen Legionen rücken in versetzter Ordnung gegen das karthagische Zentrum vor. Hannibals Aufstellung mit sehr tief gestaffelten Flanken zwingt die Legionen dabei, unter dem ständigen Beschuss der Schleuderer lange ihre Formation zu halten. **(4)** Hasdrubal stößt durch die römische Kavallerie hindurch, die sich auflöst und flüchtet. **(5)** Der Ansturm der römischen Legionen zwingt die karthagischen Fußtruppen zum Rückzug. **(6)** Hannibal stellt sicher, dass sie in guter Ordnung zurückweichen. Die Schleuderer gehen ins zweite Treffen zurück, während Hannibal nun an den Flanken die schwere Infanterie aufmarschieren lässt, die bis dahin in Reserve gehalten wurde. **(7)** Auf der linken Flanke wird Varros Reiterei abgeschlachtet und kann dem Vorrücken Maharbals keinen Einhalt gebieten. **(8)** Nun wirft auch Hasdrubal seine schwere Kavallerie gegen die Varros, die **(9)** bei deren Herannahen flüchtet. Maharbal setzt nach und verfolgt sie. **(10)** Der schwerverletzte Konsul Paullus kehrt zu seiner Truppe zurück. Aber die immer stärker eingedrückten Flanken zwingen die römischen Einheiten zu einer versetzten Aufstellung, die ihre Organisation und Bewegungen behindert. **(11)** Hannibal glaubt, dass die Römer jetzt weit genug vorgerückt sind, und befiehlt seiner leichten Infanterie, die Legionen zu binden, während **(12)** seine schwere Infanterie die römischen Flanken in die Zange nimmt und **(13)** Hasdrubals Reiterei sie von hinten angreift. Ein Massaker beginnt, dem nur wenige Römer entkommen. Am Abend des 2. August sind 47 000 römische Infanteristen und 2700 Kavalleristen gefallen und 19 300 Römer in Gefangenschaft. Zu den Gefallenen gehören die beiden Konsuln Paullus und Minucius, 29 Militärtribunen und 80 Senatoren. Nur 14 000 Römer sind entkommen; Hannibal hat ganze 8000 Mann Verluste zu beklagen.

römischer Hastatus   römischer Triarius

römischer Princeps

römischer Velites

Die dauerhafte Einberufung der Legionen

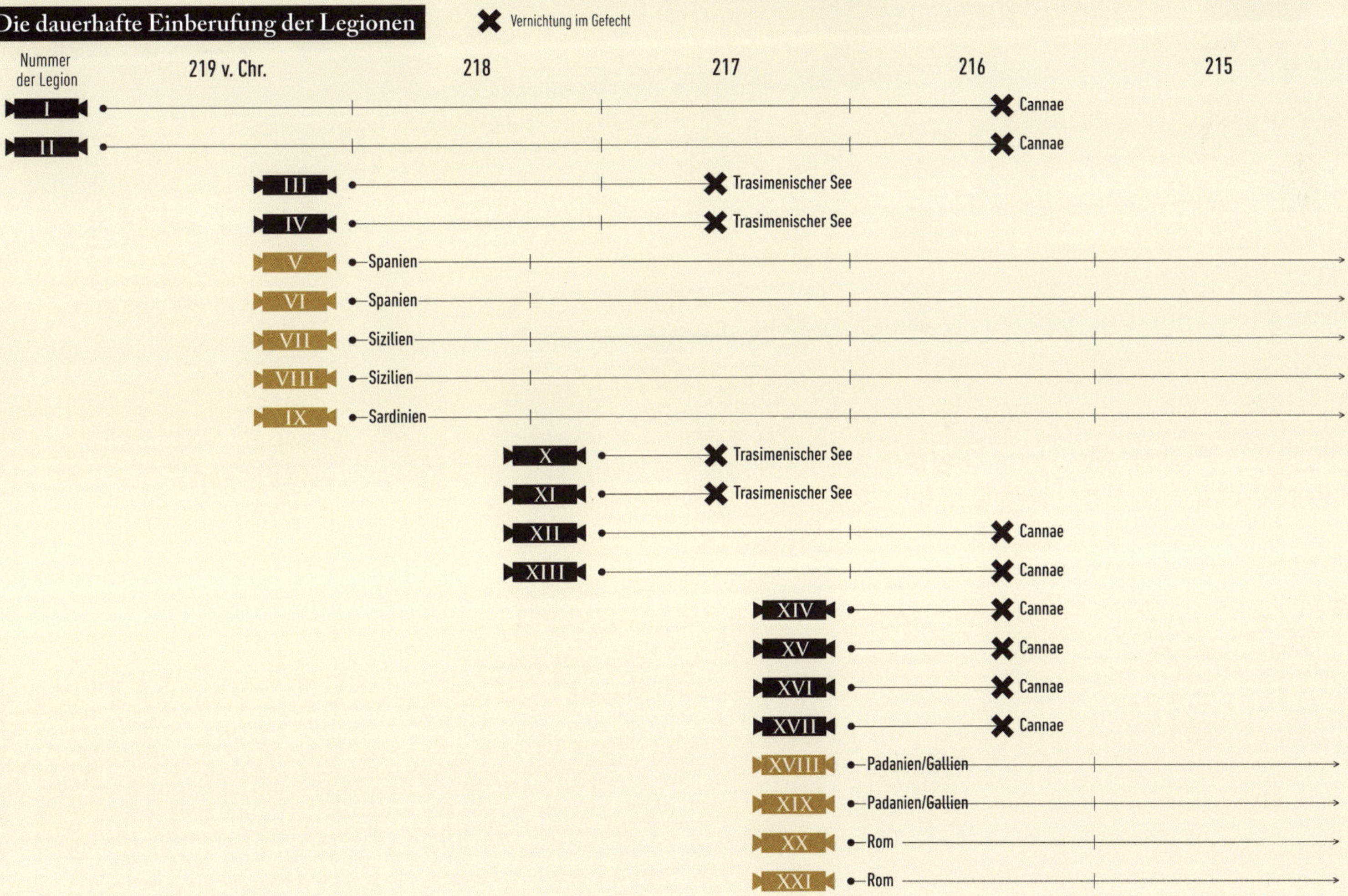

Der 1. Punische Krieg war vor allem ein Seekrieg, der 2. Punische Krieg hingegen ein Landkrieg. Zwei Schlachten bleiben als herausragend in Erinnerung: die von Cannae in Apulien und die von Zama im heutigen Tunesien.

Die Schlacht von Cannae fand am 2. August (astronomisches Datum: 2. Juli) 216 v. Chr. statt. Nach der Einnahme eines Stützpunkts und eines Vorratslagers der römischen Truppen in Cannae vereinigten die beiden Konsuln Lucius Aemilius Paullus und Gaius Terentius Varro ihre beiden Armeen, um Hannibal gemeinsam gegenüberzutreten. (Gewöhnlich kämpften die beiden konsularischen Heere getrennt.) Damit verfügten sie über acht Legionen und noch einmal so viele verbündete Truppen. Die beiden Konsuln, die einander täglich im Oberbefehl abwechselten, waren von unterschiedlicher Wesensart. Paullus neigte eher zur Vorsicht, während der überhebliche Varro um jeden Preis den Sieg wollte. Hannibal wartete einen Tag ab, an dem Varro das Kommando übernahm.

Auch das Schlachtfeld und die Aufstellung waren für die Römer nicht günstig: Der Fluss zu ihrer Rechten verhinderte einen

Zama, der Entscheidungssieg
19. Oktober 202 v. Chr.

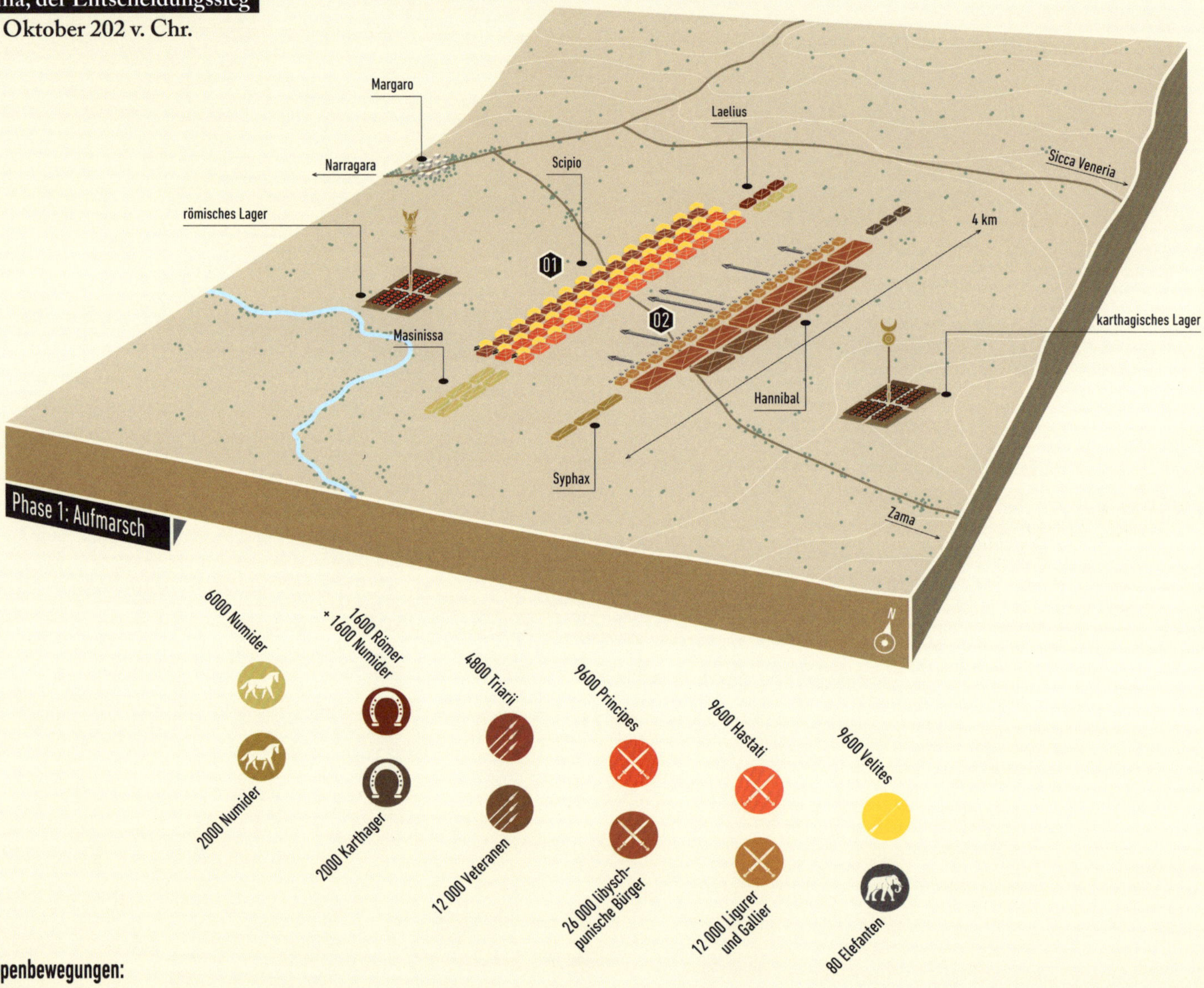

Truppenbewegungen:

Zama war eine klassische Entscheidungsschlacht. Den Römern war es gelungen, nach 16 Jahren schwerer Niederlagen das Kriegsglück zu wenden, indem sie Karthago selbst angriffen. Hannibal musste seine Raubzüge durch Süditalien aufgeben und der Heimat zu Hilfe eilen, die ihn nach einer Reihe verlorener Schlachten dringend zurückrief. Am 19. Oktober 202 sah er sich in einer schwachen Position: wenig Reiterei, ungenügend dressierte Kriegselefanten, wenig kriegserfahrene Soldaten, dafür viele hastig ausgehobene Rekruten. Um die Schwäche der Kavallerie auszugleichen und die erste Angriffslinie der Römer aufzubrechen, bevor er seine wertvollen Veteranen gegen sie einsetzen wollte, stellte er die 80 Kriegselefanten vor seiner Front auf, die aus ligurischen und gallischen Söldnern bestand. Die in Afrika aufgestellten Soldaten bilden das zweite Treffen, die kriegserfahrenen besten Kämpfer das Hintertreffen. Die punische schwere Kavallerie stand an der rechten Flanke, die numidische leichte Reiterei an der linken, wo sie auf die zu den Römern übergegangenen numidischen Reiter traf. **1.** Scipio stellte seine Infanterie ebenfalls in drei Treffen auf, aber ungewöhnlicherweise nicht in Quincunx-Formation. Die Principes blieben hinter der ersten Linie der Hastati, hinter ihnen die Triarii im dritten Glied. Neu war, dass die Zwischenräume der Einheiten von den Velites ausgefüllt wurden, so dass Hannibal an der aus seiner Sicht klassisch geschlossenen Aufstellung nichts auffiel. **2.** Hannibal trieb die Kriegselefanten gegen die römische Front, aber die Tiere schwenkten, durch die römischen Trompetensignale in Panik versetzt, nach links. **3.** So brachten sie die karthagische Schlachtordnung durcheinander. **4.** Die römische Reiterei unter Masinissa und Laelius nutzte diese Unordnung aus, um die punische Kavallerie in die Flucht zu schlagen. Weitere karthagische Elefanten liefen zwischen den römischen Einheiten in die Lücken, die von den Velites dafür freigegeben wurden. **5.** Nun schickte Hannibal seine Söldnereinheiten in den Kampf, aber die römische Frontlinie hielt zusammen. **6.** Der Angriff der Söldner geriet ins Stocken. Sie hofften vergeblich auf Unterstützung durch das zweite Treffen der frisch rekrutierten Karthager und gerieten, als diese weiter ausblieb, darüber in Streit mit ihnen. **7.** Weil die punische Kavallerie zerstreut war, kam der Kampf vorläufig zum Erliegen. Scipio nutzte die Pause, um die mit der Verfolgung fliehender Gegner beschäftigten Hastati zu sammeln und die Verwundeten vom Schlachtfeld bringen zu lassen. **8.** Die Hastati standen nun in der Mitte der Schlachtordnung, mit Principes und Triarii rechts und links von ihnen. Ihre Linien überflügelten die karthagischen an beiden Enden. Hannibal versuchte, seine Veteranen in den Kampf zu werfen. **9.** Aber nun kehrten die römischen Reiter unter Masinissa und Laelius von der Verfolgung der karthagischen Kavallerie zurück und rollten die karthagischen Fußtruppen von hinten her auf, während die römische Infanterie sie von vorne und beiden Seiten einschloss. Damit war die Schlacht entschieden. Scipio hatte zwischen 1500 und 2500 Mann verloren, Hannibal zwischen 10 000 und 25 000 Gefallene und noch einmal so viele Gefangene. Ihm blieb nichts anderes übrig, als fluchtartig nach Karthago aufzubrechen, um dort dem Großen Rat die Niederlage zu berichten. Karthago hatte keine Wahl, als sich den Römern zu ergeben.

Gemäß Friedensvertrag musste die Stadt 50 Jahre lang 10 000 Talente Silber Tribut an Rom zahlen, fast alle ihre auswärtigen Besitzungen abtreten und ihre Flotte zerstören. Damit war ihr Herrschaftsanspruch im westlichen Mittelmeer Geschichte. Von diesem Schlag sollte sich Karthago nicht wieder erholen.

Rückzug, sie kämpften gegen die Sonne, und ein kräftiger Wind blies ihnen Sand und Staub entgegen. In der Schlacht fiel der Konsul Aemilius Paullus mit 2 Quästoren, 29 Militärtribunen und 80 Senatoren bzw. zukünftigen Magistraturkandidaten. Die Römer beklagen um die 50 000 Gefallene, Hannibal verlor lediglich 8000 Elitesoldaten. Diese berühmt gewordene Schlacht bedeutete für die römischen Legionen das Ende der Phalanx als Gefechtsformation und den Anfang ihrer Aufteilung in mobilere Einheiten. Außerdem wurde die alte Tradition des abwechselnden Oberbefehls der römischen Truppen zugunsten eines kontinuierlichen Kommandos aufgegeben.

Der letzte Akt des 2. Punischen Kriegs spielte sich im Herbst 202 bei Zama ab, möglicherweise dem heutigen Jama gleichzusetzen, 30 km von Maktar entfernt. Hannibals Truppen waren zwar zahlenmäßig überlegen, aber ihm fehlte die hervorragende Reiterei Masinissas, der zu den Römern übergelaufen war.

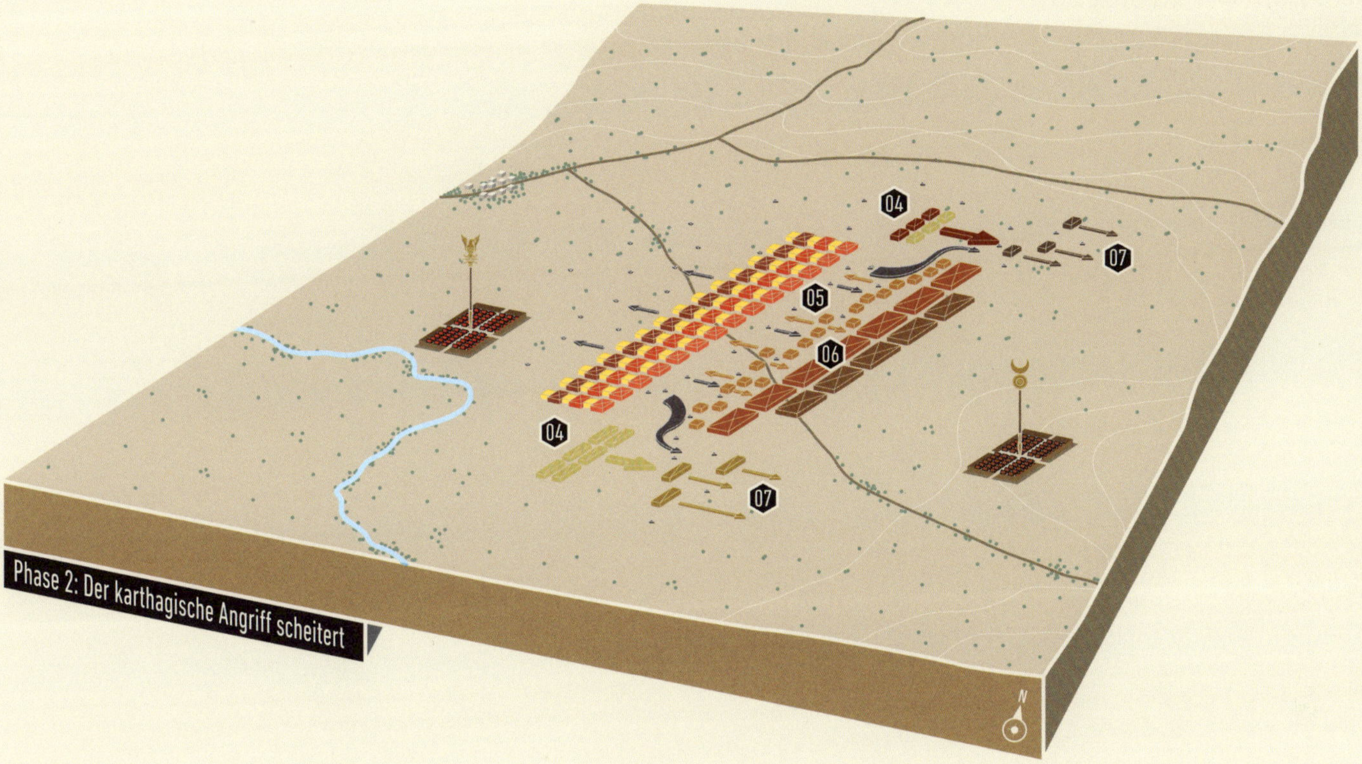

Phase 2: Der karthagische Angriff scheitert

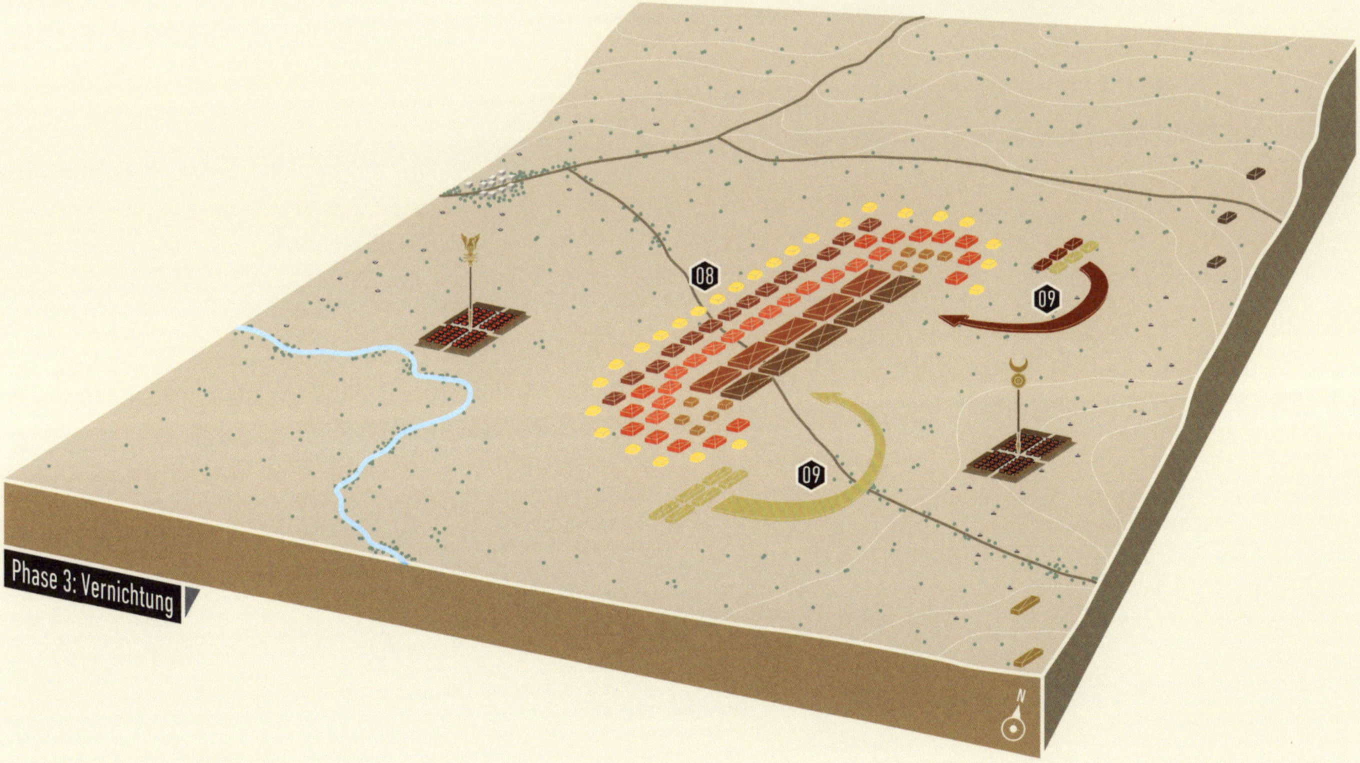

Phase 3: Vernichtung

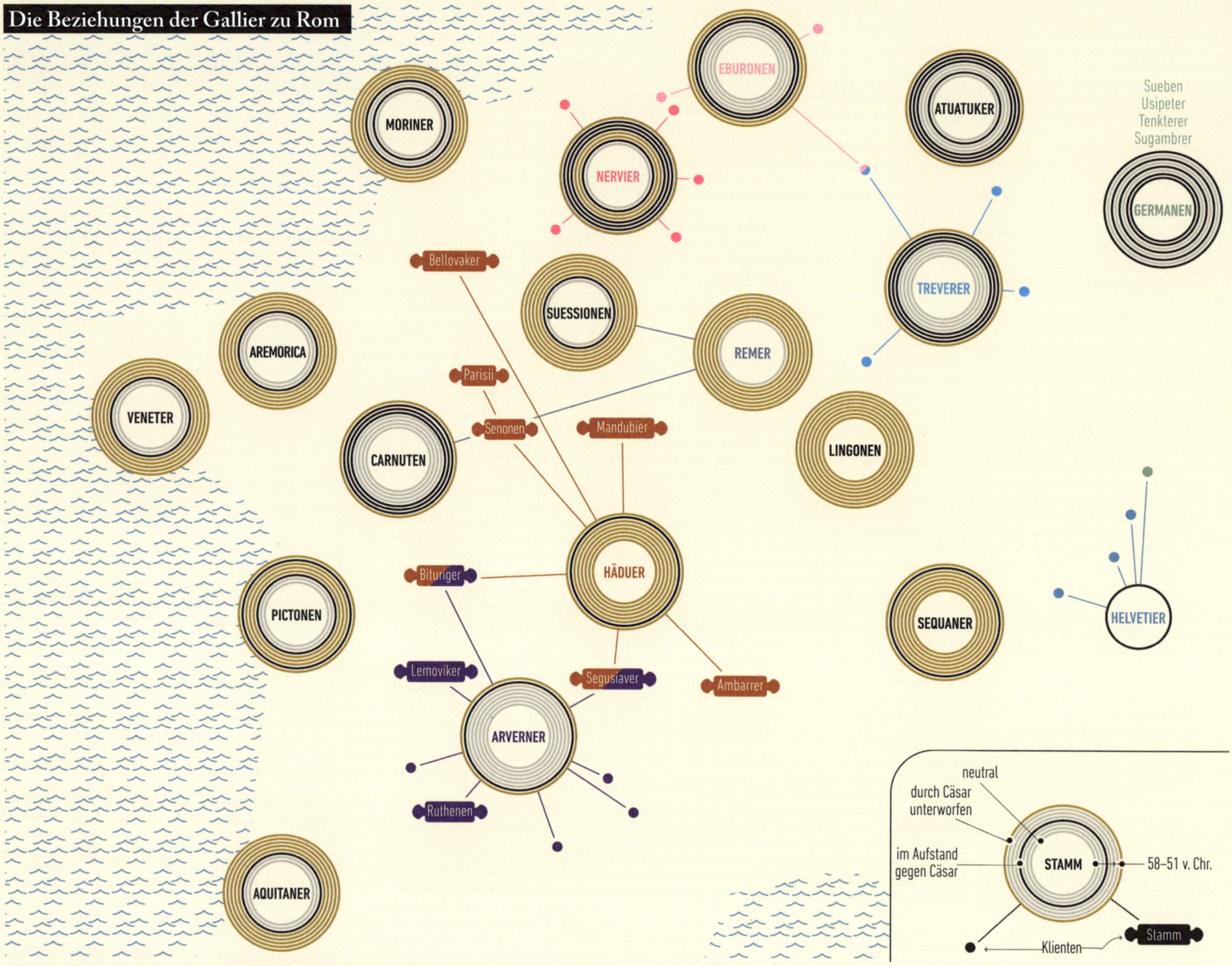

III. DER GALLISCHE KRIEG

Mitte des 1. Jh. v. Chr. fand sich der noch nicht römische Teil Galliens in einer widersprüchlichen Lage. Zwar befanden sich die gallischen Stämme seit etwa einhundert Jahren in der Entwicklung zu *civitates* wie im Mittelmeerraum und unterhielten vielfältige Kontakte zur Provincia Narbonensis und nach Italien, waren aber auch einer doppelten Gefahr ausgesetzt. Etwa ab Anfang des 1. Jh. v. Chr. schoben sich germanische Stämme nach Südwesten vor. Sie hatten bereits das Gebiet der Helveter so gut wie besetzt, und der Suebenkönig Ariovist hatte ein Bündnis germanischer Stämme über den Oberrhein geführt. Die Römer hatten diese Entwicklungen aufmerksam verfolgt; sie hatten die Einfälle der Kimbern und Teutonen nicht vergessen. Zusätzlich herrschten in Rom innenpolitische Konflikte zwischen den Mächtigen, nämlich Crassus, Pompejus und Cäsar. Weil die ersteren beiden ihre vorherigen kriegerischen Erfolge politisch ausnutzten, suchte auch Cäsar einen Anlass, seinen Ruhm zu mehren und seine Kasse aufzubessern. Als er 59 v. Chr. nach seinem Konsulat als Prokonsul in die Narbonensis gesandt wurde, nutzte er die Gelegenheit.

Die Gallier waren keineswegs politisch vereint; es gab, um einen modernen Begriff zu benutzen, keine gallische »Nation«. Ganz im Gegenteil verbrachten die einzelnen Stämme ihre Zeit damit, einander zu bekriegen, jeweils geführt von ihrem reichen Adel, dem die Masse der Krieger als Gefolgsleute angehörte. Zunächst hatten die mächtigen Averner mit ihrem zentral gelegenen Gebiet noch eine gewisse Führungsrolle unter den Stämmen inne, die aber immer mehr an die Häduer überging, Verbündete der Römer. Die Averner und Sequaner riefen schließlich 71 v. Chr. den suebischen König Ariovist zu Hilfe, und dieser sagte zu. Nach einem Jahrzehnt der Kriege behielt das von den Sequanern geführte Bündnis die Oberhand.

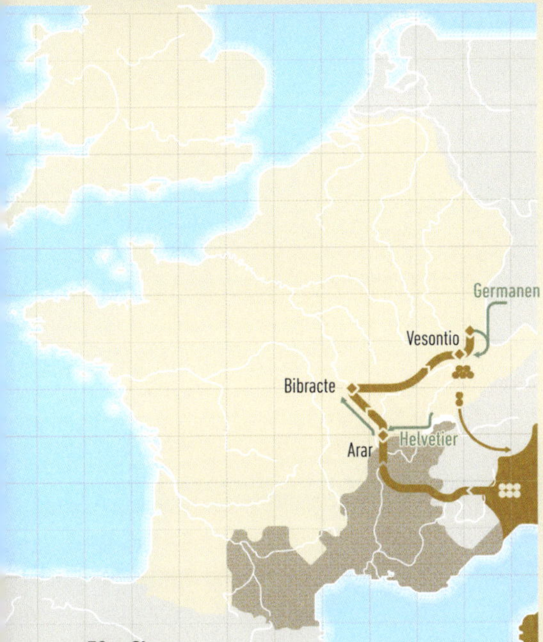

58 v. Chr.
Abwehr der Helvetier und Germanen

57 v. Chr.
Kämpfe gegen das nördliche Gallierbündnis

56 v. Chr.
Feldzug gegen die Veneter und andere westliche Gallier

55 v. Chr.
Erste Landung in Britannien und Vorstöße nach Osten

54 v. Chr.
Zweite Landung in Britannien und Feldzug gegen die Eburonen

53 v. Chr.
Aufstand des Ambiorix

52 v. Chr.
Aufstand des Vercingetorix

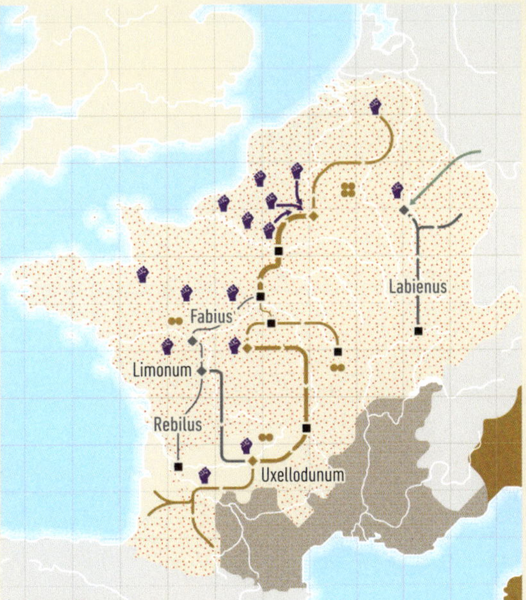

51 v. Chr.
Letzte Operationen

Die Eroberung Galliens durch Cäsar
58 bis 50 v. Chr.

- 1 Legion
- 2 Legionen
- 3 Legionen
- 4 Legionen
- 5 Legionen
- 6 Legionen
- 7 Legionen
- 8 Legionen
- 9 Legionen
- 10 Legionen
- 11 Legionen

- Flucht
- Cäsar
- durch Cäsar beauftragte Befehlshaber
- 1 Legion im Winterquartier
- Sammelplatz
- wichtige Schlacht mit Sieg
- von Cäsar unterworfenes Gebiet
- Provincia Narbonensis (römisch)
- Aufstand

Als die Helvetier sich zu ihrem Zug nach Westen aufmachten, um sich an der Atlantikküste nördlich der Gironde niederzulassen, wo sie mit Hilfe der Häduer ein gallisches Fürstentum errichten wollten, entschloss sich der neue Prokonsul der Provincia Narbonensis einzugreifen. Cäsar nahm ein Bündnisangebot Ariovists gegen die Helvetier an; die in zwei rivalisierende Clans gespaltenen Häduer hielt er nicht mehr für vertrauenswürdig. Cäsar stellte sich den Helvetiern und ihren Verbündeten, den Raurakern, Tulingern, Latobrigen und Teilen der Bojer, entgegen und zwang sie zum Ausweichen durch das Gebiet der Sequaner. Seine Armee bestand aus drei im cisalpinischen Gallien aufgestellten Legionen, zu denen noch zwei in aller Eile rekrutierte neue und die bei den Segusiavern stationierte des Labienus kamen. Nach Anfangserfolgen von Labienus musste Cäsar die Verfolgung der Helvetier aufgeben, um den Nachschub seiner Truppen zu sichern, und marschierte Richtung Bibracte (heute Mont Beuvray). Die Helvetier setzten ihm nach, wurden aber bei Bibracte schwer geschlagen. Cäsar ließ sie auf das Gebiet der Lingonen zwischen dem heutigen Langres und Dijon ziehen, wo sie als Bollwerk gegen Ariovist dienen sollten. Gleichzeitig eröffnete er Verhandlungen mit dem Suebenkönig, die jedoch zu nichts führten. Er zog daraufhin nach Vesontio und weiter an den Oberrhein. Ariovist verlangte ein neues Treffen, bei dem er versuchte, Cäsar gefangen zu nehmen. Die daraufhin ausgebrochene Schlacht (beim heutigen Mülhausen) gewannen die Römer.

Als den Galliern nach dem Winter 71 v. Chr. klar wurde, dass Cäsar die römische Grenze bis an den Rhein vorschieben wollte, erhoben sich die belgischen Stämme mit Ausnahme der mit Rom verbündeten Remer und vereinten ihre Krieger zu einem mächtigen Heer, das sich an der Aisne in einer derartig starken Festung verschanzte, dass keiner der beiden Seiten eine entscheidende Bewegung gelang. Das gallische Heer zerstreute sich schließlich, weil ihm die Lebensmittel ausgingen. Cäsar griff daraufhin die Bellovaker,

Cäsars Armee in Gallien

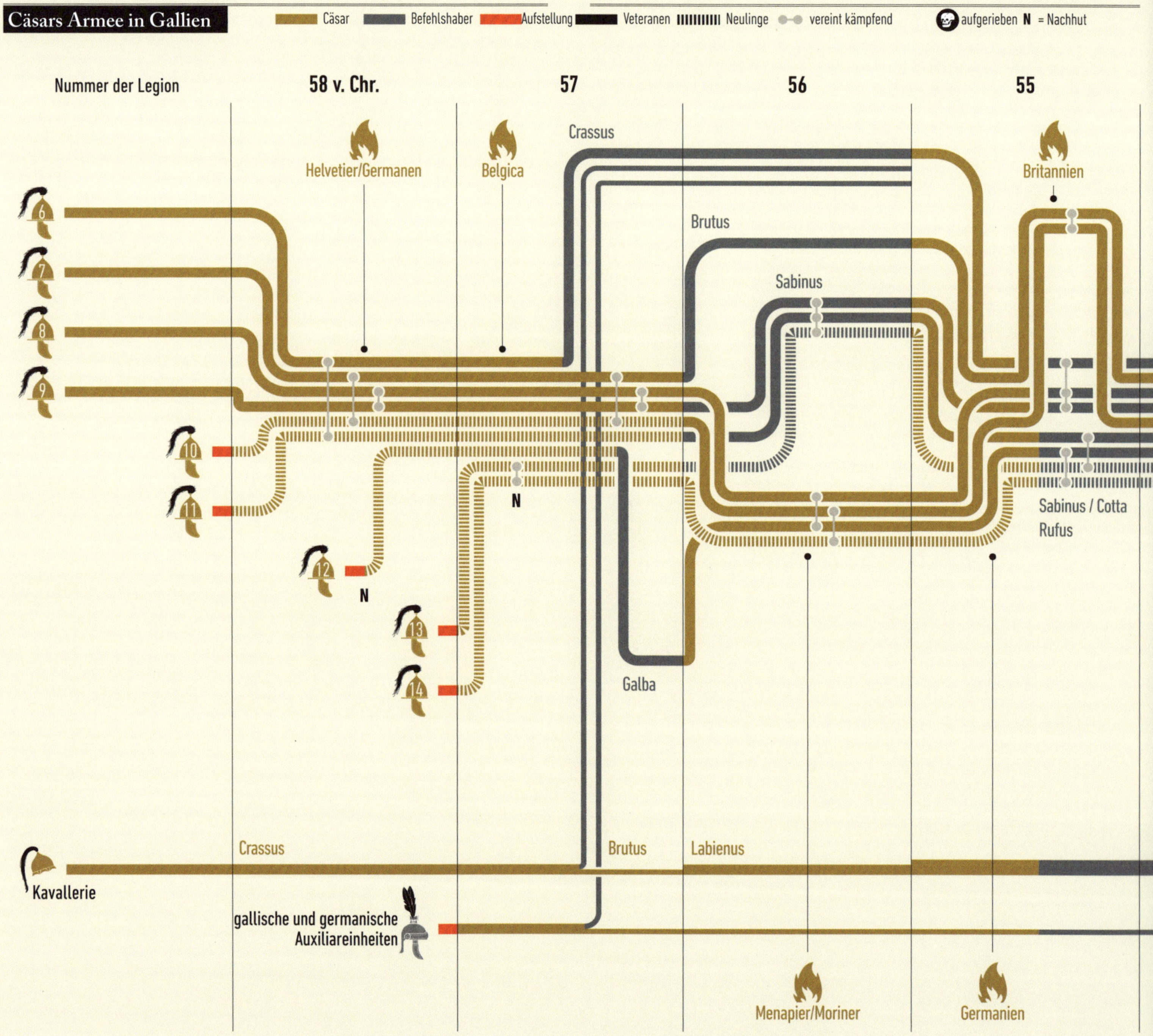

Ambier, Suessionen, Atuatuker und Nervier nacheinander an und besiegte sie jeweils. Nach der Unterwerfung der Stämme in der heutigen Normandie legte er seine Truppen bei den Carnuten (nahe dem heutigen Orléans), Turonen (Tours) und Anden (Anjou) ins Winterlager. Man könnte glauben, Gallien wäre nun erobert gewesen. Aber im Herbst 56 v. Chr. erhoben sich die Veneter des Morbihan und zwangen die Römer zu einem neuerlichen Feldzug. Cäsar griff die Veneter an und schlug sie, während seine Legaten in der Normandie für Ruhe sorgten und gegen die Menapier und Moriner zogen. Wegen schlechter Ernten musste Cäsar seine Legionen im folgenden Winter auf zahlreiche kleine Winterlager verteilen, um die örtliche Bevölkerung, von deren Vorräten sie lebten, zu entlasten. Dadurch wurden die Römer verwundbar. Dem Eburonenhäuptling Ambiorix gelang es, im Winter 54 v. Chr. anderthalb Legionen aus ihren Lagern beim heutigen Lüttich zu treiben und zu vernichten. Daraufhin erhoben sich die Nervier, Atuatuker und Treverer, allerdings erfolglos. Im Frühling folgte eine Strafexpedition der Römer gegen die aufständischen Stämme. Die Eburonen wurden praktisch ausgelöscht. Die gallischen Häuptlinge, über Cäsars innenpolitische Probleme in Rom gut informiert, wollten nun seine Abwesenheit in der Hauptstadt zu einem allgemeinen Aufstand gegen die römische Besatzung nutzen. Im Winter 52 v. Chr. erhoben sich zunächst die Carnuten, dann ruft der Arvernerkönig Vercingetorix zum allgemeinen Aufstand aller Gallier. Im Osten versuchten die Treverer, auch die germanischen Stämme für die Erhebung zu gewinnen.

Cäsar kehrte mit frisch angeworbenen Truppen nach Gallien zurück und griff zunächst die Nervier und Senonen an und schickte seinen Legaten Labienus gegen die Treverer, die vernichtend geschlagen wurden. Cäsar unterwarf währenddessen die Menapier, überschritt den Rhein, um mit den Ubiern zu verhandeln, und erfuhr, dass sich die Germanen zurückgezogen hatten.

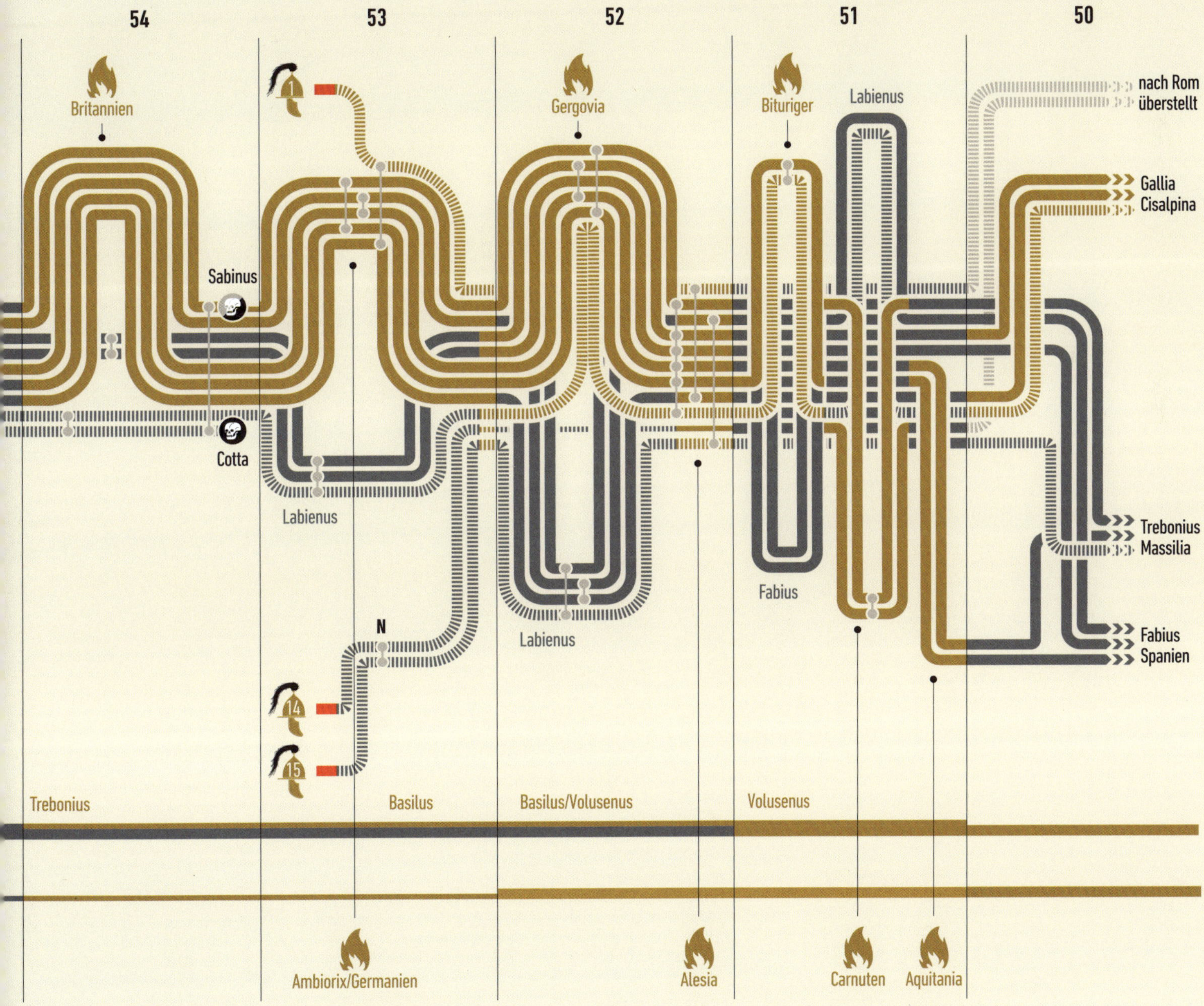

Die Belagerung von Alesia

27. September 52 v. Chr.

Truppenbewegungen:

Vercingetorix versuchte, die Römer in einen Hinterhalt zu locken und wurde geschlagen. Er zog sich daraufhin in das Oppidum Alesia zurück, das bereits für eine Belagerung vorbereitet war, und wollte seinen Erfolg von Gergovia wiederholen **(1)**. Cäsar verfolgte ihn mit 12 Legionen **(2)** und entdeckte die ihm gestellte Falle. Er ließ zwei Befestigungsringe bauen **(3)**, einen zur Einschließung des Oppidums *(contravallatio)*, den anderen zur Abwehr von Entsatzangriffen nach außen gerichtet *(circumvallatio)*. Die 24 km langen Wall- und Grabenanlagen wurden durch befestigte Lager und Kastelle gesichert. Während die Römer schanzten, schickte Vercingetorix eine Reitertruppe aus **(4)**, die mit der anrückenden Entsatzarmee aus 240 000 Kriegern (hauptsächlich Arverner und Häduer, aber auch aus anderen gallischen und belgischen Stämmen) Verbindung aufnehmen sollte. In der Nacht vor dem Angriff **(5)** versuchten 60 000 Gallier einen Durchbruch mit Nachschubmaterial, wurden aber zurückgeschlagen.
Am Tag darauf erschien das Gros der Entsatzarmee vor Alesia und griff die Befestigung an zwei Punkten gleichzeitig an **(6)**. Vercingetorix und seine Krieger unterstützten den Angriff durch einen Ausfall **(7–8)**, aber ohne Erfolg. Vercingetorix musste den Angriff abbrechen und versuchte den Durchbruch an einer anderen Stelle unterhalb des Mont Réa **(9)**. Allerdings hatten die Gallier an mehreren Stellen die Gräben und Abwehranlagen überwunden und waren bis in eins der Lager vorgedrungen. Cäsar zog mehrere Legionen zur Verstärkung heran **(10)**, weil die große zahlenmäßige Stärke und das gute Zusammenwirken der gallischen Entsatzarmee eine echte Gefahr für die römische Belagerung bedeuteten **(11)**. Cäsar ging mit seinem Stab und den frischen Truppen zum Gegenangriff über **(12)** und warf die Gallier zurück. Gleichzeitig fiel Cäsars germanische Kavallerie der Entsatzarmee in den Rücken **(13)**, die sich daraufhin zerstreute **(14)**. Die Lage der Gallier war damit hoffnungslos. Die fliehenden Kontingente versuchten, ihre Stämme zu erreichen, wurden aber die Nacht hindurch verfolgt und einzeln niedergemacht **(15)**. Vercingetorix hatte keine Wahl, als sich wieder in Alesia zu verschanzen **(16)**. Am folgenden Tag kapitulierte er dann.

Die römische Verteidigungsanlage in Richtung der Plaine des Laumes

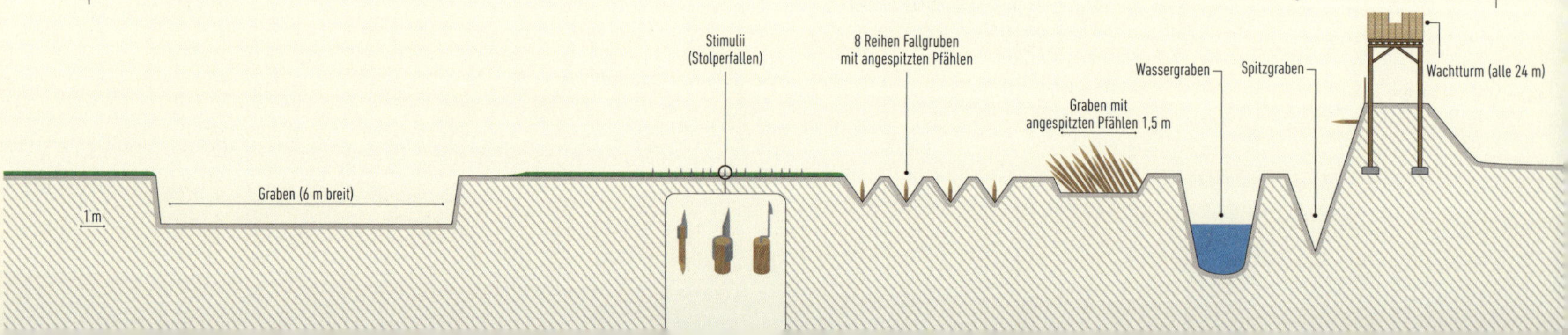

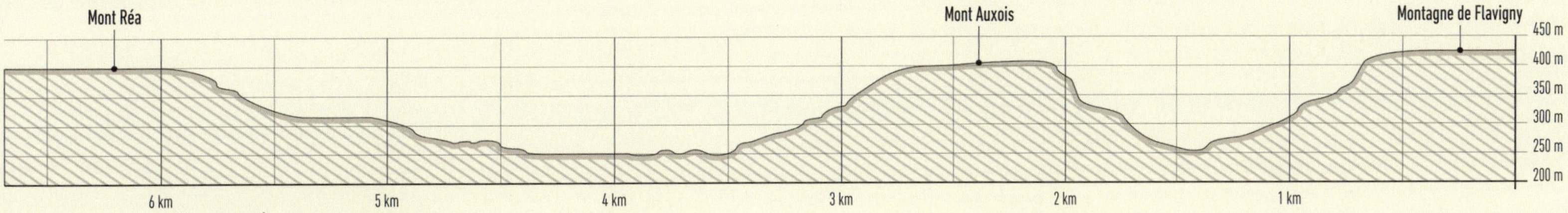

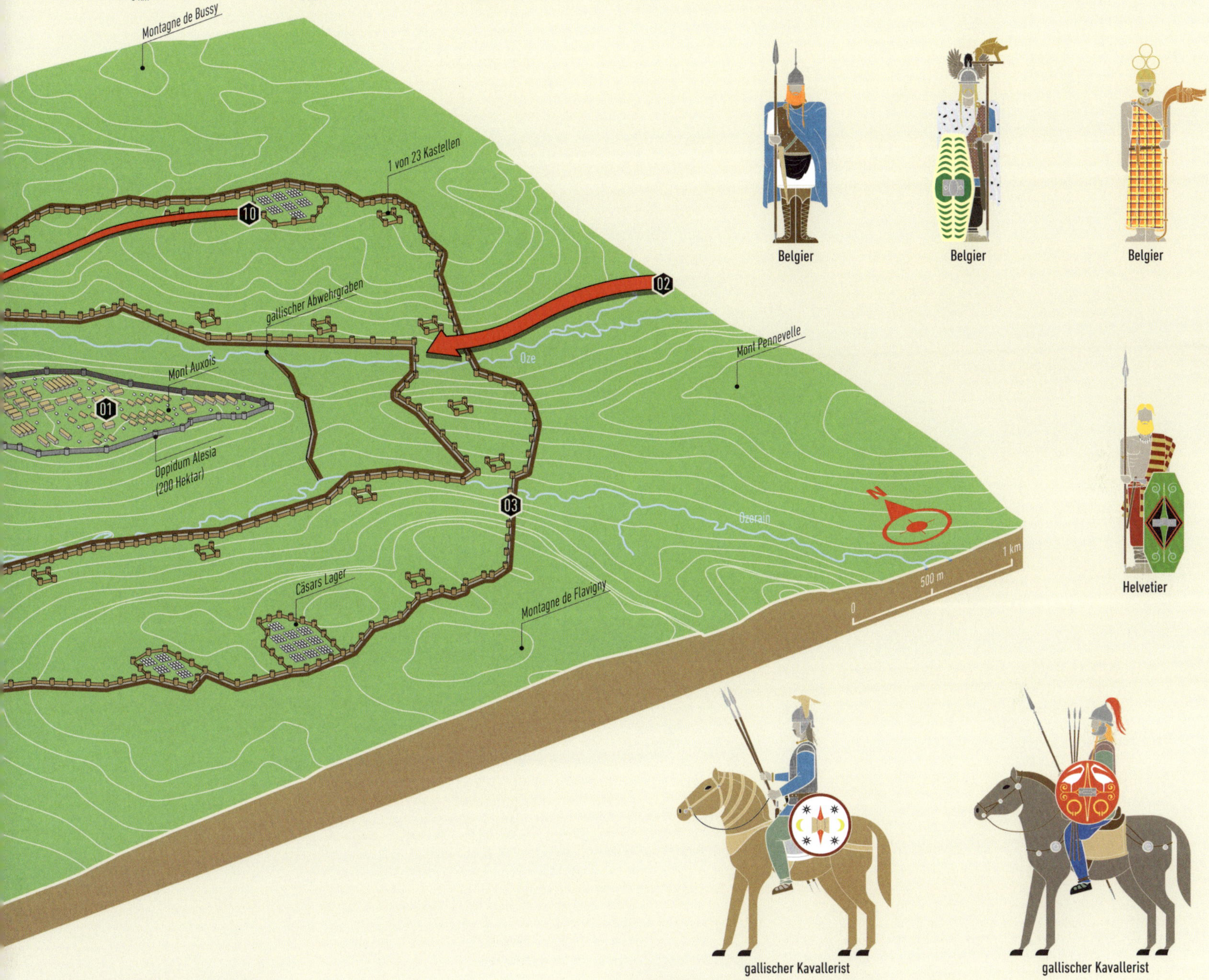

Bilanz der Kämpfe um Alesia

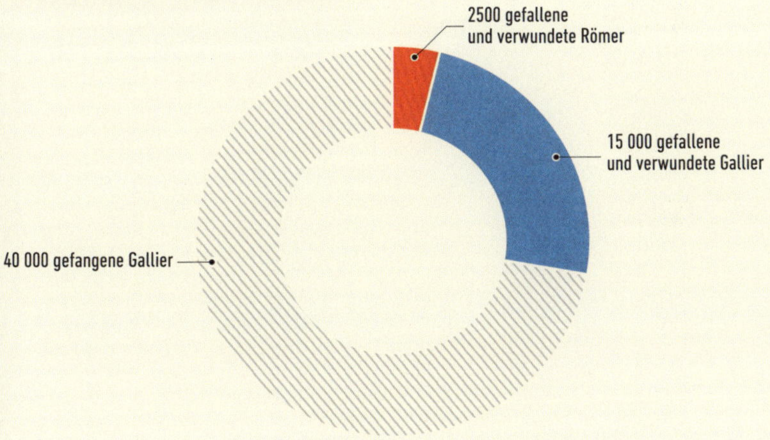

Bilanz des Gallischen Kriegs

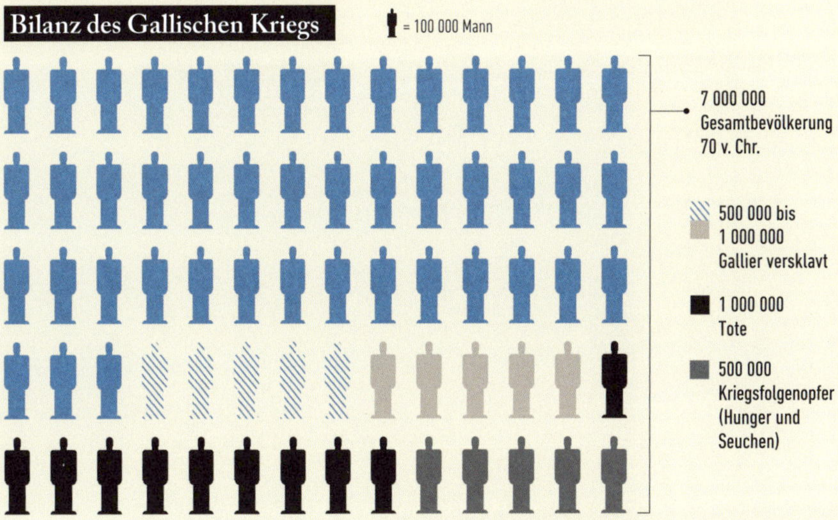

IV. SPARTACUS

Sklavenaufstände waren in der römischen Republik nichts Ungewöhnliches und meistens nicht sehr bedeutend. Drei davon allerdings wuchsen sich aufgrund schwerer sozialer Probleme der jeweiligen Zeit zu echten Kriegen aus. Zu den ersten beiden Sklavenkriegen kam es auf Sizilien: Zunächst gründete 140/139 v. Chr. der Sklave Eunous einen Staat aus entlaufenen Feldsklaven, der nach dem Vorbild hellenistischer Königreiche aufgebaut war und bis 132 Bestand hatte. Davon inspiriert, versuchte der Sklave Tryphon zwischen 104 und 100 dasselbe.

Der dritte Sklavenkrieg war der Aufstand des Spartacus (73–71 v. Chr.). Diesmal wurde in Italien gekämpft, nicht in einer Provinz, und die Autoren der Zeit berichteten ausführlich darüber. Hintergrund waren die Wirren nach dem Bundesgenossenkrieg, besonders im Süden der Halbinsel. Spartacus, ein aus unbekannten Gründen versklavter Thraker, der in einer Gladiatorenschule in Capua ausgebildet wurde, erhob sich (1) mit 70 bis 78 anderen Gladiatoren (Thrakern, Germanen und Galliern). Um diesen Kern scharten sich rasch Hirten und Feldsklaven der großen Landgüter, die meisten während des Marsches nach Neapel (2), wo sie sich auf den Hängen des Vesuvs festsetzten (3) und die Felder und Villen plünderten.

Trotz aufsehenerregender Erfolge hatte Spartacus die Lage nie im Griff und konnte seinem Heer keine Organisation geben. Der Aufstand nahm nie die Züge eines geordneten Staatswesens an, alle Beschlüsse wurden von einer Vollversammlung der Aufständischen gefasst. Zwar wurden Spartacus und die Gallier Crixus und Oenomaus zu Anführern gewählt, aber es handelte sich nicht etwa um eine kampfstarke Armee von Gladiatoren, sondern um einen Haufen entlaufener Feldsklaven. Spartacus überwinterte mit etwa 70 000 Mann in Kampanien. Rom sandte einen Prätor mit 3000 unerfahrenen Soldaten gegen ihn aus. Diese Truppe wurde ausgelöscht. Ein zweiter Prätor, diesmal mit 7000 Mann, wurde hinterhergeschickt

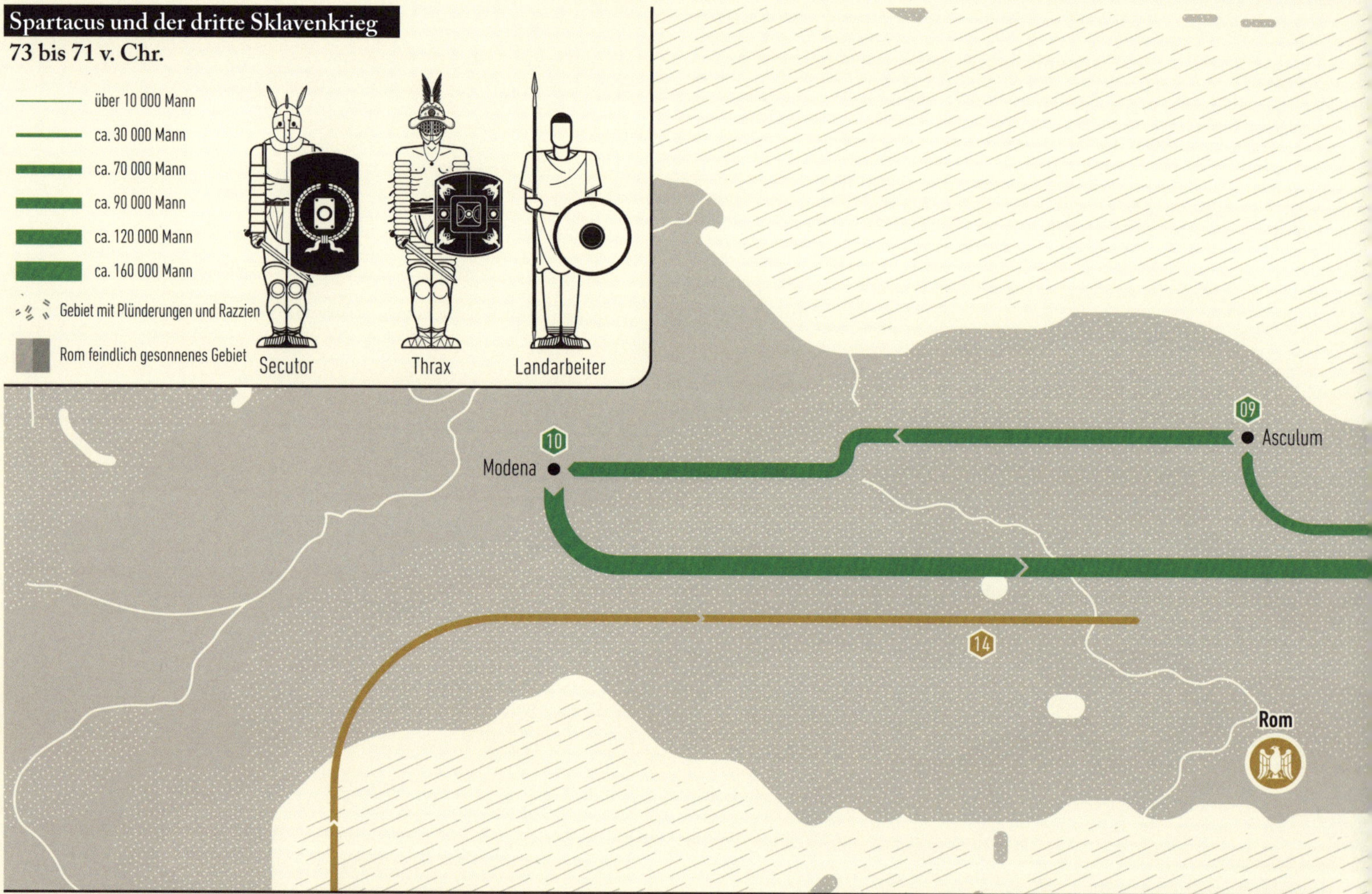

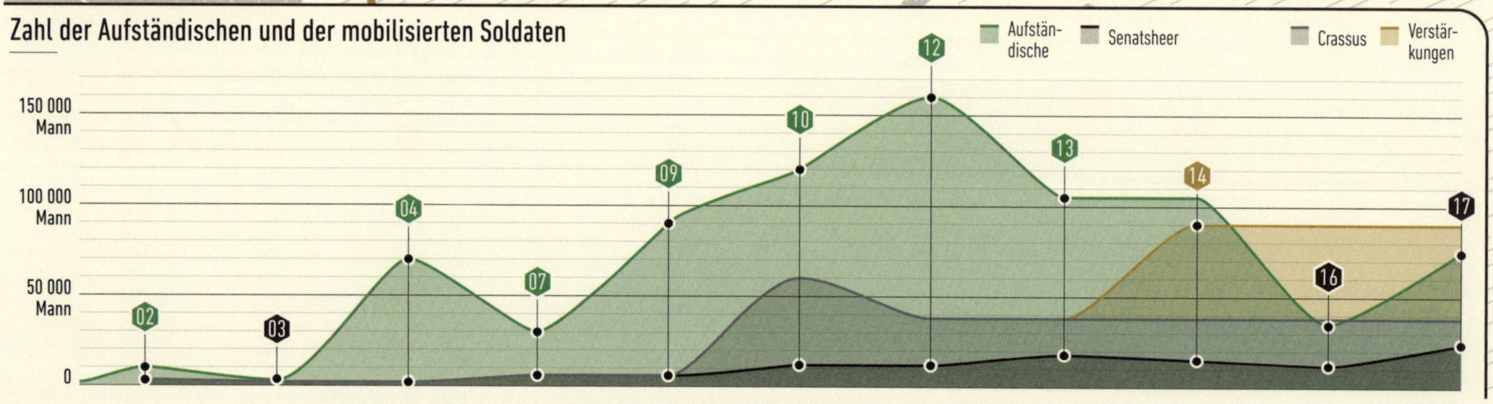

und teilte das Schicksal des ersten. Im Frühling setzte sich das Sklavenheer Richtung Lukanien in Marsch; auf einem der Raubzüge verschwand Oenomaus (4–6). Spartacus konnte sich denken, dass bald kriegserfahrene Legionen gegen ihn eingesetzt würden, und stellte eine Armee auf, die zum Widerstand fähig war. Er wollte jedenfalls nicht die Sklaverei an sich beenden, wie es in manchen modernen Debatten behauptet wird. Spartacus führte diese inzwischen 150 000 Mann starke Armee nun Richtung Norden, um über die Alpen ins damals noch nicht römische Gallien zu entkommen. Crixus setzte sich an der Spitze von 30 000 Germanen und Galliern ab, um den Kampf in Italien fortzusetzen. Dieses Heer wandte sich nach Apulien, traf am Mons Garganus auf die zwei Legionen des Konsuls Lucius Gellius Publicola und wurde geschlagen; Crixus fiel im Kampf (7).

Was weiter geschah, wird in den Quellen widersprüchlich geschildert. Es scheint, dass Spartacus die Armee des Gellius angegriffen und besiegt hat (8), anschließend bei Ascolum auch die Legionen, die der zweite Konsul Cornelius Lentulus gegen ihn führte (9). In Modena stellte sich ihm der Statthalter der Gallia Cisalpina, Cassius Longinus, mit 10 000 Mann entgegen, wurde aber ebenfalls geschlagen (10). Der schwerreiche ehemalige Prätor Licinius Crassus erhielt den Auftrag, den Unruhen ein Ende zu machen (14), und marschierte mit sechs neu aufgestellten Legionen und denen der beiden Konsuln, zusammen 40 000 bis 50 000 Soldaten, gegen die Aufständischen. Der Prokonsul Makedoniens, Marcus Terentius Varro Lucullus, lief mit einer Flotte in Brundisium ein, um ihn zu unterstützen (14). Spartacus' Armee zog sich daraufhin nach Thurii (11) und weiter nach Rhegium (13) zurück, in der Hoffnung, nach Sizilien übersetzen zu können, wurde aber auf allen Seiten von Crassus' Heer verfolgt und eingeschlossen. Weil die Armee sich aufzulösen begann, wich Spartacus nach Petelia aus (15), wandte sich schließlich nach Paestum und musste sich bei Sena Herculae (16) schließlich zur Entscheidungsschlacht stellen, die er verlor. Spartacus fiel, seine Armee wurde vernichtet.

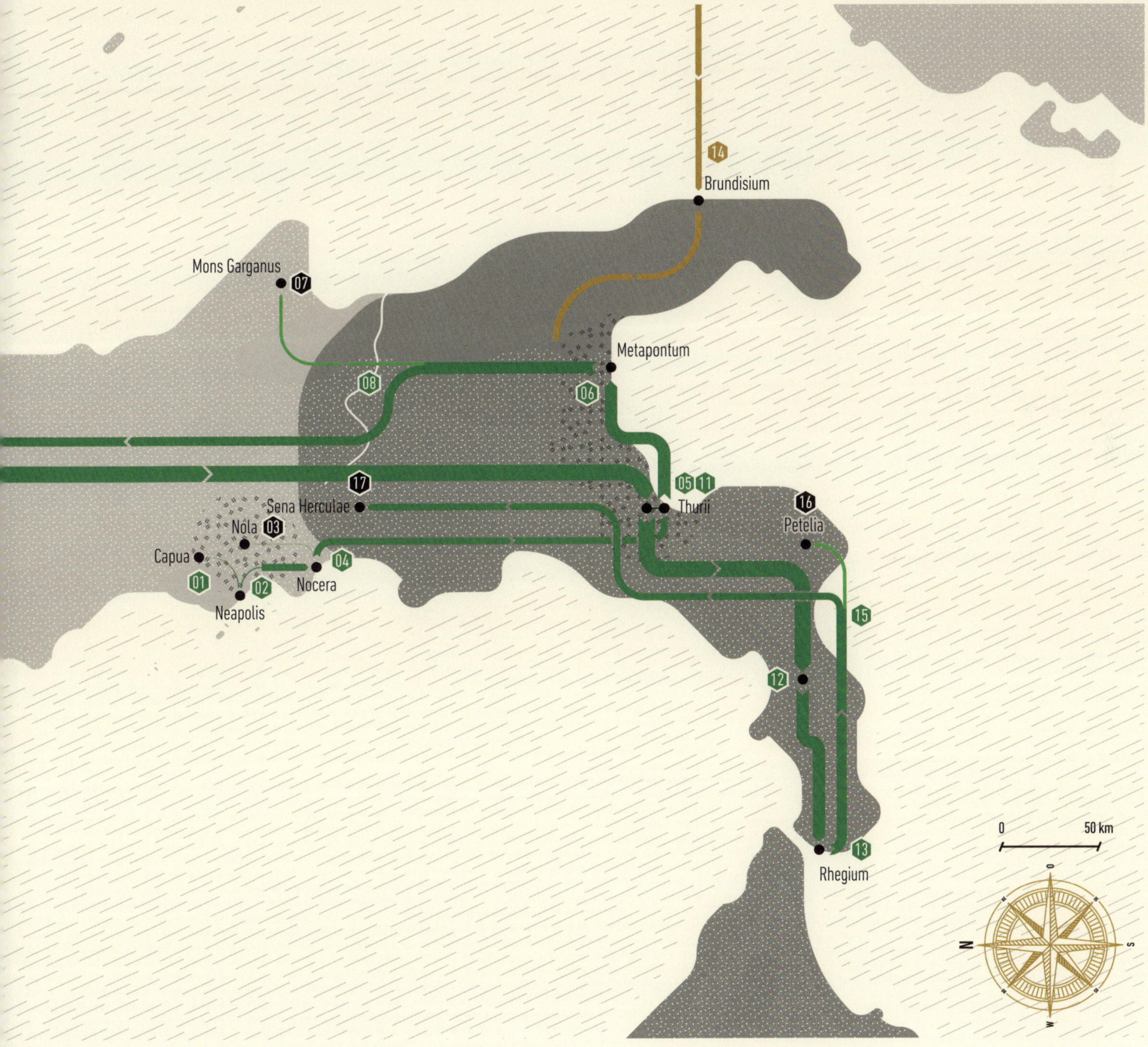

Quellen und Literaturhinweise

Archaische Zeit

BRIQUEL, D., *Le regard des autres: Les origines de Rome vues par ses ennemis (début du IVe siècle – début du Ier siècle av.J.-C.).* Paris: Les Belles Lettres 1997.

CORNELL, T. J., *The Beginnings of Rome: Italy and Rome from the Bronze Age to the Punic Wars (c. 1000 – 264 BC).* London, New York: Routledge 1995.

GRANDAZZI, A., *La fondation de Rome: Réflexion sur l'histoire.* Paris: Les Belles Lettres 1991.

POUCET, J., *Les Origines de Rome: Tradition et histoire.* Brüssel: Facultés universitaires Saint-Louis 1985.

–, *Les rois de Rome: Tradition et histoire.* Brüssel: Académie royale de Belgique 2000.

SMITH, Chr., *Early Rome and Latium: Economy and Society c.1000 to 500 BC.* Oxford, New York: Clarendon Press 1996.

Rom

COARELLI, F., *Guide archéologique de Rome.* Paris: Hachette 1994 (EA Rom 1980).

–, *Il Foro Romano: II. Periodo repubblicano e augusteo.* Rom: Quasar 1985.

–, *Il Foro Boario dalle origini alla fine della Repubblica.* Rom: Quasar 1988.

–, *Il Campo Marzio.* Rom: Quasar 1997.

–, *Palatium: Il Palatino dalle origini all'impero.* Rom: Quasar 2012.

GRANDAZZI, A., *Urbs: Histoire de la ville de Rome des origines à la mort d'Auguste.* Paris: Perrin 2017.

GROS, P., *L'Architecture romaine du début du IIIe siècle av. J.-C. à la fin du Haut- Empire, Bd. 1, Les Monuments publics. Paris 1996; Bd. 2, Maisons, palais, villas et tombeaux.* Paris: Picard 2001.

ZIOLKOWSKI, A., *The Temples of Mid-Republican Rome and their Historical and Topographical Context.* Rom: L'Erma di Bretschneider 1992.

Institutionen

BOWMAN, A.; CHAMPLIN, E. et al., *The Cambridge Ancient History. Bd. 10, The Augustan Empire 43 BC – AD 69.* Cambridge: Cambridge University Press 1996.

BOWMAN, A.; GARNSEY, P. et al. (Hg.), *The Cambridge Ancient History. Bd.11, The High Empire AD 70 – 192.* Cambridge: Cambridge University Press 2000.

BOWMAN, A.; CAMERON, A. et al. (Hg.), *The Cambridge Ancient History. Bd. 12, The Crisis of Empire AD 193 – 337.* Cambridge: Cambridge University Press 2005.

CAMERON, A.; GARNSEY, P. (Hg.), *The Cambridge Ancient History. Bd. 13, The Late Empire AD 337 – 425.* Cambridge: Cambridge University Press 1997.

CHASTAGNOL, A., *L'Évolution politique sociale et économique du monde romain de Dioclétien à Julien: La mise en place du régime du Bas-Empire (284 – 363).* Paris: Société d'édition d'enseignement supérieur, 1995.

CHRISTOL, M., *L'Empire romain du IIIe siècle. Histoire politique de 192, mort de Commode, à 325, concile de Nicée.* Paris: Errance 1997.

CROOK, J.; LINTOTT, A. et al. (Hg.), *The Cambridge Ancient History. Bd .9, The Last Age of the Roman Republic 146 – 33 BC.* Cambridge: Cambridge University Press 1994.

DAVID, J.-M., *La république romaine, de la deuxième guerre punique à la bataille d'Actium (218 – 31): Crise d'une aristocratie.* Paris: Seuil 2000.

JACQUES, F.; SCHEID, J., *Rome et l'intégration de l'Empire (44 av. J.-C. – 260 apr. J.-C.). Bd. 1., Les structures de l'Empire romain.* Paris: PUF 1990.

LE ROUX, P., *Le Haut-Empire romain en Occident d'Auguste aux Sévères.* Paris: Seuil, 1998.

LEPELLEY, C. (Hg.), *Rome et l'intégration de l'Empire. Bd. 2, Approches régionales de Haut-Empire romain.* Paris: PUF 1998.

MILLAR, F., *Rome, the Greek World, and the East. Bd. 2, Government, Society and Culture in the Roman Empire.* Chapel Hill: University of North Carolina Press 2004.

NICOLET, Cl., *L'inventaire du monde: Géographie et politique aux origines de l'Empire romain.* Paris: Fayard, 1988.

–, *Le Métier de citoyen dans la Rome républicaine.* Paris: Gallimard 1976.

–, *Rome et la conquête du monde méditerranéen (264 – 27 avant J.-C.). Bd. 1, Les structures de l'Italie romaine.* Paris: PUF 2001; *Bd. 2, Genèse d'un empire.* Paris: PUF 1993.

SYME, R., *La révolution romaine.* Paris: Gallimard 2016.

WALBANK, F.; ASTIN, A. et al. (Hg.), *The Cambridge Ancient History. Bd. 7, The Rise of Rome to 220 BC. Cambridge, Cambridge University Press, 1990; Bd. 8, Rome and the Mediterranean to 133 BC.* Cambridge: Cambridge University Press 1989.

Städte, Stämme und Gemeinden

CHRISTOL, M., *Une histoire provinciale: La Gaule narbonnaise de la fin du IIe siècle av. J.-C. au IIIe siècle apr. J.-C.* Paris: Publications de la Sorbonne 2010.

FERRARY, J.-L., *Philhellénisme et impérialisme: Aspects idéologiques de la conquête romaine du monde hellénistique.* Rom: École française de Rome 1988.

HELLER, A., *»Domination subie, domination choisie: Les cités d'Asie Mineure face au pouvoir romain, de la République à l'Empire«.* S. 217–232 in: *Pallas, Revue des études antiques,* Bd. 96 (2014).

HURLET, F. (Red.), *Rome et l'occident: Gouverner l'Empire (IIe siècle av. J.-C. – IIe siècle apr. J.-C.).* Rennes: Presses universitaires de Rennes 2009.

JACQUES, F., *Le privilège de liberté: Politique impériale et autonomie municipale dans les cités de l'occident romain (161 – 244).* Rom: École française de Rome 1984.

–, *Les cités de l'occident romain.* Paris: Les Belles Lettres 1990.

LE ROUX (P.), *La péninsule ibérique aux époques romaines, 206 av.J.-C – 409 apr. J.-C.* Paris: Armand Colin 2010.

–, *Romains d'Espagne: Cités et politique dans les provinces.* Paris: Armand Colin 1995.

MILLAR, F., *Rome, the Greek World, and the East. Bd. 1, The Roman Republic and the Augustan Revolution.* Chapel Hill: University of North Carolina Press 2002.

–, *The Roman Near East (31 BC – AD 337).* Cambridge, Mass.: Harvard University Press 1993.

Gesellschaft

ANDREAU, J.; DESCAT, J., *Esclave en Grèce et à Rome.* Paris: Hachette Littératures 2006.

DUMONT, J.-C., *Servus. Rome et l'esclavage sous la République.* Rom: École française de Rome 1987.

GIARDINA, A. (Hg.), *L'homme romain.* Paris: Seuil 1992.

GIARDINA, A., SCHIAVONE, A. (Hg.), *Società romana e produzione schiavistica. Bd. 1–3.* Rom, Bari: Editori Laterza 1981.

GOUREVITCH, D.; RAEPSAET-CHARLIER, M.-Th., *La femme dans la Rome antique.* Paris: Hachette Littératures 2001.

VEYNE, P., *Le pain et le cirque.* Paris: Seuil 1976.

–, *La société romaine.* Paris: Seuil 2001.

Der Kaiser

MILLAR, F., *The Emperor in the Roman World, 31 BC – AD 337.* New York: Cornell University Press 1977.

SPEIDEL, M., *Riding for Caesar: The Roman Emperors' Horse Guards.* London: Batsford 1994.

Religion und Kultus

BEARD, M.; NORTH, J. et al., *Religions of Rome. Bd. 1, A History; Bd. 2, A Sourcebook.* Cambridge: Cambridge University Press 1998.

BERTHELET, Y., *Gouverner avec les dieux: Autorité, auspices et pouvoir, sous la République romaine et sous Auguste.* Paris: Les Belles Lettres 2015.

CUMONT, Fr., *Les religions orientales dans le paganisme romain.* Brüssel: Institut historique belge 1906.

DUMÉZIL, G., *La religion romaine archaïque.* Paris: Payot 1987.

FISHWICK, D., *The Imperial Cult in the Latin West. Studies in the Ruler Cult of the Western Provinces of the Roman Empire. Bd. 1–3.* Leiden: Brill 1987–2005.

FOX-LANE, R., *Païens et chrétiens: La religion et la vie religieuse dans l'Empire romain de la mort de Commode au concile de Nicée.* Toulouse: Presses universitaires du Mirail 1997.

FRASCHETTI, A., *Rome et le prince.* Paris: Belin 1994.

GRAF, F., *La magie dans l'antiquité gréco-romaine.* Paris: Les Belles Lettres 1994.

MARAVAL, P.; MIMOUNI, S. C. et al., (Hg.), *Le christianisme des origines à Constantin.* Paris: PUF 2006.

MITCHELL, M.; YOUNG, F. (Hg.), *The Cambridge History of Christianity. Bd. 1, Origins to Constantine.* Cambridge: Cambridge University Press 2006.

SCHEID, J., *»D'indispensables ›étrangères‹: Les rôles religieux des femmes à Rome«.* S. 405–437 in: DUBY, G.; PERROT, M. (Hg.), *Histoire des femmes en occident. Bd. 1: L'antiquité.* Paris: Plon 1991.

–, *»Les rôles religieux des femmes à Rome: Un complement«.* S. 137–151 in: FREISTOLBA, A. et al. (Hg.), *Les femmes antiques entre sphère privée et sphère publique.* Bern: P. Lang 2003.

–, *La religion des Romains.* Paris: Armand Colin 2017.

TURCAN, R., *Mithra et le mithriacisme.* Paris: Les Belles Lettres 1933.

VAN HAEPEREN, Fr., *»Les acteurs du culte de Magna Mater à Rome et dans les provinces occidentales d l'Empire«.* S. 467–484 in: BENOIST, St.; DAGUET-GAGEY, A. et al. (Hg.), *Figures d'empire, fragments de mémoire.* Villeneuve-d'Ascq: Septentrion 2011.

Wirtschaft

ANDREAU, J., *L'économie du monde romain.* Paris: Ellipses 2010.

–, *La vie financière dans le monde romain: Les métiers de manieurs d'argent: IVe siècle av. J.-C. – IIIe siècle apr. J.-C.* Rom: École française de Rome 1987.

NICOLET, C., *Censeurs et publicains: Économie et fiscalité dans la Rome antique.* Paris: Fayard 2000.

–, *Rendre à César: Économie et société dans la Rome antique.* Paris: Gallimard 1988.

SCHEIDEL, W.; MORRIS, I. et al. (Hg.), *The Cambridge Economic History of the Greco-Roman World.* Cambridge: Cambridge Univ. Press 2007.

TENNEY, F., *An Economic Survey of Ancient Rome. Bd. 1: Rome and the Italy of the Republic; Bd. 5: Rome and the Italy of the Empire.* Baltimore: The Johns Hopkins University Press 1933, 1940.

Armee

COSME, P., *L'armée romaine, VIIIe siècle av. J.-C. – Ve siècle ap. J.-C.* Paris: Armand Colin 2012.

ERDKAMP, P., *Companion to the Roman Army.* Oxford: Blackwell 2011.

LE BOHEC, Y., *L'Armée romaine en Afrique et en Gaule.* Stuttgart: Franz Steiner 2007.

LE ROUX, P., *L'Armée romaine et l'organisation des provinces ibérqiues d'Auguste à l'invasion de 409.* Paris: De Boccard 1982.

NICOLET, C., *»Les guerres puniques«.* S. 594–626 in: NICOLET, C., *Rome et la conquête du monde méditerranéen.* Paris: PUF 1997.

REDDÉ, M; SCHNURBEIN, S. v. (Hg.), *Alésia et la bataille du Teutoburg: Un parallèle critique des sources.* Stuttgart: Thorbecke 2008.

–, *Alésia: Fouilles et recherches franco-allemandes sur les travaux militaires romains autour du Mont-Auxois.* Bd. 1–3. Paris: Institut de France 2001.

REDDÉ, M., *Mare Nostrum: Les infrastructures, le dispositif et l'histoire de la marine militaire sous l'Empire romain.* Rom: École française de Rome 1986.

SOUTHERN, P., *The Roman Army: A Social and Institutional History.* Oxford: ABC-CLIO 2007.

Kultur

INGLEBERT, H. (Red.), *Histoire de la civilisation romaine.* Paris: PUF 2005.

MILLAR, F., *Rome, the Greek World, and the East. Bd. 2: Government, Society, and Culture in the Roman Empire.* Chapel Hill: Univ. of North Carolina Press 2004.